아오야기 쓰나타로의 조선정탐과 출판활동

青柳綱太郎 朝鮮偵探 出版活動

한양 학술총서 010

아오야기 쓰나타로의 조선정탐과 출판활동

青柳綱太郎 朝鮮偵探 出版活動

최혜주 지음

한양대학교 출판부

책머리에

아오야기 쓰나타로(青柳綱太郎, 1877-1932, 호는 南冥)는 대한제국 시기에 내한하여 부산 지역의 교사와 《간몬신보(關門新報)》, 《오사카마이니치(大阪毎日)신문》의 통신원으로 근무하면서 조선 사정을 조사하였다. 그 후 통감부에 소속되어 우편국장을 맡고, 재정고문부 재무관과 궁내부 주사를 역임했다. 퇴관 후에는 조선연구회와 경성신문사를 경영하면서 일제의 식민통치에 협력한 대표적 어용언론인이다. 그는 조선에 30여 년 체재하면서 조선에 관한 자료수집과 연구·저술에서 독보적인 인물로 조선연구회를 통해 조선의 고서를 번역하여 40여 종의 책을 6만 5000여 권 출판했다. 그리고 개인 저서 30여 권을 포함하여 그가 배포한 총 발행부수는 60여 종 50여만 권에 달했다.[1] 그의 조선에 관한 출판활동이 일본인에게 미친 영향을 짐작할

---

1 青柳綱太郎, 『赤裸裸に見た內鮮史論』, 「序」(田內蘇山), 1935.

수 있는 대목이다.

아오야기 쓰나타로

그 대표적인 것을 들어보면 첫째, 통감부 관료로 재직하면서 조선의 사정을 조사한 각종 안내기를 저술하여 『韓國農事案內』(1904), 『濟州道案內』(1905), 『南韓之實業』(1906), 『韓國殖民策』(1908), 『日韓史蹟』(1910), 『新撰京城案內』(1913), 『最近京城案內記』(1915)를 간행했다. 둘째, 규장각의 '이조사' 편찬과장을 하면서 많은 사료를 접할 수 있었고 자신의 필생의 사업으로 조선왕조사 편찬을 위한 자료를 수집했다. 그 결과물은 병합 이후 조선통사와 문화사 등의 여러 저술로 간행되었다. 『朝鮮宗教史』(1911), 『선인이 쓴 풍태합정한전기(鮮人の記せる豊太閤征韓戰記)』(1912), 『李朝五百年史』(1912), 『朝鮮四千年史』(1917), 『朝鮮美人寶鑑』(1918), 『李朝史大全』(1922), 『朝鮮文化史』(1924), 『朝鮮文化史大全』(1924), 『조선사화와 사적(朝鮮史話と史蹟)』(1926), 『조선 국보적 유물 및 고적대전(朝鮮國寶的遺物

及古蹟大全)』(1927) 등이다. 셋째, 식민통치에 대한 협력과 비판을 위해 『總督政治』(1918), 『朝鮮獨立騷擾史論』(1921), 『朝鮮三綱錄』(1921), 『朝鮮統治論』(1923), 『總督政治史論』(1928)을 간행했다.

아오야기는 1910년에는 병합을 기념하여 조선연구회를 만들어 조선통치에 필수적이었던 조선 사회에 대한 실태 파악에도 주력하여 조선의 문화, 풍속, 민족성에 대한 연구도 진행했다. 그의 연구결과는 러일전쟁 이후 식민통치기에 걸쳐 조선에 이주하려는 일본인들에게 조선을 소개하는 안내서 역할도 했다. 문제는 그들이 그의 왜곡된 조선관을 아무 비판 없이 그대로 받아들여 조선을 인식했다는 사실이다. 이러한 폐해가 지금까지도 계속되고 있다는 데 문제의 심각성이 있는 것이다. 내한 후의 활동 목적은 천황제를 침투시키고자 하는 식민정책에 부합하는 것이었다. 그가 식민통치 자료로 제공하기 위해 조선관련 서적을 간행한 점으로 미루어 볼 때 식민사학 성립에 중요한 역할을 한 인물이라고 추정할 수 있다. 그는 현재 한일 관계의 현안이 되고 있는 역사교과서 왜곡 문제를 생각할 때, 역사왜곡의 원류로서 그의 행적이 시사하는 바가 큰 인물이다.

이 책에서 다룬 내용은 1장에서 메이지 유신 이후 정한론의 대두과정과 관련하여 아오야기의 고향 사가(佐賀)현이 어떠한 곳인지 살펴보았다. 그의 행적을 이해하기 위해 조선으로 건너오기 까지 어떠한 교육을 통해 사상적 세례를 받았는지 검토했다. 2장에서는 아오야기가 일본 신문의 통신원으로 내한해서 통감부 관료로 생활하면서 낭인(浪人)들과 교류하며 병합을 추진한 과정을 담았다. 3장에서는 병합을 기념하여 설립한 조선연구회의 역할과 성격을 검토하고 다른 고서간행사업 단체인 조선고서 간행회와 자유토구사의 조선고서 간행 실태를 다루었다. 4장에서는 아오야기가 식민통치를 위해 총독에게 어떻게 협력했으며 그가 주장하는 대일본주의의 내용은 무엇인지 분석했다. 5장에서는 일본의 제2 고향인 '신일본'을 조선에서 어떻게 건설하려고 했는지 알아보고, 부원 개척의 방법과 대일본주의 실현을 통한 대륙경영 모색에 대해서도 분석했다. 6장에서는 아오야기는 3·1운동의 원인을 어떻게 분석했으며 조선인의 민족성이 어떻게 개조되기를 바라는지 규명했다. 7장에서는 아오야기의 조선사 인식의 문제점이 무엇이며 역사를 어떻게 왜곡했는지 실증적으로 분석했다.

저자는 그동안 일제 식민통치기 조선에 건너와서 활동한 주요 인물들을 발굴하여 그들이 조선에 관해 어떠한 조사를 하고 무엇을 보고 기록에 남겼는지 정리하는 작업을 계속하고 있다. 그 결과 나온 논문들을 모아 『근대 재조선 일본인의 한국사 왜곡과 식민통치론』(경인문화사, 2010)과 『정탐: 제국일본 조선을 엿보다』(한양대학교출판부, 2019)를 펴냈다. 이번에 기획하여 출간하는 이 책도 이러한 작업의 일환으로 나온 세 번째 결과물이다.

개항 이후 조선에 건너와 체류하면서 활동한 일본인 가운데 아오야기만큼 조선에 대해 많은 저서를 남긴 인물도 드물다. 그는 조선에 정통한 지식인으로 총독관저를 드나들며 총독정치에 대해서도 거침없는 비판으로 식민통치에 협력했다. 그럼에도 그에 관한 연구는 저자의 논문 외에는 거의 없는 실정이다.[2] 지금까지 본격적으로 연구되지 않은 대표적 재조일본인의 행적을 검토하는 것은 이들이 어떠한 방법으로 식민통치에 참여했는지 밝히는 작업의 하나가 될 것이다. 나아가 식민사학의 성립과정과 그 내용을 정리하는 것이며, 궁극적으로 현재 일본의 역사교과서 왜곡 문제에 대한 이해의 토대를 마련해 줄 수 있을 것이다.

---

2 今西一,「帝國'日本'の自畫像-1920年代の朝鮮'同化'論」,《立命館言語文化研究》8-3, 1997.1, 5-22쪽: 최혜주,「아오야기(靑柳綱太郎)의 내한활동과 식민통치론」,《국사관논총》94, 2000:「일제강점기 아오야기의 조선사연구와 내선일가론」,《한국민족운동사연구》49, 2006.12:「재조일본인 아오야기 쓰나타로(靑柳綱太郎)의 '신일본(조선)' 건설론」,《동북아역사논총》54, 2016.12.

차례

I

사가佐賀 현에서 조선과 만나다

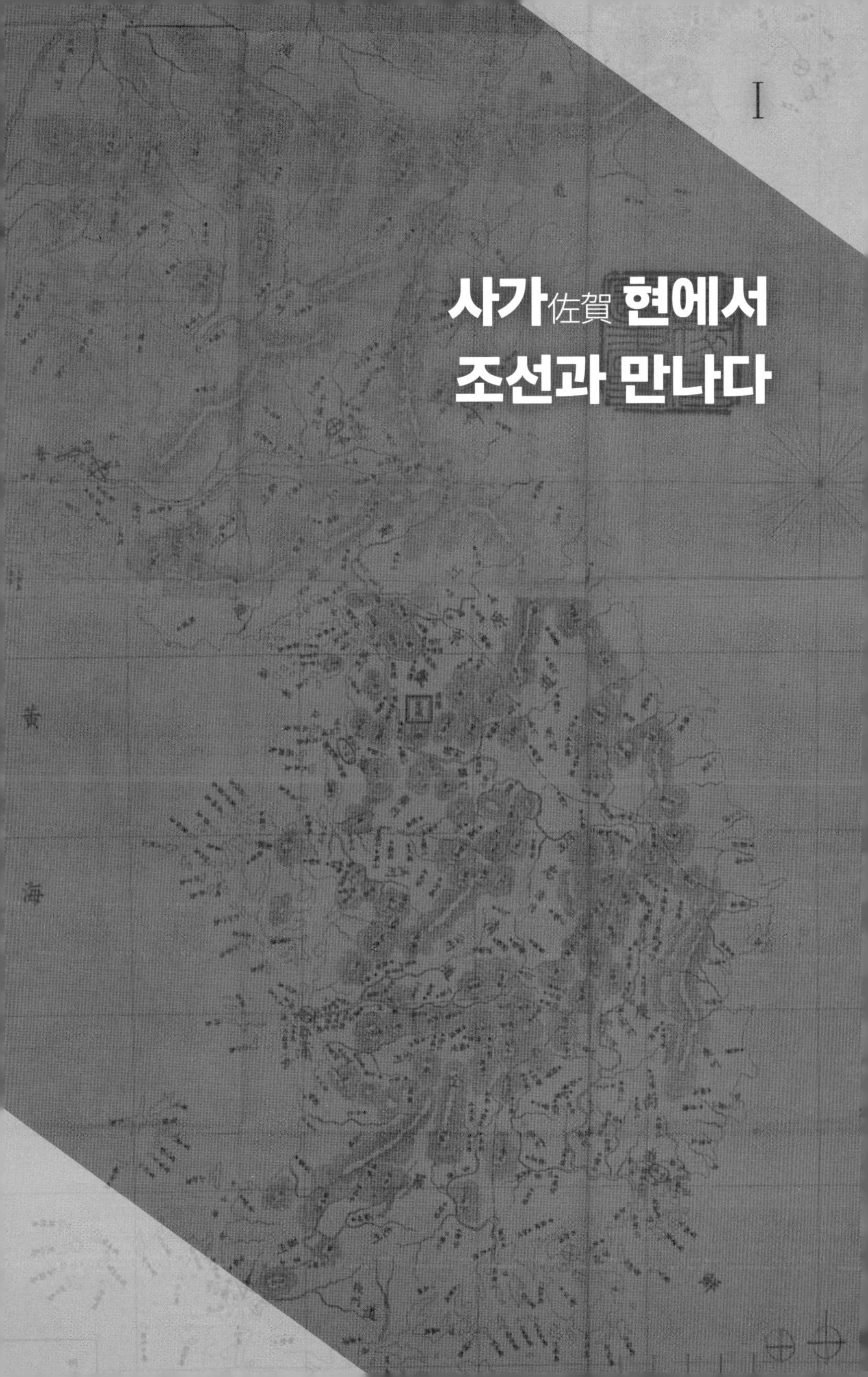

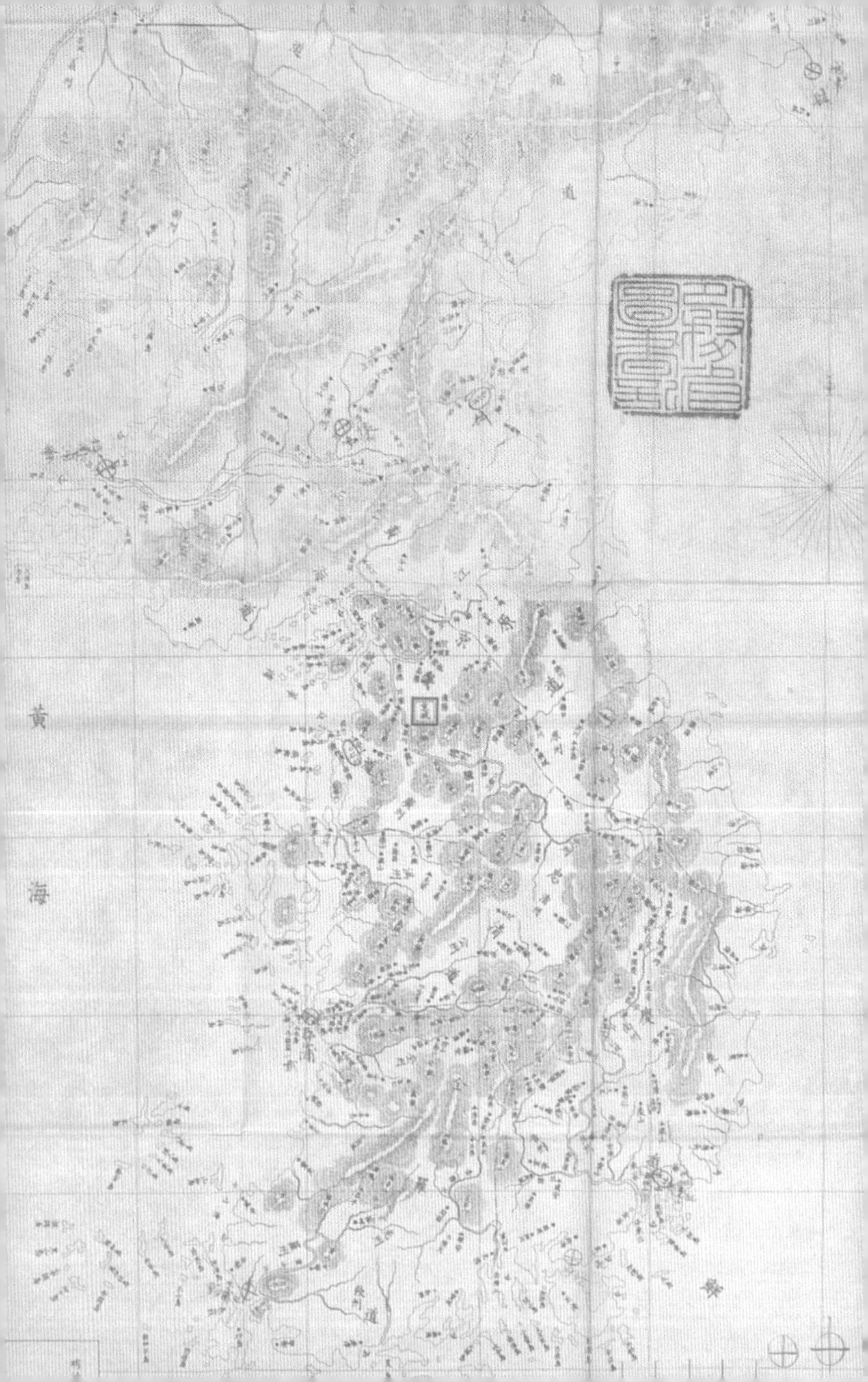
黃海

1. 아오야기의 고향 사가현과 조선

임진왜란 장수 나베시마 나오시게와 사가번

아오야기는 1877년 3월 14일 사가현 사가군 나베시마(鍋島)촌에서 태어났다. 사가현은 규슈의 북서부에 있는 지방으로 고대 사가현과 나가사키(長崎)현으로 이루어진 지역이며 히젠국(肥前國)으로 불렸다. 지금의 이름이 된 것은 메이지 유신 이후인데 규슈에서는 가장 규모가 작은 현이다. 아오야기가 태어난 사가현은 역사적으로 어떠한 곳이며 그가 성장과정에서 어떠한 영향을 받았는지 살펴보자.

먼저 사가번(佐賀藩)의 최초의 영주는 나베시마 나오시게(鍋島直茂, 1538-1618)이다. 그는 임진왜란과 정유재란 때 가토 기요마사(加藤清正, 1562-1611) 장군 휘하의 장수로 참전한 인물이다. 1592년 조선침략의 본대인 기요마사 보다 많은 1만 2천 명을 이끌고 참전했다. 함경도로 진격해 왕자 임해군(臨海君, 李珒, 1574-1609)과 순화군(順和君, 李玒, 1580-1607)을 사로잡는 활약을 했으나 북관대첩(北關大捷)[1]에서 의병장 정문부(鄭文孚, 1565-1624)에게 크게 패했다. 1597년 정유재란 때에 다시 침략하여 경상도 함양의 황석산성 전투에 참전했고, 제1차 울산성 전투에서는 기요마사를 구원하기 위해 편성된 8만 명 구원병의 총사령관으로 조·명 연합군을 무찔렀다. 이후 일본에 돌아와 1600년 세키가하라(關ヶ原) 전투[2]에서 도쿠가와 이에야스(德川家康, 1543-1616)의 편을 들었고 1608년 사가성(佐賀城)을 수축했다. 그는 사가번의 기초를 세우고 이삼평(李參平, ?-1656) 등 조선의 도공을 납치해 아리타 도자기(有田燒)를 만든 것으로 유명하다. 사가번의 초대 번주는 장남 가쓰시게(勝茂, 1607-1657)에게 넘겨주었다. 아오야기는 이때의 상황을 다음과 같이 적었다.

> 경장(정유재란) 때는 22姓 80여 명의 조선인이, 그후 145년 후 고가쿠(光格, 1780-1817)천황의 문화, 닌코(仁孝, 1817-1840)천황의 문정, 즉 장군 도쿠가와 이에나리(德川家齊, 1786-1837) 시대에는 1400여 명으로 증가했다. 나베시마 나오시게를 따라 온 조선인은 혹자는 시분(士分)

---

1 임진왜란 때 함경도에서 의병장 정문부가 경성의 이붕수(李鵬壽) 등과 함께 함경북도의 쌍포와 함경남도의 단천 등지에서 가토 기요마사 군대를 격파하여 함경도 지역에서 왜군을 몰아낸 싸움.

2 일본 미노국(美濃國) 세키가하라(지금의 기후현 후와군 세키가하라정)에서 벌어진 전투로 이시다 미쓰나리(石田三成, 1560-1600)를 중심으로 한 서군과 도쿠가와 이에야스를 중심으로 한 동군 사이에 벌어진 내전. 전투 결과 도쿠가와 이에야스가 승리하여 도요토미 히데요시(豊臣秀吉, 1536-1598) 정권이 몰락하고 에도 막부가 수립되었다.

에 세워진 자도 있지만, 대부분은 니시마쓰우라(西松浦) 군의 아리타(有田) 읍에 집단적으로 이식하여, 미나미가하라(南ヶ原)라는 한 촌락을 만들었다. 그것은 전라남도 남원 사람들로 미나미가하라라라는 마을 이름을 붙인 것이다. 유명한 아리타야키(有田燒)는 조선 이식민이 제작한 것으로 아리타야키의 원조가 되었다. 아마 도쿠가와 시대의 초기에 규슈방면에서 시고쿠(四國) 방면으로 도기공업이 크게 발전한 것은 오로지 이들 조선인의 수완이라는 것은 많은 말이 필요하지 않다. — 당시 우리 조선에 있던 여러 장수들은 활자 외에 장례원(掌隷院)에 불타고 남은 서적이나 기록도 가져왔을 것이다. 사쓰마(薩摩)의 소씨(宗氏), 사가의 나베시마씨, 구마모토(熊本)의 가토씨(加藤氏), 히라토(平戶)의 마쓰우라씨(松浦氏) 등은 상당히 가지고 돌아온 형적이 있다. 그리고 이 시대부터 구마모토, 사가 지방을 중심으로 주자학이 크게 발흥하였다. 우리 무사도와 주자학이 혼화하여 무사도는 더욱 분흥하고 학자는 뒤를 이어 배출되었다.[3]

이처럼 에도시대 일본에서 주자학 연구의 직접적 계기가 된 것은 임진왜란, 정유재란이었다. 일본이 조선의 문화를 대대적으로 섭취할 기회였던 것이다. 임진왜란 때에 활자, 서적, 기술사, 학사 등을 상당히 약탈해 간 것이 규슈 지방의 구마모토와 사가를 중심으로 주자학이 크게 일어나게 했다. 특히 이 가운데 이황(李滉, 호는 退溪, 1501-

3 靑柳綱太郎,『赤裸裸に見た內鮮史論』, 제2편 先づ內鮮一家の史實を論述す, 2. 活字製造の元祖は歸化朝鮮人, 1935, 108-111쪽.

1570)의 학문은 일본에 가장 많은 영향을 미쳤다. 퇴계의 학문적 가치를 높이 평가한 것은 야마사키 안자이(山崎闇齋, 1618-1682)였다. 야마사키의 주자학은 국학 등과 함께 막부 말기의 존왕양이(尊王攘夷) 사상[4]에 커다란 영향을 미쳤다고 한다. 이 야마사키 학파에서 저명한 학자가 나왔으며, 고가 세이리(古賀精里, 1750-1817)도 그 계보에 속하는 학자였다. 활판인쇄는 각 방면으로 전파되어 도쿠가와 막부 300년 동안 유교문화는 상당히 발달하여 일본문화가 수준을 높일 수 있게 되었다. 아오야기는 사가번에서 학문을 일으키는 데 크게 공헌한 인물로 홍호연(洪浩然, 1582-1657)의 공적을 자신의 유고집 『적나라하게 본 내선사론(赤裸裸に見た內鮮史論)』(1935)에 소개하여 그를 '내선동화(內鮮同化)'의 표상으로 언급하고 있다.

임진왜란의 포로 홍호연

홍호연은 1593년 나베시마 나오시게가 진주성을 공격할 때 산음(현재 산청군)에서 포로로 잡혀간 12세 소년이었다.[5] 그는 전쟁 포로가 되었을 때 큰 붓을 들고 있었기에 나베시마의 눈에 띄어 사가번으

---

4 막부를 타도하고 천황을 중심으로 외세를 막아내자는 사상. 후지다 도고(藤田東湖, 1806-1855), 아이자와 세이시사이(會澤正志齋, 1782-1863) 등이 제창한 미토가쿠(水戶學)를 사상적 기반으로 했다.

5 사가현의 조선포로 홍호연에 대해서는 小宮陸之, 「洪浩然と佐賀縣」, 《研究紀要(2)》, 佐賀縣名護屋城博物館, 1996: 浦川和也, 「洪浩然と洪家の系譜-洪浩然 洪家史料の目錄と解題」, 《研究紀要(14)》, 佐賀縣名護屋城博物館, 2008: 노성환, 「일본 사가의 조선포로 홍호연에 관한 연구」, 《일어일문학연구》73, 2010.

홍호연 초상(나고야성박물관 제공)

사가번의 繪師 가키하라(柿原典徵)가 시바가문(志波家)에 소장된 '홍호연 畫像'을 模寫한 것이고, 1783년 고가 세이리가 贊을 썼다.

로 끌려가게 되었다. 사가번에 살면서 사가번주 나베시마 나오시게와 아들 가쓰시게에게 영지와 학비를 지원받아 경사오산(京師五山)[6]에서 학문을 연마하고 돌아와 번의 기록 등을 기술하는 서기로 중용되고 주군을 곁에서 모시는 긴지(近侍)가 되었다. 홍호연은 문재를 인정받고 번사의 총애로 그의 딸과 결혼했다. 나베시마번에서 그의 신분은 시분(士分: 사무라이의 中席)에 해당하여 포로의 신분에서 발탁되어 사무라이 가운데 백석을 받을 만큼 학문과 인물이 뛰어났음을 알 수 있다. 그는 70세에 조선으로의 귀향을 시도했지만 자신이 모시던 영주 가쓰시게가 죽자 그를 따라 할복자살하여 자신의 후손을 지켰다.[7]

홍호연의 6대손 홍진성(洪晉城)은 사가번사이며 유학자인 고가 세이리의 둘째 아들로 홍씨 집안에 양자로 보내졌다. 고가는 누이를 홍호연의 후손인 안상(安常)에게 시집보낸 인연이 있어서인 것 같다. 사가번에서 유학자로서 번의 학교 홍도관(弘道館)을 세워 그 기초를 확립하는데 애쓴 고가와 홍호연 가문은 유학자 사이에서 이름이 높았던 것이다. 홍진성은 사가번의 재정을 맡아 수완을 발휘하고 번을 다스리는 데 공헌한 인물이다. 진성은 벼슬이 올라 아시가루(足輕: 최하급 무사)를 거쳐 차크자(着座: 사무라이의 상석으로 家老의 차석에 해당)까

---

6 교토에 있는 臨濟宗의 5대 사찰로 天龍寺, 相國寺, 建仁寺, 東福寺, 萬壽寺를 가리킴. 중국의 주자학을 가장 먼저 배운 곳이다.

7 靑柳綱太郎, 『赤裸裸に見た內鮮史論』, 제2편 先づ內鮮一家の史實を論述す, 4. 歸化人洪浩然の傳, 1935, 115-119쪽.

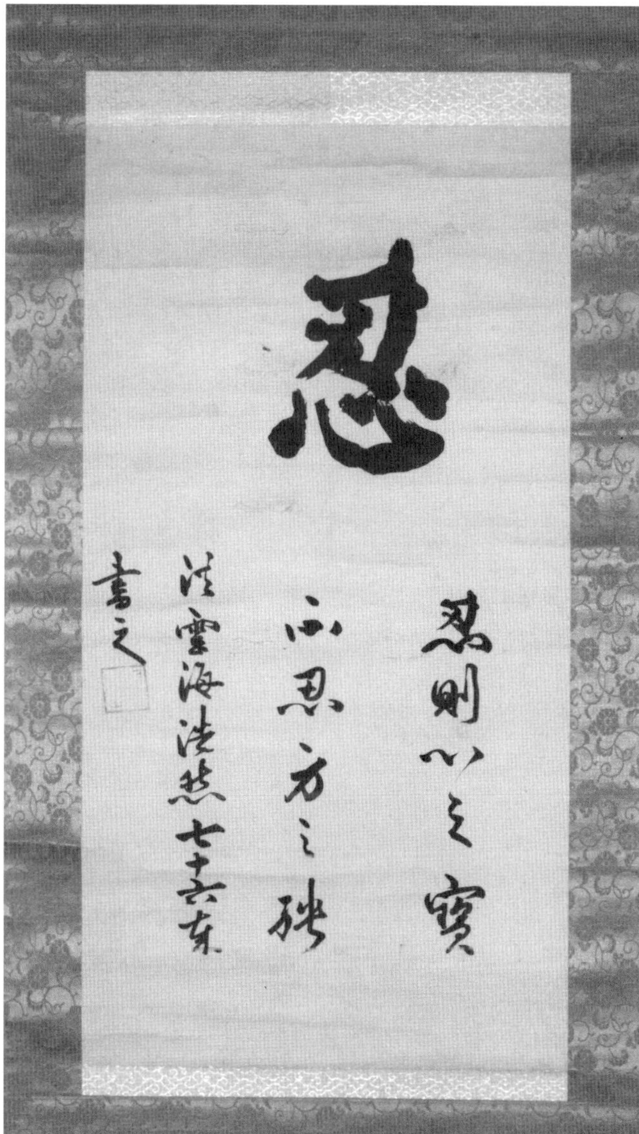

홍호연의 작품(나고야성박물관 제공)
홍호연은 1657년 4월 8일 영주 가쓰시게의 사거 소식을 듣고, 자택에서 자손에게 이 글씨를 남기고 阿彌陀寺에 가서 할복하였다.

지 승진했다. 그는 학문에도 힘써 이황과 송시열(宋時烈, 1607-1689)의 학풍을 배우고 주자학의 사가번으로 발흥시켰으며, 10대 번주 나베시마 나오마사(鍋島直正, 1814-1871)를 명군으로 만드는 데 공을 세웠다고 한다. 홍호연의 10대 손으로 진성의 3대 손인 니시무라 겐조(西村謙三, 1861-1937)는 학식과 명망이 있어 나베시마 집안에서 창립한 도서관인 조코칸(徵古館) 관장이 되어 히젠사담회(肥前史談會)를 창립한 인물이다. 이처럼 홍호연 가문의 후손들은 사가번의 흥학에 진력하여 공적을 세우고 주자학을 일으켰으며 막부 말기의 사가인들 가운데 근왕의 열사(烈士)와 명군(名君) 나베시마 나오마사를 배출했다.[8]

홍호연의 직계 12대 후손 홍열랑(洪悅郎, 일본이름 고우 요시로, 1924-2009)은 도쿄대학 건축과와 대학원을 졸업하고 공학부 교수를 지냈으며 홋카이도대학 교수와 일본건축협회 부회장을 역임했다. 그는 2007년에 홍호연의 유물을 사가현립 나고야성박물관에 기증하고 2010년 2월에 전시회를 개최했다. 이때 홍호연의 형 홍성해의 12대 후손 홍성대씨가 방문하여 대표작품을 돌아보고 일본에 거주하는 홍호연의 13대 후손 사와다 다에코(澤田多惠子: 결혼 전의 성은 洪多惠子)씨를 만났다. 한국에서는 2010년 11월 30일부터 진주박물관의 한일국제교류전 '임진왜란 조선인 포로의 기억'전이 열려 홍호연의 14대 후손 홍희미언(洪喜美彦: 고우 기미히코)씨가 내한하여 29일 진주박물관에서 홍성대씨와 만났다. 이로써 현재 산청군 오부면 중촌리에 사는

---

8 青柳綱太郎, 『赤裸裸に見た内鮮史論』, 제2편 先づ内鮮一家の史實を論述す, 5. 洪浩然の六代孫洪晋城の傳, 1935, 127-128쪽.

홍호연의 형제 중 첫째 성해와 막내 진해의 후손이 서로 상봉하여 소년 포로 홍호연이 사가번에 피랍되어 간지 400년 만에 역사적인 만남을 갖게 되었다. 아직도 경남 산청군 오부면 중촌리에 후손들이 약 50가구 집성촌을 이루어 살고 있다고 한다.

> 이와 같이 우리 일본에서 주자학의 연원은 조선역(朝鮮役: 임진왜란)에 의해 강제적으로 귀화한 사람과 그의 자손 사가번사 홍진성, 히고(肥後: 지금의 구마모토현) 번사 김씨의 자손이었다. 그리고 주자학의 참 정신이 우리 일본 고유의 무사도와 섞여서 사쿠라꽃이 활짝 피듯이 일본 안에 경쟁적으로 피고 이에 따라 대의명분론을 환발하여, 유신의 대정변이 발발한 것은 아마도 조선의 학계에 신세진 바가 적지 않다는 것을 우리들은 감사하지 않을 수 없는 것이다.[9]

아오야기는 에도시대 규슈지역에서 살면서 조선의 주자학과 서적, 도예, 활자 기술 등을 통해 문화의 꽃을 피운 조선인 후예의 활약상에 대해 일본인들이 감사해야 한다고 평가한다. 그는 일본 주자학의 연원이 조선에서 끌려간 사람들이며 그것이 일본의 무사도 정신과 섞여서 꽃을 피웠다고 보았다. 이러한 인식이 그가 사가현에서 태어나 조선에 관심을 갖고 조선에서 활동하게 되는 데 일정한 작용을 했으리라 여겨진다.

---

9 青柳綱太郎,『赤裸裸に見た內鮮史論』, 제2편 先づ內鮮一家の史實を論述す, 11. 德川時代內鮮教學の同化, 朱子學の融合と日本武士道, 1935, 139-140쪽.

2. 정한론의 배경과 조선침략론의 대두

정한론이 일어난 배경

도쿠가와 막부 말기에는 봉건적 질서가 모든 곳에서 해체되기 시작했다. 막부는 열강의 무력시위에 굴복하여 불평등조약을 체결했다. 이러한 막부의 굴욕외교를 비판하며 막부와 대립하던 사쓰마번(薩摩藩: 지금의 가고시마현)과 조슈번(長州藩: 지금의 야마구치현) 세력은 양이(攘夷)를 기치로 세력기반을 확장해 나갔다. 이들은 막부타도가 당면한 역사적 과제였던 이 단계에서 왕정복고를 내걸고 쿠데타에 성공했는데 이를 메이지 유신이라고 부른다. 메이지 유신 이후 청일전쟁, 러일전쟁, 한국병합을 거쳐 35년간의 식민지 통치에 이르는 과정은 일본의 조선 침략과정이기도 했다. 정한론은 이 과정을 지탱한 이념이었으며 근대 일본과 조선 외교관계의 기점이 되는 침략사상이었다. 근대 일본의 조선인식은 '만세일계(萬世一系: 일본 천황가의 혈통이 단절된 적이 없다는 주장)'의 천황의 존재를 우월성의 근거로 삼고 있었으며 그것은 메이지 유신의 왕정복고에 의해 조선 멸시로 재생산되고 있었다. 이 시기에 정한론이 대두된 배경은 무엇이며 거기에서 파생된 조선멸시관과 그것이 조선침략론으로 재생산되는 과정을 살펴보자.

1868년 1월의 메이지 유신으로 도막파(倒幕派: 막부를 토벌하고 정권을 천황에게 돌려주자고 주장하는 집단)는 쇼군(將軍: 일본에서 무가정권인 막부의 실권자) 폐지와 왕정복고를 선언하고 천황 정부가 탄생했다. 그러나 막부는 정변의 불법성을 강조하고, 열강에게 지지를 호소하면서 천황정권과 대립하여 전국적인 내전에 돌입했다. 이를 보신(戊辰)전쟁이라고 한다. 내전 초기에 양이를 기치로 봉기했던 유신정권은 열강의 지지를 얻기 위해 불평등조약 체제의 유지를 보장하고 외국과의 화친을 국내외에 선포했다. 천황세력이 내전에서 전세를 유리하게 끌어가는 가운데 유신 정부는 서계(書契: 조선국왕과 교환했던 문서) 문제로 조선과의 교섭을 시작했다. 막부체제 아래에서 조선외교를 담당하던 쓰시마번의 지위를 인정하고 계속해서 신정부에서도 조선외교를 담당하도록 했다. 쓰시마번은 에도 막부의 멸망과 왕정복고 사실을 조선에 알리라는 일본 정부의 지시에 따라 조일간의 새로운 외교관계의 시작이라는 중요성을 감안하여 외교문서의 원안을 작성했다.

1868년 말 히구치 데쓰시로(樋口鐵四郎) 일행이 정식사절로 파견되어 왜관(倭館)에 도착했다. 조선 측 접대관인 동래부 왜학훈도(倭學訓導) 안동준(安東晙)은 동래부사 정현덕(鄭顯德)과 함께 대일외교 임무를 담당하고 있었다. 그러나 서계에 '황실' '봉칙' 등 종래 사용하지 않았던 용어와 차사(差使) 파견 역시 외교격식에 어긋나는 일이라고 하여 접수를 거부했다. 이러한 용어는 종주국인 청국 황제만이 사용할 수 있는 것으로 조선과 대등관계에 있는 일본이 사용할 수 있는 것이 아니었다. 조선 측이 바란 것은 전통적인 화이질서를 전제로 하는 교린외교의 계속이었다. 특히 문제가 되었던 부분으로 쓰시마 영주의 직함이 다른 점, 일본왕을 황제의 예로 전제한 용어(황, 칙), 무역과 외교에 사용하던 인장을 자의적으로 변경하여 사용한 점을 들었다.

조선 정부는 1869년 시점에서 메이지 정부의 외교문서에 대한

접수를 고려하지 않고 있었다. 1년여의 내전을 거친 일본은 6월 27일 천황 정부군에 의해 정치적 통일이 완성되었다. 천황은 7월 25일 여러 번의 판적봉환(版籍奉還: 영주들이 자신들의 영지와 영민을 천황에게 반환한 것)을 받아들여 중앙집권화의 기틀을 마련했다. 외무성을 설치하고 쓰시마번의 대조선 외교를 이관시키는 작업에 착수했다. 이로써 쓰시마번이 가지고 있던 대조선 외교의 특권은 박탈되었다.

서계 문제가 교착하는 가운데 유신 정부 내에서는 조선외교의 권한을 외무성에 일원화 하여 쓰시마를 제외하고 사신을 파견해야 한다는 의견이 강해졌다. 그 전제로 일본 정부는 1870년 1월 7일 조선의 정황을 조사하기 위해 사다 하쿠보(佐田白茅, 1833-1907), 모리야마 시게루(森山茂, 1842-1919)를 조선에 파견했다. 유신 정부의 외무성 관리로서는 처음으로 조선에 파견되어 서계수리를 독촉한 것이다. 일본 조야에서는 조선 정부의 서계 거부에 대하여 정한론이 대두하게 되었다. 메이지 유신으로 복고한 천황의 존재는 일본의 우수성을 자랑하는 자존의식과 연관되어 황국의식을 한층 강하게 하는 계기가 되었다. 이 의식의 밑바탕에는 조선이 종래와 같이 일본에 복속되어야 한다는 주장이 깔려 있었다. 이들은 귀국 후 복명서에서 일본 정부가 무력을 배경으로 직접 사절을 파견할 것을 건의했다. 특히 사다는 50일 만에 약 30개 대대 병력으로 조선 정복이 가능하다고 주장했다. 10월에는 요시오카 고우키(吉岡弘毅, 1847-1932) 사절단을 조선에 파견했다. 조선 정부를 설득하여 서계를 수리시킴으로써 양국 정부의 교섭을 성사시키려는 의도에서였다. 그러나 조선 정부의 반발로 서계를 수리시키지 못했다.

요시다 쇼인의 제자 기도 다카요시 탄생지(야마구치현 하기시)

일본 정부는 1871년에 번을 폐지하여 현을 설치하고 중앙 정부가 임면하는 관리가 지사 이하의 지방관이 되었다. 이로써 유신정권의 안정에 기여하여 중앙집권국가 수립에 성공했다. 폐번치현 직후인 11월 이와구라 도모미(岩倉具視, 1825-1883)를 전권대사로 하고 기도 다카요시(木戶孝允, 1833-1877), 오쿠보 도시미치(大久保利通, 1830-1878), 이토 히로부미(伊藤博文, 1841-1909) 등을 전권부사로 하는 사절단을 편성하고 미국과 유럽 각국에 파견했다. 파견 목적은 타율적인 개항 이후 구미열강에 대한 종속적 위치로부터 벗어나기 위해 조약을 개정하는 것이었고, 서양문명을 현지에서 시찰하고 새로운 근대 일본을 건설하는 데 참고하기 위해서였다. 그러나 조약개정이 일본 측의 국제교섭에 대한 지식 결여 등으로 성사되지 못하게 되자 일본 정부는 근대화 정책이 불가결하다는 것을 통감하게 되었다.

일본 정부는 왜관에 거류 중인 일본 관민을 철수시키기로 하고 1872년 8월 외무대승(外務大丞) 하나부사 요시모토(花房義質, 1842-1917)를 부산에 파견했다. 하나부사는 왜관을 외무성의 관할 아래 옮기고 '대일본 공관'이라고 개칭한 다음, 외무성 직원과 상인 약간을 남긴 채 일본인을 철수시키고 부산을 떠났다. 일본 정부는 쓰시마번에서 담당하던 대조선 외교권을 완전히 접수한 것이다. 그러나 조선 정부는 이러한 조치를 인정하지 않았다. 이 당시 일본의 조선과의 교섭 목적이 국교재개라는 한정된 것이 아니고, 개항과 개시 및 일본인의 자유왕래를 요구한 조약이었다는 점이 서계를 문제 삼던 조선의 입장과는 거리가 먼 것이었다.

조선침략론의 탄생

1873년 4월 일본 정부는 히로쓰 히로노부(廣津弘信, 1819-1883)를 조선주재 외교관으로 임명했다. 히로쓰는 종래 쓰시마번의 상인에게만 허용되던 무역을 다른 일본 상인에게 허락했다. 이를 알게 된 조선 정부는 5월 '잠상(潛商) 금지령'을 게시하고 일본을 비난했다. 이러한 내용을 보고받은 일본 정부는 대책을 의논했다. 이타가키 다이스케(板垣退助, 1837-1919)는 일본인을 보호하기 위해 1대대의 병력을 파견할 것을 주장했다. 그러나 사이고 다카모리(西鄉隆盛, 1828-1877)는 군대를 파견하기 보다는 먼저 전권사절을 파견하여 조선의 불손한 태도를 문책할 필요가 있다고 보았다.

> 본인은 보호 병력의 파견은 결코 좋지 않다고 봅니다. 그것으로 인해 전쟁이 시작되면 처음 의도와는 상황이 달라지므로 지금은 공개적으로 사절을 파견하여 사태를 해결해야 하며, 만약 그쪽에서 먼저 외교를 파괴하고 전쟁으로 응답하면 그 저의가 분명히 드러날 것이므로 그때까지는 외교 노력을 다해야 합니다. 그렇지 않으면 인사에서도 불만이 남을 것입니다. 폭거가 일어나지 않을까 하여 의심을 하고, 비상 설비를 갖추어서 군대를 파견하는 것은 예의를 잃게 되는 것이니(하략).[10]

그러면서 자신을 사절로 파견해 줄 것을 요청했다. 사이고는 사절을 파견하면 조선은 틀림없이 이를 살해할 것이고, 그렇게 되면 일본은 조선과 전쟁을 할 수 있는 명분이 생긴다고 주장했다. 일본 정부는 8월 17일에 열린 각의에서 사이고의 요청을 받아들여 그를 조선파견 사절로 내정했다.

그러나 천황은 이와쿠라 도모미 사절단이 귀국한 후 다시 논의할 것을 지시했다. 9월 13일에 이와쿠라 등이 귀국했으나 서계 문제 해결의 실마리가 보이지 않았다. 조선외교의 방침을 둘러싼 유신 정부 내부의 대립은 정한논쟁으로 표면화했다. 이때 일본 정부 내에서는 무력으로 조선 문제를 해결할 것을 주장하는 강경론이 비등했다. 사이고 다카모리, 에토 신페이(江藤新平, 1834-1874), 이타가키 다이스

---

10 야마다 소지 외, 『근현대사 속의 한국과 일본』, 돌베개, 1992(「遣韓使節決定始末」, 『大西鄕全集』 제2권), 24-25쪽.

케 등은 국내의 반정부 움직임을 조선침략으로 돌리려는 의도를 갖고 있었다. 그러나 구미를 견문하고 돌아온 오쿠보 도시미치, 기도 다카요시 등은 내치우선의 입장에서 정한론을 강하게 반대하고 정한론의 집행 시기를 늦추자는 주장으로 정한은 취소되었다. 이에 불만을 품은 정한파의 다섯 참의인 사이고 다카모리, 소에지마 다네오미(副島種臣, 1828-1905), 이타가키 다이스케, 고토 쇼지로(後藤象二郎, 1838-1897), 에토 신페이는 사직하고 정부를 떠났다. 이른바 정한론 정변(메이지 6년의 정변)이다. 정한을 둘러싼 논의는 정변의 결착 후에 오히려 정부 밖으로 파급되는 정세가 되었다. 1874년 2월에는 정한을 외치며 사가(佐賀)에서 난이 일어나고, 5월에는 대만출병도 감행하게 되었다. 사족층이나 군대 내의 외정을 요구하는 기운을 배려하지 않을 수 없는 상황이 된 것이다.

나아가 정한정변에 의해 성립한 오쿠보 정권은 내치파의 논리에 근거하여 1875년 강화도사건을 일으키게 된다. 4월 도쿄에 도착한 히로쓰 히로노부는 교착상태에 빠진 조일교섭을 타개하기 위해 군함을 파견하여 조선을 위압시키는 것이 좋겠다는 의견을 일본 정부에 제출했다.

> 히로노부가 현재 그 나라의 상황을 탐지한 바에 의하면 이 나라의 재상은 횡사했으며, 대원군이 등장하여 양당이 서로 다투고 있습니다. — 그러나 이 나라 백성들은 대체적으로 대원군의 가혹함을 원망하고 있으므로 갑자기 원래 상태로 복구하지 못하고 있습니다. 따라서 우리가 잘 행동하여 암암리에 개화의 기세를 도울 수 있

는 것입니다. 만일 훗날 대원군 무리가 뜻을 이루어 행동에 나서면 우리도 많은 힘을 사용해야 할 것입니다. 그러나 현재 이 나라는 내분상태에 있고, 쇄국파가 아직 그 힘을 형성하지 못하고 있으므로, 그 틈을 이용하면 별로 힘을 들이지 않고도 일을 이루기 쉬울 것입니다.

즉각 우리 군함 한두 척을 파견하여 쓰시마와 조선 사이를 왕래시켜 측량을 하도록 하여 그들로 하여금 우리의 뜻을 추측할 수 있도록 하는 것이 좋습니다. 또한 조정에 교섭을 촉구하는 서신을 보내 그들에게 압력을 가하면 내외의 성원을 입어 일을 순조롭게 진행할 수 있습니다. 또한 수교과정에서 보다 많은 이익을 얻어야 함은 물론입니다. 더욱이 미리 영해를 측량하는 것은 일이 있든 없든 간에 우리에게는 필요한 사항입니다.[11]

이에 운양호가 5월 25일에 출동명령을 받고 부산에 입항했다. 계속해서 6월 12일에는 제2 정묘호가 부산에 들어왔다. 그 후 운양호는 함경도 영흥을 거쳐 나가사키로 귀항했다가 9월 20일에 다시 강화도에 도착했다. 운양호는 초지진의 포대를 부수고 영종진을 습격하면서 이들은 건물과 민가를 불태우고 병기, 병서, 악기 등을 약탈했다. 이 사건은 일본 정부가 승인한 계획적인 도발이었다. 일본 정부는 12월 구로다 기요타카(黑田淸隆, 1840-1900)를 특명전권변리대신

---

11 위와 같음, 「조선과의 교섭자로 파견된 외무성 관리 히로쓰 히로노부가 외무대신 앞으로 보낸 군함 파견 건의서」, 『일본외교문서』 제8권, 1875.4, 32-33쪽.

이노우에 가오루

으로, 이노우에 가오루(井上馨, 1836-1915)를 특명부전권변리대신으로 임명하여 강화도사건 해결과 수호교섭을 위해 조선으로 파견할 것을 명령했다. 구로다와 이노우에는 1876년 1월 15일 부산에 입항하여, 2월 11일부터 강화도에서 조선 정부와 회담을 시작하여 조약안을 제시하고, 26일에 조일수호조약을 체결했다.

이와쿠라, 오쿠보, 기도 등의 내치파의 조선인식이나 대조선 정책은 본질적으로 정한파와 다르지 않았다. 기도는 메이지 유신 이후 정한을 주장한 대표적인 정한론자였다. 정한파와 내치파의 대립은 일본의 세력을 대외적으로 확장시키는 시기와 방법을 놓고 벌인 대립에 불과했다. 정한론은 불평사족의 움직임과 농민소요의 빈발에 의한 내란의 위기를 회피하기 위한 대외강경책이었고, 동시에 조선침략을 통해 만국대치의 국제상황 하에서 일본의 국권을 신장시키려는 정책이었던 것이다.

정한당과 사가(佐賀) 전쟁

메이지 유신의 주요 세력인 서남 유우한(雄藩: 세력이 강대한 번) 중에 다른 번에 비해 뒤늦게 참가하여 그 공이 적었던 번이 바로 사가번이었다. 사가번 출신으로 중앙 정부에 진출한 사람은 소에지마 다네오미, 에토 신페이(江藤新平, 1834-1874), 오쿠마 시게노부(大隈重信, 1838-

1922), 오오키 다카도우(大木喬任, 1832-1899) 등이 있다. 그러나 이 가운데 소에지마와 에토는 1873년 10월의 정한론 정변에서 사이고와 함께 정한론을 주장하다 관철되지 않자 고토 쇼지로(後藤象二郎, 1838-1897), 이타가키 다이스케와 함께 참의직을 그만두고 하야하게 된다.

일본 정부는 메이지 유신 이후 신정부가 탄생하자 이전의 막부체제를 일소하고 중앙집권화 정책을 위해 판적봉환, 폐번치현(廢藩置縣: 이전까지 통치를 담당하던 번을 폐지하고 부와 현으로 일원화 한 것)을 단행했다. 이 개혁에 의해 중앙집권적 기구가 형성되었고 이와 함께 무사계급의 대부분은 실직하고 겨우 2만 여 명만을 관리로 등용했다. 무사는 사족이라는 칭호만 받았을 뿐 이전까지 보장받아 왔던 특권을 상실하게 되었다.[12] 이에 사족들은 반란을 일으키게 되고 본격적으로 나타나는 것이 1873년 10월의 정한론정변 이후의 일이다. 각지의 불평사족들은 정한론을 주장하며 반정부 운동을 위한 조직을 만들기 시작했다. 그 선봉으로 사가에서는 1873년 12월에 청년 사족을 중심으로 정한당이, 장년사족을 중심으로 우국당이 결성되었다.

난을 이끈 에토 신페이와 시마 요시다케(島義勇, 1822-1874)는 본래 불평사족을 달래기 위해 사가로 향했던 것이지만, 정부의 강경한 대응에 의해 결기하게 된 것이었다. 그러나 한반도에 진출할 때에 선봉을 맡는다고 주장한 정한당과 봉건제에 대해 복귀를 주장하는 반동적인 우국당은 본래 국가관이나 문명관이 다른 당파였다. 그렇기

---

12 메이지 유신에 대해서는 박훈, 『메이지 유신은 어떻게 가능했는가』, 민음사, 2014.

때문에 양당은 사령부도 다르고 협력해서 행동하는 것이 적었다. 에토가 목표로 했던 사가에서 일어나면 주변 사쓰마의 사이고 다카모리 등 각지의 불평사족이 뒤를 이을 것이란 예상은 실현되지 못했다. 이처럼 사가현은 정한론을 주장하는 호전적인 지방이었고 이 움직임은 나가사키나 후쿠오카로 파급되어 규슈 전체가 정한의 분위기에 젖어들었던 것이다.[13]

이와 같이 아오야기는 이전부터 조선과 밀접한 관계를 갖는 사가현에서 태어나 어렸을 때부터 한학을 공부하여 조선의 학문을 익히고 조선에 대한 이해를 가졌다. 그의 동생 도지로(藤次郎)도 대전에서 의사를 하며 재조일본인으로 활동할 정도로 조선과는 관련이 깊었다.[14] 또한 메이지 유신 이후 불평사족들이 정한론을 주장할 때 그 선봉이 된 중심 지역이었던 사가현에서 정한의 분위기를 몸소 익히며 성장했다. 이런 사상적 배경이 뒷날 그가 조선역사에 관심을 갖고 도한하여 통감부에 근무하며 조선 자료를 정리하고 역사를 왜곡시키는 데 결정적인 영향을 미쳤다고 생각한다.

---

13 전상균、박종현, 「'정한론'과 佐賀의 난」, 《일본어교육》18, 2001, 239-253쪽.

14 조선총독부 관보 제618호와 658호에 의하면 아오야기 도지로는 1914년 8월 22일 의사면허를 받고 10월 10일부터 개업의사로 대전에서 활동했다. 阿部薫이 엮은 『朝鮮功勞者明鑑』(민중시론사, 1935, 557쪽)에는 아오야기의 가족관계가 소개되어 있다.
"씨는 정력(精力) 절륜(絶倫)의 사람으로 호를 난메이(南冥)라 부른다. 수십 종이 넘는 간행물이 있지만 중요한 것으로 『조선사천년사』, 『이조사대전』, 『조선문화사』, 『신조선』, 『조선사화와 사적』, 『총독정치사론』 등은 매우 저명한 것이다. 쇼와 7(1932)년 8월 26일 급서한 것은 애석하다. 외동이 미도리(綠) 양은 목하 교토(京都) 히가시야마(東山)여자전문학교 국문부에 재학 중인 문재에 뛰어난 이지적 여성이다. 대전의 의사 아오야기 도지로(青柳藤次郎)씨는 씨의 영제(令弟)다."

3. 데쓰가쿠칸(哲學館)에서 사상적 세례를 받다

간쇼학사(含咀學舍)에서 한학을 공부하다

아오야기는 사가시에 있는 간쇼학사에서 한학을 공부하고 1899년에 도쿄의 데쓰가쿠칸(지금의 도요[東洋]대학)에 들어갔다.[15] 조선의 주자학이 꽃을 피워 조선학에 대한 학문적 열기가 왕성하던 나베시마촌(1954년 사가시에 편입)에서 태어난 그는 어렸을 때부터 그런 학문적 분위기에 익숙하였고 간쇼학사에서 한학을 배우게 된 것이다. 간쇼학사는 유학자가 개인적으로 설립한 사숙으로 보이는데 이에 대한 자세한 내용은 알 수 없다. 누구에게 어떠한 내용의 한학을 배웠는지 자료에 남아 있는 것이 없어 궁금하다. 아오야기가 나중에 조선에 와서 많은 문헌을 조사하고 자료를 정리하여 저술 작업에 종사한 것을 생각해 보면 그가 이때 상당한 한학의 교양을 배우고 그것이 도움이 되었을 것이다.[16]

아오야기의 한학 공부에 대한 구체적 기록이 보이는 것은 그가 1928년에 쓴 『총독정치사론』이다. 당시 아오야기가 데라우치 마사다케(寺內正毅, 1852-1919) 총독의 관저를 드나들며 정치현안에 대한 내

---

15 阿部薰 편, 『朝鮮功勞者明鑑』, 민중시론사, 1935: 조선중앙경제회편, 『京城市民明鑑』, 1922: 觀想發行所, 『東洋大學一覽』, 1925.

16 靑柳綱太郞, 『總督政治史論』, 武斷政治時代, 제26편 寺內伯の內鮮人同化論, 1928, 275쪽.

요시다 쇼인이 유폐되어 생활하던 곳(야마구치현 하기시)

담을 하던 중 스기야마 다카토시(杉山孝敏, 1833-1916)[17]가 데라우치를 방문했다. 아오야기는 이 광경을 소개하면서 "스기야마 선생은 옛날 요시다 쇼인(吉田松陰, 1830-1859)이 설립한 쇼카손주쿠(松下村塾)[18] 출신으로 궁내부 촉탁이 되어 경성에 와 계셨다. 불초는 스기야마 선생과 사제 관계를 맺고 있다. 선생은 지나(支那)문학 연구의 은사였다. 데라우치 총독도 당시 선생에게 매일 밤 『논어』와 『좌전(左傳: 춘추를 해석한 주석서)』의 강의를 받고 있었다."는 것이다. 이 기록에 의하면 스

17 야마구치현의 요시키군(吉敷郡) 오우치미호리(御堀)에서 태어났다. 쇼카손주쿠 출신으로 明倫館 小學舍의 교사가 되었다. 1871년 문부성 7등出仕가 되어 기도 다카요시의 비서로 있으면서 신문잡지를 편집하고 學制 制定을 담당하였다. 1873년 구미 순방에서 돌아온 기도의 명령으로, '헌법제정건백서'의 초안을 작성하였다. 기도 死後 사법성으로 옮겼다.

18 메이지 유신의 고향으로 알려진 야마구치현 하기(萩)시에 있다. 요시다 쇼인은 기도 다카요시, 이토 히로부미, 다카스기 신사쿠(高杉晋作, 1839-1867) 등 이른바 조슈번의 메이지 유신 지사들에게 이곳에서 조선 침략론을 전파한다. 메이지 유신의 정신적 지도자인 요시다 쇼인은 한반도 침략의 설계자이자 일본의 침략정책에 이론을 제공한 인물이다.

쇼인신사(야마구치현 하기시)

기야마는 요시다 쇼인에게 배운 뒤 문부성의 관료를 지내고 데라우치와는 같은 고향인 야마구치(山口) 출신으로 그에게 사서삼경을 강의한 가까운 사이였다는 것을 알 수 있다. 그리고 스기야마가 경성에 온 것은 그의 사위가 궁내부 차관을 지낸 고미야 미호마쓰(小宮三保松, 1859-1935)였기 때문에 본인은 궁내부 촉탁으로 부임한 것이다. 이처럼 아오야기가 스기야마에게 사서삼경 강의를 들은 것은 그가 경성에 와서 체재하던 중이 아니었을까 추정된다.

데쓰가쿠칸은 어떤 곳인가

데쓰가쿠칸은 이노우에 엔료(井上圓了, 1858-1919)가 교육자와 종교인을 양성하기 위해 1887년 9월 도쿄의 혼고구(本鄕區) 다쓰오카마치(龍岡町) 31번지에 있는 린쇼인(麟祥院)에 설립한 학교다. 린쇼인은

쇼카손주쿠(야마구치현 하기시)

쇼카손주쿠 강의실(야마구치현 하기시)

임제종 묘심사파(妙心寺派)의 사원이다. 아오야기가 나베시마촌에서 한학을 배운 뒤 도쿄의 데쓰가쿠칸으로 진학하게 된 계기나 목적은 분명하지 않다. 조선 문화와 역사에 관심이 있었던 그가 이노우에의 신념에 따라 세워진 이 학교를 선택했을 것으로 보인다. 그리고 사가 출신으로 유명한 '사가 7현인'의 한 사람인 소에지마 다네오미의 영향이 아닐까 추정된다. 소에지마는 참의와 외무경, 내무대신을 지냈으며 1873년에 정한논쟁이 일어났을 때 내치 우선파에 밀려 정한론이 반대에 부딪히자 사임한 인물로 유명하다. 그는 데쓰가쿠칸이 설립되고 나서 물심양면으로 후원하고 이노우에를 원조한 것으로 알려져 있다.[19] 그리고 아오야기는 조선 문화와 상고시대 이래 양국의 역사에 관심이 있었기 때문에 후술하는 이노우에의 '호국애리(護國愛理)' 사상을 기반으로 한 일본주의 정신에 따라 세워진 이 학교를 선택했을 것으로 보인다.

이노우에는 데쓰가쿠칸의 창립목적을 다음과 같이 말한다. "문과대학의 속성을 기하여 널리 문학, 사학, 철학을 교수하는 데 있지만, 그중 교육가, 종교가를 양성하는 데 있으며, 그 방침은 교육 방면은 일본주의를 취하고 종교 방면은 불교주의를 취하는 것이다. 내가 교육상 일본주의를 취하는 이유는 아국이 이미 당당한 독립국으로 서양 제방의 속국이 아니며, 우리는 일본의 국민으로 구미 제방의 신민이 아니며, 우리가 이미 일본국민인 이상은 이 나라를 유지하지 않으면 안 된다. 이 나라를 유지하려는 데는 일본 고유의 정신을 보존하

19 東洋大學,『東洋大學創立五十年史』, 제2장 沿革史, 제1절 私立哲學館時代, 1937, 18-19쪽. 이밖에도 후원자로는 이시구로 타다노리(石黑忠悳), 가쓰 아와(勝安房), 고노에 아쓰마로(近衛篤麿), 야마가타 아리토모(山縣有朋), 고토 쇼지로(後藤象次郎), 요시이 도모자네(吉井友實), 요시카와 아키마사(芳川顯正), 무쓰 무네미쓰(陸奧宗光), 타니 다데키(谷干城), 센게 다카도미(千家尊福), 호소카와 준지로(細川潤次郎), 가 노리유키(何禮之), 시게노 야스쓰구(重野安繹) 등이 있다.

지 않으면 안 된다. 그러므로 나는 당시 아방의 제 고등학교에서 서양주의를 취하는 것을 반대하여 일본주의를 취하고, 교수 상에 일본어를 사용하는 것은 말할 필요도 없고 교사도 결코 서양인을 쓰지 않는 것으로 정했다."[20]

즉 데쓰가쿠칸은 "교육은 일본주의, 종교는 불교주의"를 내걸고, 〈교육칙어〉[21]의 취지를 실현하려고 설립한 3년제 학교이다. 〈교육칙어〉는 1890년 10월 30일에 메이지 천황의 명으로 발표된 칙어다. 그 내용은 역대천황이 국가와 도덕을 확립시켰다고 밝힌 후, 국민의 충성심과 효도심이 '국체의 정화'이자 '교육의 근원'임을 규정한 것이다. 천황의 신민으로서 절대자인 천황을 위해 언제든지 목숨을 바쳐 충

---

20 東洋大學, 『東洋大學創立五十年史』, 제2장 沿革史, 제1절 私立哲學館時代, 1937, 18-19쪽.

21 메이지 유신 이후 태평양전쟁 패전에 이르기까지 군국주의 천황제의 일본교육의 방향을 결정지은 교육헌장이다. 내용은 신국관 및 천황신격관에 기초를 두고 가부장제 도덕의 덕목을 포함시켜 전쟁에 임해서는 헌신할 것을 강조한 것이다. 그 전문은 다음과 같다.
"짐이 생각건대 나의 황조황종(皇祖皇宗)께서 조국(肇國)함이 굉원(宏遠)했고 덕을 베풂이 심후(深厚)했다. 나의 신민(臣民)들이 마땅히 충효(忠孝)를 다하고 억조창생(億兆蒼生)이 마음을 하나로 모아 세세토록 그 미(美)를 성취함은 이는 우리 국체(國體)의 정화(精華)로서 교육의 연원(淵源), 또한 실로 이에 있다. 그대들 신민(臣民)은 부모에게 효하고 형제에게 우애를 다하며, 부부는 서로 화목하고 붕우(朋友)는 서로 신뢰하며, 공검(恭儉)하게 스스로를 지키고 박애를 중서(衆庶)에게 끼치며 학문을 닦고 기예(技藝)를 배움으로써 지능을 계발하며, 덕기(德器)를 성취하고 나아가 공익(公益)을 넓혀 세무(世務)를 열며, 항상 국헌(國憲)을 존중하고 국법을 준수하며, 일단 유사시에는 의용(義勇)으로 봉공(奉公)함으로써 천지간의 무궁한 황운(皇運)을 부익(扶翼)하라. 이같은 일을 다함은 단지 짐의 충량(忠良)한 신민다움일 뿐만 아니라, 그대들 선조의 유풍(遺風)을 현창(顯彰)하는 것이기도 하다. 이같은 도리는 실로 나의 황조황종(皇祖皇宗)의 유훈(遺訓)으로서 자손과 신민이 다함께 준수해야 할 바이며, 이는 고금을 통해서 그르치지 않고 이를 국내외로 펴서 어긋남이 없도록 해야 할 것이다. 짐은 그대들 신민과 더불어 진심으로 한시도 잊지 않고 그 덕을 모두 하나로 할 것을 바란다. 메이지 23년(1890) 10월 30일", 정재철, 『일제의 대한국식민지교육정책사』, 일지사, 1985.

요시다 쇼인의 제자 다카스기 신사쿠 탄생지
(야마구치현 하기시)

다카스기 신사쿠와 이토 히로부미가 유년 시절에 공부하던 곳
(야마구치현 하기시)

성하도록 가르치는 내용이다.

데쓰가쿠칸은 1897년 분쿄구(文京區) 하구산(白山: 현재의 도요대학 캠퍼스)으로 이전하고 다음해부터 학제를 고쳐 종래의 교육학부와 종교학부를 교육학부 철학부의 2부로 했다. 다음해 예과 1년 본과 3년으로 하여 본과는 교육부와 철학부로 나누었다. 교육부를 윤리과, 한문과로 나누어 윤리, 교육, 국어, 한문, 철학, 역사, 영어, 체조 등을 교수했다. 종래의 한학전수과는 한문과로, 불교전수과는 철학부에 각각 합병했다.(〈표1〉 참조)

표 1　도요대학(東洋大學)의 학과개설 과정

	제 1 년	제 2 년	제 3 년
正科	보통과	고등 하급	고등 상급
	논리학	물리 및 화학대의	논리학
	심리학	천문 및 지질학대의	동양철학사
	사회학	동물 및 식물학대의	근세철학사
	윤리학	생리학	심리학
	교육학	인류학	審美學
	순정철학	언어철학	윤리학
		역사철학	政理 및 법리학
		경제철학	종교철학
		동양철학사	設題論文
		희랍철학사	
副科	儒學	유학	유학
	佛學	불학	불학
	國學	국학	국학
	영어 혹은 독일어	영어 혹은 독일어	영어 혹은 독일어

출전　東洋大學,『東洋大學創立五十年史』, 1937.

데쓰가쿠칸은 메이지 유신 이후 서구화에 대한 반동으로 국가사상과 일본주의 수립이 치열하게 요구되는 시기에 설립되었기 때문에 '국체의 정화'를 발휘하는 것을 개교의 정신으로 삼았다. 이노우에는 이러한 정신을 더욱 발전시키기 위해 도요(東洋)대학 설립을 목표로 기금을 모으기 위한 강연회를 시작했다. 여기에서 "일본이 국세를 신장하여 동양의 패주 혹은 세계의 강대국이 되기를 바란다면, 가장

1889년의 데쓰가쿠칸(哲學館, 麟祥院에서 이전한 蓬萊町 교사;도요대학 이노우에 엔료 연구센터 제공)

적당한 방법을 찾아야 한다. 그것은 우리나라에 도요대학을 설립하여 우리의 손으로 동양학의 전권을 장악하는 것이다. 이것은 사상의 전권을 장악하는 것이고, 여기에서 한 걸음 나아가 정치상의 전권을 장악한다면 동양의 패주가 될 수 있다"고 호소했다. 그리하여 5년 동안 818회 강연을 개최하고 8천여 엔의 기금을 모아 1904년 4월 전문학교령에 의해 데쓰가쿠칸을 데쓰가쿠칸대학으로 바꾸고, 2년 후에는 사립 도요대학으로 개칭했다.[22]

이노우에는 「데쓰가쿠칸의 목적에 대한 의견」에서 일본의 인심을 유지하고 독립을 보존하는데 일본주의[23] 의 대학을 설립할 필요가 있으며, 그 대학은 일본 고유의 학문인 신도 유교 불교 및 철학, 사학, 문학을 기본으로 하여 일본국의 독립, 일본인의 독립, 일본학의 독립을 기하지 않으면 안 된다고 밝히고 있다.[24]

아오야기가 이 대학의 무슨 과에서 배웠는지 자세한 것은 알 수 없으나 1901년 퇴학하여 9월에 《간몬신보》의 통신원 자격으로 조선에 건너가게 된다. 그는 데쓰가쿠칸 수학시절에 이노우에의 국수주의 사상의 영향을 받은 것을 짐작할 수 있다.

---

22 東洋大學, 『東洋大學創立五十年史』, 제4장 學制, 255-260쪽.

23 井上圓了, 「日本主義」, 『哲窓茶話』, 三星社書店, 1920, 132-135쪽.

24 東洋大學, 『東洋大學創立五十年史』, 제2장 沿革史, 제1절 私立哲學館時代, 1937, 28-29쪽.

1897년의 도요대학 캠퍼스(도요대학 이노우에 엔료 연구센터 제공)

이노우에 엔료의 국수주의

아오야기의 사상 형성에 중요한 영향을 미쳤다고 생각되는 이노우에의 학문과 사상에 대해 살펴보자. 이노우에는 1858년 니가타(新潟)현에 있는 정토진종 대곡파 사찰 자광사(慈光寺)의 장남으로 태어났다. 어렸을 때 이웃마을에 사는 의사 이시구로 타다노리(石黑忠悳, 1845-1941)에게 한학을 배우고 17세가 되어 영어를 배우기 위해 니가타학교에 들어갔다. 20세에는 교토에 있는 동본원사(東本願寺)의 교사학교에 들어갔는데 이 학교는 교사를 양성하는 곳이었다. 이듬해 그는 도쿄대학의 예비문(預備門: 지금의 교양학부)에 입학하여 철학과에 진학하게 되었다. 재학 중에는 가토 히로유키(加藤弘之, 1836-1916), 하

40대 후반의 이노우에 엔료(도요대학 이노우에 엔료 연구센터 제공)

라 탄잔(原坦山, 1819-1892), 시마지 모쿠라이(島地默雷, 1838-1911) 등과 함께 철학회를 만들어《철학잡지》를 발행했다.[25]

근대 일본은 메이지 유신을 계기로 서양의 문물을 급속도로 받아들이게 된다. 이 당시에는 '구화주의(歐化主義)'가 유행하던 시기였다. 불교계는 신정부 주도의 폐불훼석(廢佛毁釋: 불교를 배척하여 절이나 불상을 부수는 것)으로 전국의 사원들은 폐멸의 위기에 처해 있었다. 그러나 1880년대 후반부터는 메이지헌법 공포와 제국의회 개원, 〈교육칙어〉 발표 등과 같이 근대국가로서의 체제를 정비하기 시작하고 구화주의에 대한 반동으로 국수주의가 발흥했다. 이노우에는 일본의 지나친 서구화, 특히 많은 정치 지도자들이 그리스도교로 개종하는 데 비판적이었다. 불교 연구를 진흥시키기 위해 대학을 졸업한 후 30세가 되는 1887년에 데쓰가쿠칸을 창설하게 된 것이다. 그리고 여전히 구화 만능시대가 계속되어 사상계 역시 혼돈 상태에 있었기 때문에 이노우에는 세이쿄샤(政教社)라는 단체를 결성하여 기관지로《일본인》과《국가학회잡지》를 간행하고, 신문 잡지 등에 국수보존, 국민정신 진흥을 역설했다. 그는 제국주의 열강에 의한 일본의 식민지화를 우려하여 구미와 맺은 불평등조약을 개정하기 위해 구미에 추종하는 것이 아닌 일본인의 주체를 서양철학에 의한 불교 재해석으로 추구했다.[26]

---

25 齋藤繁雄, 『井上円了の西洋思想』, 東洋大學井上円了記念學術振興基金, 1988.

26 송현주, 「"불교는 철학적 종교": 이노우에 엔료의 '근대일본 불교' 만들기」, 《불교연구》41, 2014.

이노우에의 저작은 100종이 넘지만 그의 사상이 잘 나타나 있는 것은 『불교활론서론(佛教活論序論)』(1889)이다. 그는 국가를 지키는 것이야말로 국민 전체가 행할 길이며, 학자는 진리를 사랑하는 것이 의무라고 말한다. 즉 호국과 애리(愛理)라는 사상을 강조한다. 양자는 불가분리의 관계이며 불교라고 하는 진리에 바탕한 국가를 만들어 가는 것이 일본을 지키는 것이라고 본다. 근대 일본의 상황과 전통적인 불교의 호국관이 맞물려 있는 것이다. 그는 불교를 일본의 불교로 만들기 위해 불교개량이 필수적이며, 불교의 입장과 배치되는 기독교에 비판적이었다.[27] 이러한 국가주의와 불교를 중심으로 한 동양학 계발은 데쓰가쿠칸 대학의 설립으로 실현되었다. 또한 그는 천황제 유지를 위해 호국불교의 정신이야말로 일본정신을 배양하는 데 필요하며 강력한 천황제 국가를 옹호하여 천황제론의 정신적 기반인 국체론의 옹호자가 되었다. 국체론은 일본이 다른 나라에 비해 우월한 이유를 천황가가 고대부터 한 번의 단절도 없이 존속해 왔다는 점에서 찾는다. 이 '만세일계'의 황통신화는 일본의 우월성을 유지하기 위해 연속성을 갖는 것이다.

이처럼 아오야기는 데쓰가쿠칸에서 이노우에의 사상과 학문적 영향을 받은 뒤에 조선으로 건너가서 활동했다. 후술하듯이 같은 시기에 이 학교를 다닌 샤쿠오 슌조(釋尾春芿)가 있다. 샤쿠오는 오카야마(岡山)현 출신으로 이 학교를 1897년에 졸업했는데 아오야기는 샤

---

27 원영상, 「근대 일본불교의 서양사상의 수용과 전개-井上円了를 중심으로」, 《동양철학연구》67, 2011.

쿠오가 졸업한 2년 후 이 학교에 입학하게 된다. 샤쿠오는 1900년 내한한 재조일본인으로 《朝鮮》과 《朝鮮及滿洲》를 발행하여 식민통치에 협력한 어용언론인이다.[28] 이노우에의 제자들이 식민지 조선에 일본 제국주의를 건설하고 천황제를 침투시키기 위해 활약한 것이다.

---

28 최혜주, 「한말 일제하 샤쿠오(釋尾旭邦)의 내한활동과 조선인식」, 《한국민족운동사연구》 45, 2005.12.

Ⅱ

조선 강점의 터를 닦다

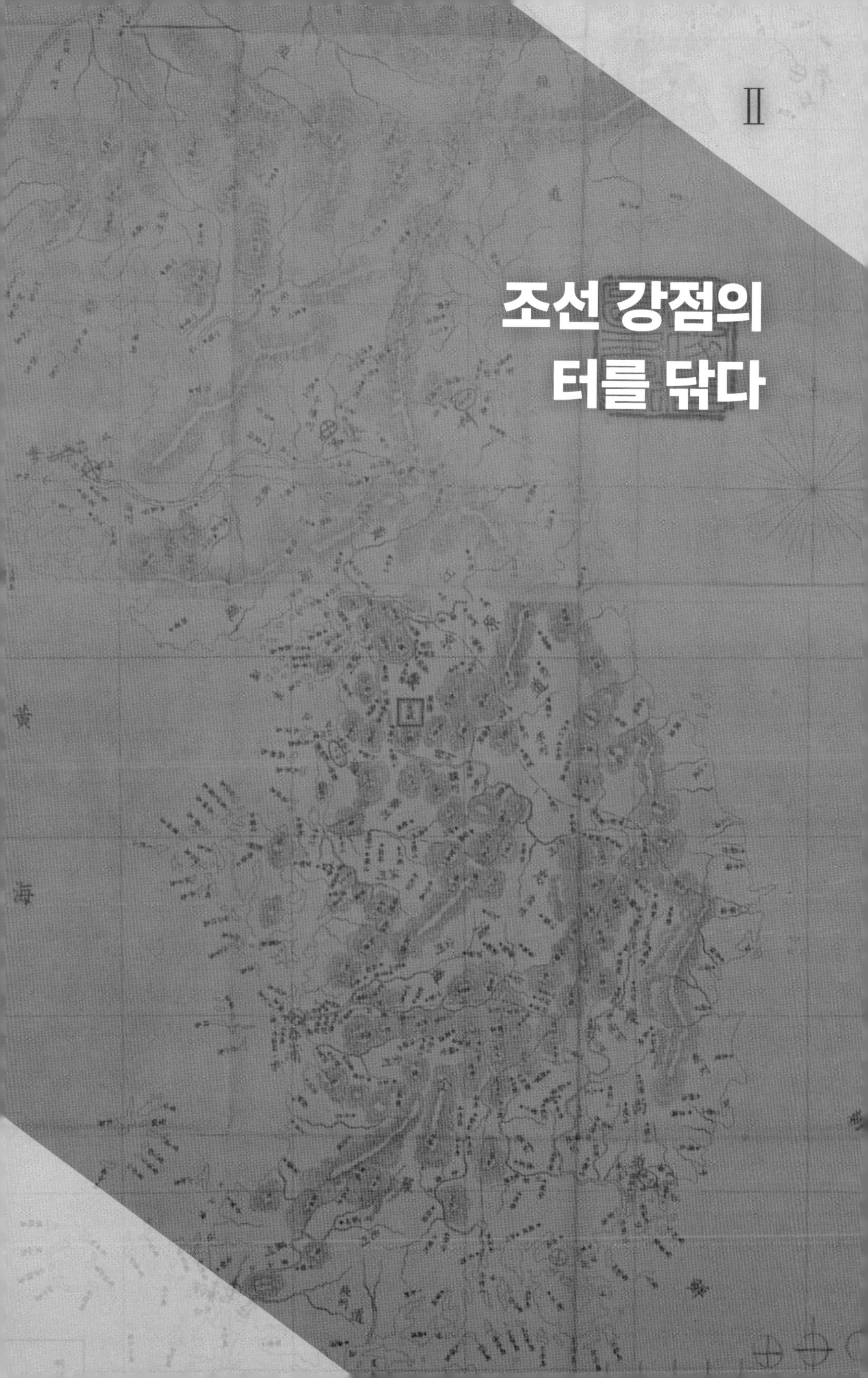

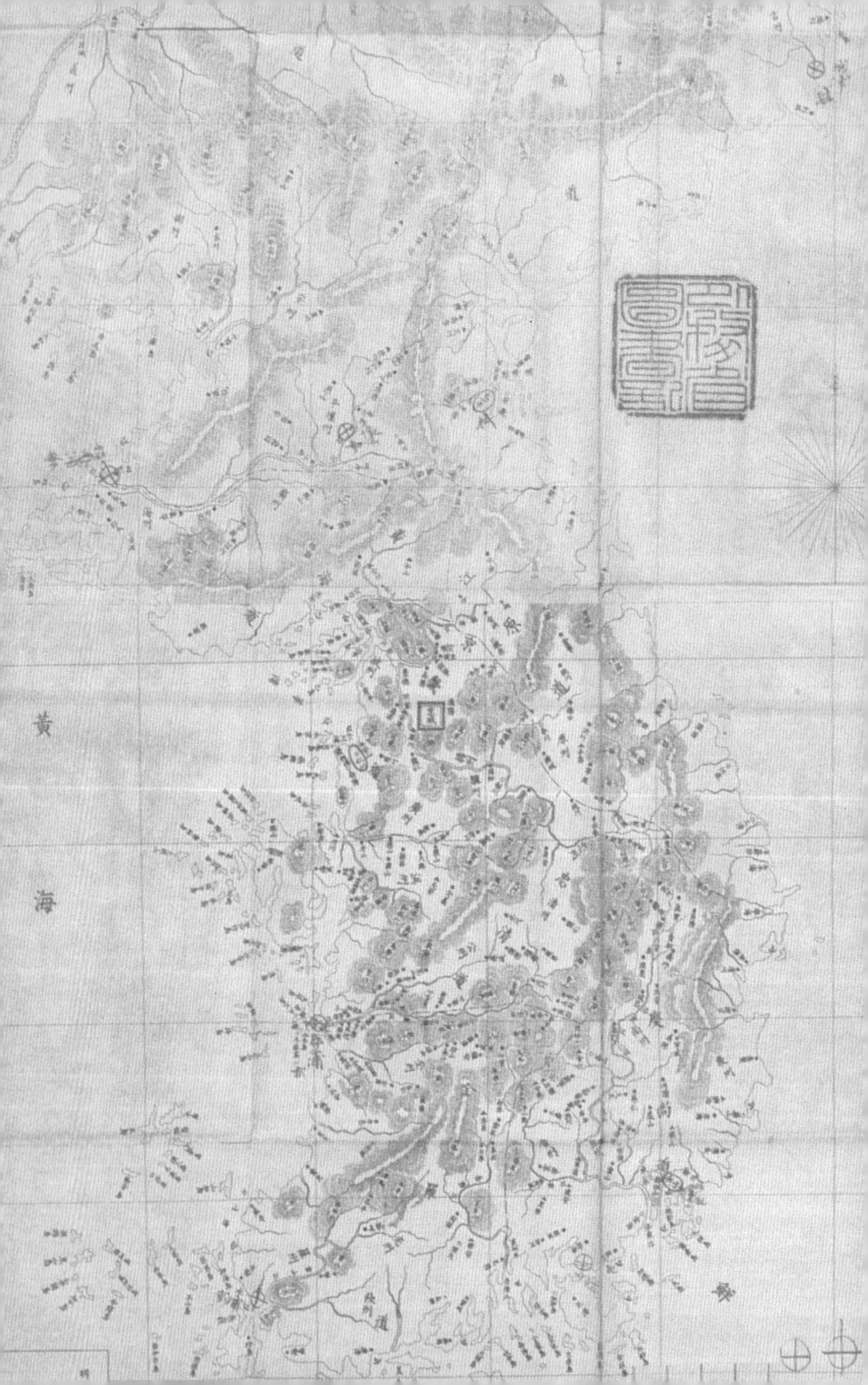
黃海

1. 일본인의 도한 행렬

조선에 대한 개항 압박

정한론을 둘러싸고 메이지 정부의 분열이 있은 지 한 달 후, 조선에서도 집권세력이 교체되는 큰 변동이 있었다. 최익현(崔益鉉, 1833-1907)은 대원군(大院君, 1820-1898)의 치세에 대한 총체적인 비판을 했다. 결과적으로 최익현의 상수 후 한 달여 만에 대원군 지지 세력이 축출되었다. 고종은 대외적으로 일본과의 관계개선을 급속하게 추진했다.

모리야마 시게루는 1875년 2월 하순 부산에 도착하여 서계를 제출하고 조선 당국자들과 교섭을 시작했다. 조정에서의 논의는 서계접수를 거부하자는 쪽이 다수였다. 조선 정부는 결과적으로 이 서계에 여전히 '대일본' '황상(皇上)' 등의 용어와 본문이 일본어인 점,

연회석상에서의 양복착용 등을 들어 접수를 거부했다. 모리야마 일행은 4월 무력을 동원한 현상타개책을 주장하기에 이르렀다. 일본 정부는 서구열강의 포함(砲艦) 외교에 의해 개항했던 경험을 조선에 적용하려고 했다. 4월 20일 부산에 운양호가 입항하고, 5월 9일에는 정묘호가 입항하여 합류했다.

이에 조정에서는 서계 문제가 다시 논의되었다. 박규수(朴珪壽), 이최응(李最應) 등은 서계접수를 주장했고, 김병국(金炳國) 등은 반대했다. 이런 가운데 운양호가 8월 21일 강화도 해안에 정박했다가 선원 일부가 작은 배로 예고 없이 한강하구를 거슬러 항해하자 초지진 포대에서 포격을 하여 저지하려고 했다. 운양호는 전혀 피해가 없었지만 초지진을 공격하고 다음날 영종도에 상륙하여 민간인을 살상하고 약탈을 자행했다.

일본 정부는 운양호사건의 발생을 계기로 왜관에서 계속되어 온 조일간의 교섭을 단절시켰다. 이 사건처리와 수교 교섭을 위해 육군중장 겸 참의 구로다 기요다카(黑田淸隆)를 특명전권대신으로, 원로원 의관 이노우에 가오루(井上馨)를 특명부전권변리대신으로 임명했다. 일본대표단은 12월 19일 부산으로 가서 약 일주일 후 그곳을 떠나 12월 말 인천에 나타났다. 일본 측은 1차 회담에서 운양호사건에 대한 책임 문제를 제기하고, 2차 회담에서 운양호사건에 대한 해결책으로 조약체결을 요구했다. 3차 회담에서 일본의 제안에 대한 회답이 지연될 경우 무력을 사용할 수 있음을 경고했다.

일본이 운양호사건을 도발한 의도는 사건 수습을 통해 전통적인 화이질서 하의 청조종속관계를 부정하고 조일간의 전통적 교린

관계를 일본을 우위에 두는 근대적 국제관계로 재편하려는 데 있었다. 구로다를 전권으로 하는 파견사절은 불평 사족층이나 군대 내의 정한파의 폭발을 회피하면서 군사적 압력을 배경으로 강화도조약을 강요하는 데 성공한 것이다.

조약의 내용 가운데 일본 정부가 가장 세심하게 주의한 부분은 제1조 조선국은 자주국으로 일본국과 평등한 권리를 보유한다는 조항이었다. 일본은 조선을 국제법상의 주체로서 외교권을 보유한 독립국이라고 표현함으로써 청조종속 관계를 부정한 것이다. 이에 대해 조선 정부는 특별한 논의가 필요 없다면서 동의했다. 이런 인식의 차이가 청일전쟁에 이르기까지 일본과 조선 그리고 청과의 갈등을 증폭시켰다.

고종과 대신들은 일본 측의 조약체결 요구가 예기치 못했던 것이었고 또한 공식적인 회의에서는 개항에 대한 어떠한 합의가 이루어지지 않은 상황이었지만 사흘 만에 일본 측의 요구를 받아들일 것을 결정했다. 박규수, 이최응, 이유원(李裕元) 등 소수의 개항론자들이 고종의 지지를 바탕으로 결정한 것이다. 고종 및 대신회의에서 개항에 대해 적극적으로 검토하기 시작했을 때, 대원군 세력 및 재야유림 측의 개항 반대 여론도 구체화되었다. 대표적 인물은 최익현이었으며 그는 왜양일체론(倭洋一體論: 일본과 서양을 동일하게 보는 것)을 주장하여 개항을 반대했다. 그러나 고종의 명분은 양인은 양인이고 왜인은 왜인이라는 점을 가지고 왜양일체론을 부인한 것이다. 고종은 일본인들이 겉으로는 수교를 위해 왔다고 하지만 실제로는 전쟁으로 확산될 수 있는 사태를 우려하여 조약체결을 추진한 것이었다. 이런 상황에서 두 차례의 양요에서 공을 세웠던 신헌(申櫶)을 전권으로 임명하여 구체적인 협의를 거쳐 조인식을 가졌다. 강화도조약은 조선이 외국과 맺은 최초의 근대적 조약이었다. 그러나 치외법권인 영사재판권, 조계설정, 무관세 무역, 일본화폐의 유통허용 등 일방적인 특권만을 규정하여 조선은 부산, 인천, 원산을 개방하게 되었다. 이로써 조선과 일본의 전통적인 교린체제는 붕괴되었다.

개항과 일본인 도항

1876년 2월에 강화도조약이 체결되어 부산을 개항하고 가까운 시기에 다른 두 항구 원산과 인천도 개항할 것이 결정되었다. 일본 정부는 같은 해 9월에 나가사키, 쓰시마, 부산을 잇는 항로를 개설하는데 5천 원의 조성금을 지급할 것을 결정하여 조선 도항과 무역을 장려했다. 이후 일본 상선은 한 달에 한 번씩 나가사키와 부산을 왕복하게 되었다. 그리고 10월에는 조선과 특수한 관계에 있었던 쓰시마 사람들에게만 한정되었던 조선 도항규칙을 철폐하여 일본인은 누구라도 자유롭게 조선으로 건너와 무역활동을 전개할 수 있게 되었다. 이렇게 일본이 부산에 눈독을 들인 것은 일본에서 가장 가까운 거리에 있었기 때문이고, 에도시대 이후 쓰시마와의 무역이 이루어지고 왜관도 설치되었기 때문이다. 부산이 개항되던 당시 부산 거류 일본인은 54명 정도였다.

1880년 4월 한성에 일본공사관이 설치되었다. 그러나 아직 공사를 비롯해 관원이 상주하지 않았으며 일본인 거주자도 없었다. 5월에는 원산이 개항되어 일본영사관이 개설되었다. 일본이 원산을 두 번째 개항지로 선택한 이유 중 하나는 장차 러시아와의 전쟁을 대비하기 위해서였다. 일본 정부는 일본인의 원산 이주를 장려하기 위해 여러 가지 편의를 제공했다. 1880년 말 원산의 일본인 거류민은 235명이었는데, 직업별 통계를 보면 기술자 100명, 영사관 관계자 75명, 상인 60명이었다. 개항과 동시에 원산에는 항회의가 결성되어 자치 행정 사무를 시작했다. 항회의는 거류민단의 원형이다.

같은 해 12월에는 하나부사 요시모토가 일본 최초의 주차변리공사로 한성에 부임했다. 1881년 5월에 조선 정부가 신식군대를 훈련시키기 위해 육군소위 호리모토 레이조(堀本禮造)가 육군 어학생 몇 명을 데리고 한성에 들어왔다. 1882년 4월 부산과 원산에 이어 세 번째로 인천에 영사관이 설치되었고 1883년 1월에 개항했다. 일본 상인 7-8명과 직공과 인부 7-8명이 처음으로 인천에 상륙했다. 11월에는 조영수호조약이 체결되어 한성이 개방되었다. 일본도 이 혜택을 입어 일본인도 한성에 거류할 수 있게 되었다. 1884년 10월 일본은 한성에 영사관을 두고 남산 일대를 일본인 거류지로 삼았다. 그리고 같은 해 인천에는 부산이나 원산과 달리 14만 평의 각국 공동조계도 설치되었다. 공동조계 주민의 대부분은 일본인이었다.

다카사키 소지(高崎宗司)의 『식민지 조선의 일본인들』(2002년)에 의하면 갑신정변이 일어난 1884년 말에 4356명이었던 조선 내 일본인 수는 5년 후인 1889년에도 5589명으로 그다지 증가하지 않았다. 이는 갑신정변의 후유증 때문이었다. 그러나 1890년 말에는 7245명, 1891년 말에는 9021명으로 급증했다. 이주 어민이 증가했으며 무역관계자가 야마구치현과 나가사키현 등지에서 조선으로 거점을 옮겼기 때문이다. 1892년 말에는 9137명으로 조금 증가하였고 1893년 말에는 8871명으로 감소했다고 한다. 청일전쟁이 발발할 것을 두려워해 일본으로 돌아간 사람이 많았기 때문이다. 1894년 말 9354명이었던 조선 내 일본인은 청일전쟁 후인 1895년 말에는 1만 2303명으로 1년간 2949명이 급증했다고 한다. 조선으로 건너온 일본인이 늘어난 배경에는 일본 정부의 이민 장려정책이 있었다. 일본 정부는 조선의 군사적·경제적·문화적 지배권을 확립하기 위한 수단으로 조선 이민을 장려했다. 이후 1900년 말의 1만 5829명으로 5년간 3526명이 늘어났다. 하지만 1900년 말부터 1905년 말까지는 1만 5829명에서 4만 2460명으로 3만 명 가까이 증가했다. 조선 붐이 일어난 것이다. 다음 해에는 8만 3315명으로 격증했다. 한국강점 직후인 1910년 말에는 17만 1543명으로 4년간 8만 8288명, 즉 연평균 2만 2000명이 조선으로 건너온 것이다.

1910년 1월 일본인 거류민 수를 살펴보면 경성 2만 9563명, 부산 2만 1955명, 인천 1만 2369명, 평양 9646명, 원산 9447명, 마산 5554명, 군산 4591명, 목포 4572명, 대구 4523명, 신의주 4119명, 진남포 2661명이었다. 1908년부터 경성의 일본인 거류민 수가 부산을 넘어섰다. 4년 후인 1914년 말에는 29만 1217명으로 늘어났다. 연평균 약 3만 명이 증가한 것이다. 또 5년 후인 1919년 말까지 연평균 1만 명이 증가해 34만 6619명이 되었다. 1915년 말 이후 5년 동안 조선으로 건너온 일본인이 상대적으로 감소한 것은 제1차 세계대전이 발발하여 일본 국내가 호경기를 맞이했기 때문에 조선으로 이주할 만한 요인이 상대적으로 약해졌기 때문이라고 한다.

한편 1920년 약 35만 명에서 1930년에는 약 53만 명으로 늘어났다. 제1차 세계대전이 끝나고 공황이 이어져 일본이 불경기를 맞이한 것이 커다란 이유였다. 하지만 만주사변이 일어나던 해인 1931년 말 조선의 일본인은 약 51만 명으로 줄었다. 일본의 경기가 다시 상승했기 때문이다. 1942년 말에는 약 75만 명에 이르렀다. 조선의 북부 지역이 공업화된 것이 커다란 원인으로 작용했다. 1944년 5월에는 약 71만 명으로 줄었는데 대규모 소집이 있었기 때문이다. 패전 당시 일본인은 북한에 약 50만 명, 남한에 약 27만 명, 만주에서 나온 피난민은 약 12만 명이었다고 한다. 1945년 말 남한의 일본인은 2만 8000명으로 감소했다. 1947년에 일본인의 본국으로의 귀환은 거의 완료되었다.

이처럼 주로 서일본 각지에서 많은 일본인이 도항하기 시작하여 조선에서 일본인 사회를 형성하고 있었다. 일본인의 출신지를 보면 1910년 이전에는 나가사키현, 쓰시마현 출신자가 많았고, 그 다음으로 야마구치현이 전체의 58.1%(1896년)를 차지하고 있었다. 1910년에는 이 두 현의 비율이 20.4%로 저하되고 후쿠오카, 히로시마, 오이타, 구마모토현 출신이 많아진다. 나아가 1930년대에는 본국 출생이 70.4%, 조선 출생이 29.6%에 달하게 된다.

러일전쟁 이전에는 거주가 허용된 개시, 개항장에 주로 거주하고 있었지만 병합 후에는 서서히 그 비율이 저하되어 1940년에는 50% 수준이 된다. 농촌부나 지방 중소도시에도 일본인이 거주하게 된 것이다. 병합 이후 최대 일본인 거주지는 경성이고 다음이 부산, 평양으로 서서히 내륙의 지방 도시로 확대하여, 특히 쌀의 적출항인 군산이나 목포, 공업화가 진행된 지역인 대구, 청진, 함흥, 신의주 등에서 거주 증가가 눈에 띄게 된다.

개항 이후 도항하여 일제 강점기에 걸쳐 조선에 체류한 일본인들은 관료, 군인, 경찰, 교사, 상인, 언론인, 정치인 등이 여러 단체를 통해 조직적이고 치밀하게 활동했다. 이밖에도 대륙낭인이나 깡패도 많았다. 일본 정부는 이런 사람들을 귀국시켰으며 1894년 10월에는 무면허 도항에 대한 금지령을 공포할 정도였다. 그러나 이들 가운데 '조선통'으로 불리는 사람들은 침략의 첨병역할을 하여 조선을 식민지로 만들고 나아가 대륙침략의 교두보 마련을 위해 적극 활동했다. 아오야기도 그런 수많은 일본인 가운데 한 사람으로 언론계에 종사하며 조선 연구를 통해 식민사관을 뿌리내리게 한 역사왜곡의 장본인이라고 할 수 있다.

2. 저널리스트와 통감부 관료로 활약하다

통신원으로 내한하여 데쓰가쿠칸의 동문 샤쿠오를 만나다

아오야기는 1901년 데쓰가쿠칸을 중도 퇴학하게 되는데 그의 심경에 어떠한 변화가 있어서 인지 자세한 이유는 알 수 없다. 그는 같은 해 9월에 부산으로 건너와 교사가 되고 《간몬신보》, 《오사카마이니치신문》[1]의 통신원이 되었다. 그러나 실제로 부산의 어느 학교에 근무했는지 자료를 통해서 확인할 수 없다. 신문사에서 일하기 전에 잠시 근무했을 것이며 그 가능성으로 생각할 수 있는 곳은 부산의 초량학교와 개성학교 두 곳이 있다. 초량학교는 동본원사가 청일전쟁 직후 부산에 일어학교로 창립했다. 일본 불교 가운데 병합 이전에 조선에 침투하여 가장 활발하게 교육활동을 한 것이 동본원사였다. 동본원사는 청일전쟁 직후 부산에 일어학교인 초량학원을 창립했다. 이 학교는 동본원사로부터 연 1000엔을 지원받고, 부산 별원의 감독하에 일어 교수 2명과 조선어 교수 2명, 그밖에 체조교사를 파견하여 학생들을 가르쳤다. 그러나 1903년에 학교를 폐쇄시키고 학생들을 개성학교로 보냈다.

그런데 자료를 통해 확인할 수 있는 것은 개성학교 교사를 지낸 샤쿠오 슌조의 존재다. 슌조는 이름이고 호를 도호(東邦), 교쿠호(旭邦)

---

1 1888년에 창간한 지금의 마이니치신문이다. 1876년 2월 20일 전신지인《오사카일보(大阪日報)》가 창간. 1882년 2월 1일《오사카일보》가 언론탄압에 의해 휴간되었기 때문에, 그 대체지로《니혼릿겐세이도신문(日本立憲政黨新聞)》을 창간. 1885년 9월 1일《니혼릿겐세이도신문》은《오사카일보》로 제호를 돌리지만, 1888년 11월 20일에 가네마쓰 후사지로(兼松房治郎, 1845-1913, 실업가: 가네마쓰[兼松]상점 창업자)가 매수하여《오사카마이니치신문》으로 개제했다. 이후 온하한 논조로 바뀌어 1897년 사장에 취임한 모토야마 히코이치(本山彦)와 하라 다가시(原敬)의 지도아래, 지면의 평이화, 가정면, 해외통신의 충실을 도모하여 부수를 늘렸다. 그리고 러일전쟁에는 전황보도, 강화교섭의 보도로 타지를 이끌어가지만 이때부터《오사카아사히신문》과 확판 경쟁과 논전이 격화한다. 1906년 도쿄《덴포(電報)신문》을 매수하여《마이니치덴포(每日電報)》로 개제하여 도쿄 진출을 이룬다. 1911년에는 역사와 전통을 갖는《도쿄일일신문》을 합병. 여기에《마이니치덴포》를 합류시켜 도쿄의 거점을 강화한다. 이것으로《아사히신문》과 어깨를 나란히 하게 된다. 1915년《오사카아사히신문》과 협정 하에 석간발행을 개시. 1922년 규슈에《세이부마이니치(西部每日)》를 창간했다. 1943년 1월 1일 자매지《도쿄일일신문》과 함께《마이니치신문》으로 개제하여 현재에 이름.(『日本新聞發達史』 제14장 營業化の時代, 1922, 266-267쪽 참조)

등으로 사용하고 있다. 그는 1897년에 데쓰가쿠칸을 졸업했으니 아오야기의 선배인 셈이다. 샤쿠오가 개성학교에 가게 된 인연은 두 가지가 있다. 하나는 그의 스승인 이노우에 엔료가 동본원사의 장학금을 받고 도쿄대학 철학과에 진학한 인연으로 동본원사가 부산지역에 일어학교를 세워 교육활동을 하던 개성학교에 가도록 권유했다. 동본원사의 교육활동에 관심을 보이고 자신의 일본주의 사상을 조선에서의 교육 사업을 통해 확산시키기 위해 제자를 보낸 것이 아닌가 한다.

다른 하나는 개성학교 교장 아라나미 헤이지로(荒浪平治郎)도 두 사람과 같은 동문이었다는 점이다. 개성학교는 1895년 신 교육제도가 발포되면서 조선인 자제에게 일본어 및 보통학을 가르치는 일어학교의 하나로 설립되었다. 개성학교는 박기종(朴琪淙)을 비롯한 이내옥(李乃玉), 배문화(裵文華), 변한경(邊翰敬), 이명서(李命瑞)가 300엔씩 출자를 하고, 전 일본 육군예비상무학교 교사 아라나미 헤이지로가 교무 전반을 담당하여 일본어 학교로 출범했다. 이 과정에서 부산영사 가토 마스오(加藤曾雄)와 외부 교섭국장 조중응(趙重應)의 도움이 있었다.

이처럼 아오야기와 샤쿠오의 인연은 같은 대학의 동문이면서 같은 길을 가는 언론인으로 활약한데서 찾을 수 있다. 샤쿠오가 부산에서 시작한 교사생활을 접고 경성에 올라와 민단에 있으면서 편찬한 『경성민단사(京城民團史)』의 간행 작업을 할 때 그것을 마무리한 것이 아오야기였다. 두 사람은 쌍두마차가 되어 조선 연구와 고서 간행사업의 필요성을 자각하여 이 사업을 추진한 점도 같았다. 이후

40년 가까이 언론인으로서 일생을 조선에서 같이 보냈다.

신문경영과 데라우치 총독의 언론정책을 비판하다

데라우치 총독은 철저한 언론탄압을 위해 경성에서 발간되던 《大韓日報》(도카노우 시게오[戶叶薰雄] 경영), 《朝鮮日日新聞》(이마이 다다오[今井忠雄]), 《朝鮮日出新聞》(신바시 에이지로[新橋榮次郎]), 《京城新報》(미네기시 시게타로[峯岸繁太郎])를 3-4천 엔에 매수했다. 이로써 어용지《京城日報》와《每日申報》를 남기고 모두 정리했다. 잡지는 샤쿠오 교쿠호가 경영하는《朝鮮》(朝鮮及滿洲로 개제), 스기 이치로베에(杉市郎兵衛)가 경영하는《新半島》만 남았다. 경무총감부 촉탁 야마미치 조이치(山道襄一, 1882-1941)는《신반도》를 인수하고 나서《조선》도 매수하려고 손을 썼지만 사쿠오는 이에 넘어가지 않았다. 당시 재조언론인 가운데 데라우치의 총독정치를 강하게 비판하고 나온 것은 조선잡지 사장 샤쿠오였기 때문이다. 이밖에도 1913년에 인가된 마키야마 고조(牧山耕藏, 1882-1961)의《朝鮮公論》과 가와바타 겐타로(川端源太郎)가 발행한 주간《朝鮮實業新聞》이 있을 뿐이었다.

아오야기는 가와바타가 경영하던 주간(週刊)《朝鮮實業新聞》을 매수하여[2] 1912년에 주간《京城新聞》사장으로 있으면서《福岡日日

---

2 한국언론연구원,『韓國新聞 百年日誌』(1983)에 의하면《경성신문》이 1910년 3월 24일에 인가를 받았으며, 대표는 아오야기, 발행인은 사사키(佐佐木太平)였다. 그리고 1911년 12월 17일에《조선실업신문》을 개제해서《경성신문》을 발행한 것으로 되어 있다.

新聞》(후쿠오카현을 중심으로 규슈일원에서 발행된 신문)의 경성 총지국을 관할했다.[3] 실업신문은 실업에 관한 기사와 민단, 상업회의소에 관한 기사와 가정기사 외에는 게재해서는 안 되는 조건부 신문이었다. 그러나 그는 이 제한을 철폐하여 일간신문으로 만들려고 했다. 이 신문은 단순히 총독부의 어용신문이 아니라 '대일본주의'를 실현하기 위한 제국의 어용지로 거듭나서 조선을 개조하기 위해서였다.

아오야기는 조선총독부 시정 5주년을 기념하여 열린 조선공진회에서 데라우치의 산업 개발과 사회 정리의 놀랄만한 실례와 공진회 출품물을 소개하여 조선통치의 성공을 기린 글을《경성신문》에 게재하고 공진회에 참석한 사람들에게 배부했다.《경성신문》은 기재사항의 범위를 넘었으나 당시 어용지 이상의 어용에 힘썼기 때문에 경제론과 정치론 등을 게재했음에도 불구하고 발행정지를 받지 않았다. 아오야기는 공진회를 마친 뒤 다치바나 고이치로(立花小一郎, 1861-1929) 경무총장과 야마가타(山形) 고등과장에게 여러 차례 기재사항의 제한 철폐를 요구하는 운동을 벌였다. 그러나 총독부는 시사문제나 정치에 관해 보도를 허용할 경우 무단통치를 공격하는 빌미를 제공할까 우려했던 것이다. 이후 계속해서 총독관저를 방문하여 기재사항 변경을 요청했지만 이루어지지 않았다. 데라우치 총독이 본국으로 귀국하여 수상이 되고 후임으로 하세가와 요시미치(長谷川

---

3 阿部薫,『조선공로자명감』, 민중시론사, 1935, 557쪽. 그러나 아오야기의 유고집『赤裸裸に見た內鮮史論』을 간행한 田內蘇山(조선연구회 主幹)은 그 서문에서 1916년에《주간 경성신문》을 인수해서 경영했다고 밝히고 있다.

好道, 1850-1924) 총독이 부임했다. 아오야기는 다시 1917년 4월 4일 데라우치 수상에게 진정서를 제출한 후 8월 14일에야 기재사항 변경에 관해 인가받았다. 이 신문은 경제, 상공업, 민단보고, 광고에 관한 내용 외에 사회의 시사, 평론에 대해서 기재가 가능하게 되었지만 정치평론은 제외한다는 조건이었다.

하세가와 요시미치

어용지도 이렇게 철저한 단속을 당한 것을 보면 데라우치 총독시대의 언론탄압 실상이 얼마나 가혹한 것이었는지 알 수 있다. 당시 언론 탄압이 어떠했는지는 샤쿠오가 아오야기에게 준 글에 잘 나타나 있다. 《조선급만주》의 사장 샤쿠오는 조선연구회 5주년을 기념하여 아오야기에게 축하하고, 《신조선》「발문」에서 총독정치의 언론·출판물의 취체 실상을 다음과 같이 지적했다. "총독부의 언론과 출판물의 단속은 점점 비(非)입헌, 비(非)문명적이 되어, 조선에 대한 기탄없는 연구는 당분간 절망적이다. 따라서 조선에 관한 출판물은 점점 어렵게 된다. ― 총독정치는 조선의 인문사상(人文史上) 보더라도 일종의 암흑시대임을 슬퍼한다. 식민지가 되는 나라는 이와 같은 정치 하에 건전한 발달을 이룰 수 없다는 것은 의심하지 않을 수 없다."[4] 아오야기는 데라우치의 조선통치에 대해서는 다음과 같이 평가했다.

4 青柳綱太郎, 《新朝鮮》, 跋文, 1916.

결국 데라우치는 신문 잡지의 조종을 잘못하였다. 그리고 모처럼 조선통치에서 성공한 사업까지도 묻혀 버렸다. 이런 무단의 정치가와 다감한 언론인이 우리 대륙발전의 근거지인 조선의 무대에서 압박과 반항의 혈전적 수라장을 드러낸 것은 데라우치도 나쁘지만 언론인도 나쁘다. 데라우치가 떠난 뒤부터 세상은 문화정치가 되어 오랫동안 언론계는 침묵했지만, 변화를 좋아하는 우리 언론인과 조선인이 경영하는 언문신문 잡지는 언론의 천직을 몰각하여 악담을 하기 시작했다. 불초가(아오야기를 말함) 가령 통치의 권력자라면 대 압박을 가하여 데라우치가 채택한 무단주의를 발휘할 것이다. 무주의·부도덕하여 경국제민의 포부도 없고, 무책임하게 활동하는 신문만큼 통치의 방해를 이루고 우리 대륙 발전을 방해하는 것은 없다. 어차피 지금 한번은 데라우치처럼 무단적 정치가가 나온다면 조선은 통치할 수 없을 지도 모른다. 현대는 실로 문약한 풍조가 넘쳐 전 조선에 불고 있기 때문이다.

조선 통치는 지금 많은 어려움이 있고 조선의 민족심은 지금과 옛날이 다르다. 반일본 조국회복의 사상은 전 조선에 만연되어 가고 있다. 우리 언론계는 알고도 모른 척 하듯이 혹은 전혀 모르는 언론인도 있을 것이다. 정치가는 정쟁·당쟁에 몰두하여 금일주의로 소일하고 있다. 아아 데라우치의 영혼이 지금 아직도 조선에 떠돌고 있으니 가슴 아픈 일이 아닌가.[5]

---

5 青柳綱太郎,『總督政治史論』, 제12편 言論文章の徹底的壓迫(3), 1928, 112-113쪽.

이처럼 아오야기는 데라우치의 조선통치를 평가하여《경성신문》에 발표한 글과 총독정치에 대한 비판적인 글을 모아『총독정치사론』(1928)을 경성신문사에서 발행했다. 이 시기 언론사의 통신원은 조선의 사정을 정탐하는 일본의 정보원 역할을 하는 직업이었다. 아오야기도 통신원을 하면서 조선에 관한 정보를 수집하여 일본으로 보내게 되고, 대표적 언론인 자격으로 총독관저를 수시로 드나들며 지근거리에서 통치방침이나 조선사정에 관한 정보교환을 할 수 있었다. 이 일은 30여 년간 조선에서 살면서 '조선통'으로 활약하게 되는 계기가 되었다. 1913년 1월에는 경성거류민단 의원에 당선되었고 1920년 7월에는 샤쿠오가 창간한《경성일일신문》의 부사장을 맡기도 했다.

아오야기가 조선에 와서 활동하면서 가장 중점을 두었던 것은 조선통치를 원활히 수행하도록 조선의 상황과 인물에 대한 판단자료를 제공하는 데 있었다. 다른 하나는 조선통치를 합리화하기 위한 조선 연구라는 점에 있었는데, 조선통치의 성패가 과거의 역사를 도외시해서는 불가능하다고 생각했기 때문이다.

통감부 관료생활과 한국경영책 연구

아오야기는 일종의 정탐활동을 하던 통신원을 그만둔 뒤 1905년 3월에 통감부의 통신국에 소속되어 이 해에 설치된 전라남도 나주 및 진도의 우편국장을 맡았다. 일본의 한국 통신기관에 대한 침탈은 1904년 8월 22일 한일협정서 체결에서 비롯된다. 그 결과 일본인 재정고문 메카다 다네타로(目賀田種太郎, 1853-1926)가 부임하면서 재정상의 수지(收支) 문제를 제기하여, 재정 정리라는 명목으로 한국의 통신기관이 일본에 넘어간 것이다. 통감부 설치와 동시에 1905년 12월 20일 통감부통신관서관제(統監府通信官署官制)를 공포하고, 다음해 1월 10일부터 시행함으로써 그 관리 사무의 일부를 분장케 했다.[6] 그가 얼마동안 우편국장을 역임했는지 자세히 알 수 없지만, 1905년 3월 우편국장 임무로 목포를 방문한 뒤《목포신보》에 「제주도 경영론」이라는 글을 발표하고, 1906년에는 『南韓之實業』을 간행했다.

한편 아오야기는 우편국장을 하면서《목포신보》의 주필활동을 했다. 그러나 정확히 언제부터 몇 년간《목포신보》에서 활동했는지 알 수 없다. 다만 그의 저서 『한국식민책』(1908)에 그가《목포신보》의 주필로 일본의 민족적 팽창을 위해 호남지역에서 선각자로 충실하게 임무를 수행했음을 평가하는 기록이 보인다.[7] 그리고 같은 책 서문에서도 부용생(芙蓉生)이라고 하는 친구가 "아오야기는《목포신보》의 주필활동을 하면서 이 책을 서술하여 한국병합의 양책(良策)을 제시했다"라고 평가하고, 그가 갑자기 경성으로 올라갔다고 쓰고 있다.

《목포신보》는 1899년 6월 16일에 창간된 일본어판 신문이며 야마모토 이와키치(山本岩吉)에 의해 발간되었다. 당시 이 신문은 1897년 10월 1일 개항한 목포항의 홍보를 위해 선전지의 역할을 담

---

6 체신부, 『韓國郵政百年史』, 1984, 152-156쪽; 『郵便局所要覽』, 1911, 122-128쪽에 의하면 나주와 진도우편소는 1905년에 설치되었다.

7 青柳綱太郎, 『韓國殖民策』, 제4장 殖民と交通, 1908, 36쪽.

당했다.[8] 아오야기는 일찍이 조선역사에 관심을 가진 이래 한국을 경제식민지의 보고(寶庫)로 인식하고 있었기 때문에 특히 전라도 지역에 관심을 가졌다. 이곳에서의 활동과 연구결과로 『한국식민책』을 저술했는데 식민지경영에 필요한 기본적인 사항에 대해 언급한 책이다. 이 책을 1908년 경성에서 발행한 것을 보면 전라도 지역에서의 집필을 끝내고 올라와서 출판한 것으로 보인다.

아오야기가 한국에 와서 간행한 이 책들은 모두 한국의 경제, 재정, 실업상태를 면밀히 조사한 결과다. 이것은 나중에 일제가 조선의 자원을 침략하는 데 크게 도움이 된 책들이다. 그는 이미 이때부터 공직에 근무하면서 틈을 내서 그런 조사와 연구를 시작했던 것이다.

---

8 목포부, 『木浦府史』, 제3편 교육, 문예 제3장 定期刊行物 제1절 목포신보, 1930, 532-537쪽. 《목포신보》의 창간은 목포거류민회의 다니가키(谷垣嘉市)가 인천에서 활판소를 경영하는 야마모토(山本岩吉)를 찾아가 신문 경영을 제안하면서 이루어졌다. 야마모토는 1888년 인천에서 창간된《京仁隔週商報》(뒤에《朝鮮新報》가 되고,《朝鮮新聞》으로 改題)의 인쇄를 맡아 일본 활자를 사용하는 인쇄를 해왔다. 그는《목포신보》 창간을 위해 오사카에서 활판기계와 각종 인쇄 기구를 도입하고 치바(千葉胤矩)라는 기자를 초빙해 신보를 탄생시켰다. 그리고 가게인사로 구성된 후원회의 재정적 뒷받침이 큰 힘이 되었다. 후원회에 속해 있던 인물과 지점은 다음과 같다.
西川太郎一, 木村健夫, 福田有造, 道山龜藏, 大河厚源吉, 夏日支店, 大澤商會, 井出清造, 清水近造, 荒井德一, 長富出張店, 木谷支店, 二浦支店, 五百井長支店, 澁谷龍郎, 阪田支店, 武內鶴太郎, 橋西清一郎, 谷垣嘉市의 19명이다.
창간 후 순조롭던 신문이 1901년에 폐간의 위기에 직면하자, 일본영사는 신문경영을 다니가키에게 맡기고 영사관에서 월 10圓씩 보조금을 지급했다. 1906년 4월 1일자부터 5단 신문으로 혁신했고, 이듬해 7월 1일부터는 격일간으로 발전시켰다. 1907년 사장에 오우치(大內暢三)가 취임하면서 목포인쇄주식회사를 설립하고 주필에 노무라(野邑安之助)가 취임했다. 그후 같은 해 11월 20일 오우치가 사임하고 야마노(山野龍三)가 취임했으며, 1909년 2월 1일자부터 일간신문으로 발행했다.
야마노는 1911년《광주일보》를 매수하여 전남 언론계의 통일을 이루었다. 1929년 9월 후쿠다(福田有造)를 사장으로 선임하고 회사명을《목포신보, 광주일보》로 고쳤으며, 1941년《전남신보》가 탄생되기까지 지속되었다.

아오야기는 "무기를 가지고 빼앗는 방토(邦土)는 망하는 것이 있어도 호미와 쟁기로 경영한 방토는 결코 망하는 일이 없다. 대한경영의 대주의 대정신은 이 격언을 본받아 쟁기와 호미를 가지고 개척하지 않으면 안 된다"[9] 고 말한다. 농업이나 어업을 통한 일본인의 이주경영은 한국식민의 근본책으로 일본의 인구증식이나 동방경영을 위해서도 중요하다고 보았다. 이는 일본이 극동의 무대에 본격적으로 등장하는 무대가 되기 때문에 조선에 '신일본'의 촌락을 만드는 것이 한국 식민에 있어 최대 급무가 된다고 역설한 것이다.

나아가 이주지의 선정은 일본인이 발을 들여 놓기 좋은 남한부터 채우고 넘치면 북한지역으로 확장시켜 나가는 것이 필요하다고 다음과 같이 말한다.

> '오라 일본인이여!', 오라 일본인이여! 노약남녀를 묻지 않는다. 오라! 일본인의 빈부귀천을 가리지 않는다. 태산은 토양을 양보하지 않고 하해는 세류를 가리지 않는다. 지금의 한국은 모든 방인(일본인)을 환영하여 자리를 깨끗하게 하고 의자를 양보하여 형(일본인)의 도한을 기대하고 그 늦음을 안타까워하고 있는 것이다. 오라 일본인이여! 한국은 양식이 충분하다. 형이 가는 곳에 어찌 빵이 없겠는가. 팔도 가는 곳이 보고다. — 한국은 동양의 보고다. 유리(遺利)가 지금은 와륵(瓦礫, 깨진 기와조각과 자갈)으로 바뀌었다. 방인이 와서

---

9 青柳綱太郎, 『韓國殖民策』, 제9장 移住の奬勵, 1908, 142쪽.

이토 히로부미의 어릴적 생가(야마구치현 하기시)

경영해야 한다. 붓이 있는 자는 붓을 들고 가래(鍬)가 있는 자는 가래를 가지고 오라, 유리는 형 등에게 새로운 양식을 줄 것이다. 어찌 머뭇거릴 때이겠는가. 오라 일본인이여!

한반도는 멀리 이국이 아니다. 이정(里程)에서 말해도 부르면 답할 수 있는 가장 가까운 거리에 있다. 쓰시마(對馬)의 새벽은 부산의 닭 울음에 의해 알리는 것이 아닌가. 지금 한국은 우리 보호아래 있는 소위 일류일문(一類一門, 같은 동족이고 같은 집안)이며 권속(眷屬: 한집 식구)의 특색이고 친척의 관계이다. 떨어질 수 없는 밀접한 관계에 있다. 방인이 와서 경영하여 유리를 천착하고 보호의 확약을 현실에 나타내야 하는 것은 바로 이 방민의 의무가 아니겠는가. — 세계의 낙원 진정 반도를 이름이니 오라 일본인이여!![10]

---

10 青柳綱太郎, 『韓國殖民策』, 제10장 來れ日本人, 1908, 150-153쪽.

아오야기는 한반도의 어디를 가도 무궁무진한 보물창고라는 안목을 갖고 앞으로 유망한 사업을 일구기 위해서라도 많은 일본인이 이주해야 한다고 거듭 강조하고 있다. 결국 러일전쟁도 제국 일본의 숙원을 풀기 위해 벌인 것이었기 때문에 그 유종의 미를 한국에서 거두기 위해 경영의 실행자가 될 것을 촉구한 것이다.

당시 이토 히로부미가 통감으로 부임했을 때 근대 일본의 최대 우익단체인 흑룡회의 주간 우치다 료헤이(內田良平, 1874-1937)가 통감부 촉탁으로 조선에 건너왔다. 이토는 조선의 궁중을 장악하기 위해 자신이 신임하는 인물들로 채워 나가기 시작했다. 통감부의 중심인물로 가장 신임하는 총무장관 쓰루하라 사다키치(鶴原定吉, 1857-1914)를 궁내부 차관으로 겸직시키면서 간섭이 시작되었다. 이어서 자신이 오랫동안 신임해온 참여관 고미야 미호마쓰(小宮三保松, 1859-1935)를 차관에 임명하여 궁정을 직접 장악해 나갔다. 이노우에 마사지(井上雅二, 1877-1947)는 이토 통감과의 친분으로 재정고문부에 들어가 궁내부 서기관이 되어 재정을 장악했다. 이노우에는 고미야를 보좌하면서 제반 개혁에 착수했고, 곤도 시로스케(權藤四郎介)[11] 역시 이노우에의 추천으로 한일협약에

이토 히로부미 동상(야마구치현 하기시)

11 후쿠오카(福岡)현 출신, 한국 궁내부 內藏院 이사, 이왕직 宮內官, 조선신문사 이사를 역임하였다.

따라 통감의 추천과 황제 임명이라는 형식으로 궁내부 사무관에 임명되었다. 당시 일본인 관리들이 조선 관리를 지도한다는 명목으로 모든 일에 간섭하게 되었다.

아오야기는 1907년 9월에 통감부의 총무장관 쓰루하라 사다키치의 추천에 의해 이노우에 마사지를 따라 재무고문 메카다 밑에서 재정고문부의 재무관으로 근무했다. 이듬해 6월 이노우에와 함께 궁내부로 옮겨 제실(帝室)재산정리국 주사로 궁중개혁에 관여하면서 창덕궁과 덕수궁을 중심으로 7궁을 조사하고 궁중의 장서를 정리하는 일을 하게 되었다.[12] 아오야기는 쓰루하라에게 조사보고서를 제출하고 각 궁의 기록을 창덕궁 별관으로 옮겨 정리했다. 8월 31일에는 판임관 3등으로 전선사(典膳司) 주사로 전보되었다. 전선사는 궁내부에 소속되어 궁중 내의 음식과 잔치에 관한 일을 맡아보던 관청이다. 아오야기는 1909년 고미야 미호마쓰 궁내부차관이 궁중사무를 정리하면서 규장각에 '이조사(李朝史)' 편찬과를 설치했을 때, 과장이 되어 반년 동안 사료를 수집했다. 그러나 이노우에 마사지가 병합과 동시에 사직하고 유럽시찰을 떠나게 되어 함께 그만두었다.

낭인들과 '합방'을 모이하다

낭인(浪人)이란 본래 고대 율령제 아래에서 피지배계급 중 본적

---

12 青柳綱太郎,《新朝鮮》, 自敍, 1916: 『朝鮮紳士名鑑』, 朝鮮公論社, 1917 참조.

지를 떠나 유랑하는 부랑인의 별칭이었다. 낭인무사들은 메이지 유신 과정에서 스스로 '지사'라고 칭하면서 막부를 타도하여 천황제 국가를 건설하는 데 앞장섰다. 군인이나 관료 가운데 일정한 직업을 갖지 않고 재야에서 정치활동을 하는 자들이 자칭 낭인이라 칭하기도 했다. 낭인은 메이지 유신 후 권력에서 낙오되거나 소외된 사족 출신들이 정치활동을 했는데 일본 국내에서 활동하는 자와 대륙으로 건너가 활동하는 자로 나눌 수 있다. 대륙에서 활동하는 낭인 중에는 중국을 무대로 활동하는 '지나(支那)낭인'과 조선에서 활동하는 '조선낭인' 등이 있었다.[13] 이들은 정치적 지향이 강했지만 정치적으로 소외되었기 때문에 활동의 근거지를 조선, 만주 등지에서 찾았다. 대륙낭인은 초기에는 규수지방 출신이 많았는데 구마모토국권당(熊本國權黨, 1889년 결성)과 후쿠오카의 아시아주의 단체인 현양사(玄洋社, 1881년 결성)에서 주로 배출되었다.

조선에서 활동한 낭인들은 근대 일본의 전형적인 우익세력이며 일반적으로 '흥아(興亞)'를 명분으로 하면서 국권확장을 목적으로 활동했다. 일본낭인이 조선에서 집단적으로 정치활동을 한 것은 첫째, 동학농민전쟁이 발발했을 때 천우협(天佑俠)을 결성하여 활동하거나, 둘째 1895년 명성황후 시해사건에 구마모토 출신 낭인들이 깊숙이 간여하기도 했다. 셋째 후쿠오카 지역을 기반으로 1901년에 결성된 흑룡회라는 국가주의 단체에서 조선과 만주 문제를 해결하기 위해

---

13 일본인 낭인에 대해서는 강창일, 『근대 일본의 조선침략과 대아시아주의』, 역사비평사, 2003 참조.

활동했다. 넷째 1904년 러일전쟁 이후에는 흑룡회가 일진회를 조종하여 한일합방운동을 전개했다.

재조선 언론인의 한 사람으로 아오야기와 함께 조선연구회 활동을 한 호소이 하지메(細井肇, 1886-1934)의 회상에 따르면, 아오야기가 전선사(典膳司: 종래의 사옹원)에 있을 때 왕궁은 '음모의 복마전'으로 창덕궁은 일본 낭인의 아성(牙城)이었다고 한다. 이 때 아오야기가 교류한 이들은 한일합방을 추진하기 위해 활약하던 인물이었다. 창덕궁을 내왕한 사람들은 이노우에 마사지, 곤도 시로스케 등 통감부 관료 외에 민간인으로 이치키 사이타로(一木才太郎), 우치다 료헤이(內田良平), 다케다 한시(武田範之, 1863-1911), 기쿠치 겐조(菊池謙讓, 1870-1953), 오가키 다케오(大垣丈夫, 1862-1929), 오사와 류지로(大澤龍次郎, 실업가), 미와(美和作次郎), 신바시 에이지로(新橋榮次郎, 朝鮮日出新聞사장)가 있었다.[14] 한국 측 인사 가운데 이들과 교류한 인물은 이완용, 송병준(宋秉畯), 조중응이 중심이 되어 이용구(李容九), 권동진(權東鎭), 오세창(吳世昌), 이갑(李甲), 정운복(鄭雲復), 김종한(金宗漢), 고의준(高義駿) 등과 대치하는 상황이었다. 이 가운데 한말정국에 간여하여 중요한 역할을 한 인물인 대륙낭인 기쿠치와 우치다에 대해 조금 더 살펴보자.

기쿠치는 구마모토 출신으로 도쿄전문학교(와세다대학의 전신)를 졸업했다. 1893년에 내한한 이후 같은 고향 출신이며 일본의 대표적 우익의 한 사람인 도쿠도미 소호(德富蘇峰, 1863-1957)가 경영하는 민

14 青柳綱太郎, 『朝鮮統治論』, 跋, 1923, 1-2쪽.

유사(民友社)와《國民新聞》의 특파원으로 언론활동을 시작했다. 청일전쟁 때에는 종군기자로 평양전을 취재하면서 포병대에 소속되어 포고문과 문안을 기초했다. 1895년에는 구마모토국권당의 아다치 겐조(安達謙藏, 1864-1948)와 함께《한성신보》를 창간했으나 이 신문이 통감부의 매수로《경성일보》가 되자 다시《대한일보》를 발행하고 대구거류민단장을 지냈다. 이후 명성황후 시해사건에 가담하고 퇴한처분을 받기도 했다. 오다 쇼고(小田省吾, 1871-1953)[15] 와 함께『고종실록』과『순종실록』편찬에 종사하고《대동신보》, 조선통신, 대륙통신 사장을 지냈다. 그는 통감부 촉탁을 지내고 한국연구회, 조선연구회, 조선고서간행회 등을 통해 조선의 역사와 문화를 연구하고, 조선을 안내하는 데 필요한 입문서를 저술하는 일에 종사했다.[16]

1905년 체결된 을사늑약으로 조선에 통감부가 설치되고 이토 히로부미가 초대 통감이 되었다. 이토가 부임할 때 흑룡회라는 정치단체를 중심으로 낭인으로 활동하던 우치다 료헤이는 통감의 막료로서 한국국상조사촉탁이라는 직함으로 동행했다. 우치다는 본격적인 '합방'운동을 추진했다. 그는 이토의 추천으로 고문이 되어 일진회를 지도하고, 일본의 유력자와 연결시켜 주는 역할을 했다. 이로써 흑룡회와 일진회가 손잡고 한일합방운동을 하게 된 것이다. 우치다는 흑룡회 회원으로 조동종(曹洞宗) 현성사(顯聖寺) 주지인 다케다 한

---

15 최혜주,「오다 쇼고(小田省吾)의 교과서 편찬활동과 조선사 인식」,《동북아역사논총》27, 2010.3.

16 하지연,『기쿠치 겐조, 한국사를 유린하다』, 서해문집, 2015.

시를 초빙했다. 일진회의 움직임은 일본 정부나 통감부와 상당히 밀착되어 있었다. 다케다는 「합방청원서」를 작성한 중심인물의 한 사람이었다.

이토가 통감을 사임한 이후 일진회의 활동은 오로지 병합을 목표로 했다. 그러나 대한제국 정계는 이완용파와 일진회의 대립이 첨예화하는 한편 대한협회나 서북학회가 내각 타도운동을 시작하여 혼미를 더해갔다. 1909년 9월 중순부터 일진회가 서북학회 및 대한협회와 손잡고 이완용 내각 타도를 목표로 연합운동을 벌일 때 대한협회의 고문을 지낸 오가키 다케오가 있었다. 일진회는 이완용과 오가키의 방해로 3파 제휴운동이 무산되자 합방건의 계획을 단행했다. 1909년 10월 26일 하얼빈에서 이토 히로부미가 안중근 의사에게 사살 당했다. 이에 일진회는 12월 4일에 「한일합방청원서」를 소네 아라스케(曾禰荒助, 1849-1910) 통감, 이완용 총리대신, 한국 황제에게 각각 제출했다. 그러나 일진회의 제의와는 관계없이 일본의 병합방침은 이미 확정되었던 것이다.

3. 조선 연구와 저술 작업

문화사

아오야기의 대표적 개인 저술은 크게 문화사, 조선왕조사, 안내기, 정치사로 나누어 볼 수 있다. 먼저 문화사와 관련된 자료의 간행

의도와 특징에 대해서 살펴보자.

문화사 관련 단행본들은 병합 후 '일가국(一家國)'이 된 일본과 조선 양 민족이 고대 조선의 문화를 재흥시켜, 현대 일본의 제국문화와 융합하기 위해 필요한 자료가 주종을 이룬다.[17] 아오야기는 궁내부에서 장서를 정리한 첫 결과물로 양국의 역사적 관계를 서술하여 도카노우 시게오(戶叶薰雄)가 경영하는《조선일보》에 연재하고, 그 내용을 증보해서 『일한사적(日韓史蹟)』(1910)으로 간행했다. 이 책의 간행 목적을 「권두예언(卷頭例言)」에서 하나는 청년의 사풍(士風)을 격려하고, 다른 하나는 사가의 사료로 제공하기 위함이라고 밝히고 있다. 그리고 "『일한사적』은 도요토미 히데요시의 정한역(임진왜란)에 기인하는 사적에 관하여 일한의 많은 영웅호걸이 싸운 분투사이고, 활극사이며, 세상의 부유(浮儒)가 자칫하면 정한역을 도요토미가 함부로 무(武)를 더럽힌 것이라고 논하는 자도 있다"고 비판을 소개했다. 그러나 자신은 "도요토미가 진취적이고 팽창적인 일본 민족의 정신을 가장 노골적으로 대표하고 가장 맹렬하게 발휘한 자"라고 평가한다고 밝혔다.

이 책의 특징은 도요토미 히데요시가 조선을 정벌한 결과로 병합이 이루어진 것을 기념하고, 이를 통해 무사도 정신을 고취시키려는 의도에서 저술한 점이다. 무사도 정신은 일본의 침략 전쟁기간 동안 일본인의 사기를 강화시키는 데 크게 기여했다. 따라서 그 내용도

---

17 青柳綱太郎, 『朝鮮國寶的遺物及古蹟大全』, 「序言」, 1927, 2-3쪽.

임진왜란 때의 일본군의 침략 행로를 따라 각 지역에서 일어난 전투에 대해 서술하고 왜구와 백마강 싸움, 그리고 제주도의 사적에 대해 기록하여 제주의 개조(開祖) 3신인(神人)을 일본인이라고 주장하고 그 근거를 다음과 같이 적었다.

> 제주의 개조(開祖) 3신인(神人)을 일본인이라고 주장하는 근거는 제주도의 인정과 풍속이 일본과 같다는 점이다. ① 남녀불문하고 등에 짐을 지는 것이 같다. ② 근면하고 소박한 성품이 같다. ③ 여자의 얼굴을 가리지 않고 출입이 자유롭다. ④ 여자가 활발하고 연약하지 않다. ⑤ 부엌이 같은 방식으로 만들어졌다. ⑥ 후추를 좋아하지 않는 것이 같다. ⑦ 부인의 바느질법이 같다. ⑧ 휘파람을 부는 습관이 같다. ⑨ 용모 골격이 일본인과 유사하다.[18]

『조선종교사』(1911)는 한일병합 직후에 조선 불교의 전래, 이민과 포교에 관해 언급하면서 불교 정책을 논한 종교 관련 역사서다. 여러 제사(題辭), 불교대학장 소노다 슈에(薗田宗惠, 1863-1922)와 대곡파(大谷派) 본원사(本願寺)의 조선 포교 감독 류산 이와오(龍山巖雄)의 서문이 실렸다. 소노다는 조선 민족을 불교화해야 한다고 강조했다. 따라서 조선 종교의 변천 과정을 모두 알아야 하는데, 특히 불교 관련 사료가 별로 없었기 때문에 이에 관한 체계적 서술이 필요한 상황에서 이

18 靑柳綱太郎, 『日韓史蹟』, 제50편 濟州道, 1910, 323-324쪽.

책이 출간되었다고 평가했다. 조선에서 통감부의 사찰 관리규칙이 발표된 뒤, 통감부의 협력에 힘입어 일본 불교의 각 종파들은 경쟁적으로 한국 사찰을 병합하려 치열하게 노력했다. 그 결과 1910년대에는 전국 대부분의 사찰들이 일본의 각 종파에 예속되어 가는 상황이 벌어졌다. 이 책은 일본의 여러 불교 종파들에게 조선 포교를 부추기며 구체적인 포교 전략을 제시하고 1910년대의 조선 병합의 구체적 실천과 조선경영을 위한 제안을 보여 주는 자료로 일제시기의 종교, 특히 불교의 초기 식민화 실태를 알 수 있다.

아오야기는 이 책에서 조선통치상의 급무의 하나로 '인심의 통일'(정신적 동화)을 중요시했다. 삼국시대의 불교 이래 한말까지의 사상변천의 개요를 서술하고, 재조일본인 가운데서도 '식민의 선구자'인 종교인의 사명을 강조했다. 이를 위해 종교인들이 조선에 이주한 일본인들의 '위안자·보호자' 역할을 하고 이주자의 자녀 교육에도 나설 것을 제안했다. 이는 식민경영의 성과를 올리기 위해 종교의 역할을 중요시 하는 것이다. 여러 종교 가운데서도 신도나 기독교도 있지만 그 세력이 크고 실제 역량에서도 우수한 것은 불교이므로 그 역할을 기대한다고 밝히고 있다. 동서본원사(東西本願寺), 정토종(淨土宗), 일련종(日蓮宗), 조동종(曹洞宗)이 종세의 확장을 기획하고 경성 인천을 비롯하여 각 개항지에 이들 종파의 사원이 있어 전도에 나서고 있다. 그러나 아직 내지인이 거주하는 지역에만 국한된 문제점이 있다고 지적했다. 이 책에서 강조하고 있는 것은 조선왕조의 사림들이 유교를 가지고 붕당의 이기(利器)로 삼아 정적을 쓰러뜨리는 일 외에는 어떠한 이상이나 신념도 없이 국가를 멸망으로 인도하였다고 비판하는 점이다.[19] 그리고 유럽에서 식민정책의 선구자로 종교인을 가장 먼저 특파하는 것과 대조하면 일본인 종교가들은 식민정책의 선구자로 조선 포교에 나서야 한다는 점이다.[20]

『조선미인보감』(1918)은 아오야기와 지송욱(池松旭)이 공동으로 펴낸 것이다. 당시 경성신문사 사장으로 활약하던 아오야기가 일선 기자들을 통해 조선 전도(全道)에 걸친 미인(기생)에 관한 정보를 수집하고 정리했으며, 지송욱이 고전과 소설에 대한 풍부한 식견을 동원하여 편집했다. 지송욱은 1907년부터 신구서림이라는 출판사를 경영하면서 1910년대에는 방각본을 비롯한 활자본 소설을 간행하여 출판계에서 주도적인 역할을 한 인물이다.[21]

이 책은 각 권번(券番: 기생조합), 조합별로 구분하여 기생 605명의 자료가 실린 화보 및 창가 자료집이다. 한쪽에 각각 2명의 기생 이름과 나이, 사진, 출신지와 현주소, 특기 그리고 기생에 대한 짧은 평가들이 적혀 있다. 동기(童妓)의 경우에는 3명씩 수록했다. 서문 「미인보감셔」에서 발간 의도를 "조선 미인의 사진과 기예, 이력을 수집하고 조선 언문과 한문으로 저술한 책이다. 그 책은 무슨 취지로 발행하느냐, 인류의 발달을 취함인가, 사회의 진보를 위함인가. (중략) 조선 전도 청류 중 예기의 용태 연추와 기예 우열이며 그 약력 대개를 혹 포

---

19 青柳綱太郎, 『朝鮮宗教史』, 「李朝の儒教」, 1911, 103쪽.

20 青柳綱太郎, 『朝鮮宗教史』, 「我宗教家に告ぐ」, 1911, 152-159쪽.

21 이경민, 『기생은 어떻게 만들어졌는가: 근대 기생의 탄생과 표상』, 사진아카이브연구소, 2005.

장도 하며 혹 평론도 하며 왕왕 경계하는 말을 기록하여 저희로 하여금 이 책을 재미있게 보아 부지불각 중 깨달음이 있어 용심행신을 그르지 않게 하고 대인접물을 바르게 할지면 사회에 적이 유익함이 있으리라 하노라"라고 밝혔다. 즉 출판은 풍속 교화를 달성하고, 예기들의 용모와 기예를 평가하고자 발간했다고 쓰고 있다.

수록된 기생들의 현황을 보면 도별로 볼 때 경성부의 기녀 수가 199명으로 가장 많고 다음 평안남도가 156명, 경상북도가 119명, 경상남도가 72명, 경기도가 20명, 전라남도가 17명, 나머지 도는 10명 이하다. 기생들의 기방생활 연령은 9세에서 33세까지 계속되고 있다.

『조선삼강록』(1921)은 조선시대의 인물 5000여 명을 조사하여 충의, 효제, 정열(貞烈) 편으로 분류하여 수록했다(〈표2〉). 이 책을 저술한 의도는 3·1운동 후의 민심을 수습하기 위한 고육책에서 나왔다고 생각된다. 왜냐하면 아오야기는 「서론」에서 "우리는 광란과 같은 시대의 나쁜 풍조를 종단(縱斷)하고 먼저 동양인의 도덕적 바탕이 되는 유풍(儒風)을 진흥하여 조선을 악화시키려는 시대사상을 선도해야 한다. 보라 지금 과격사상과 자유사상은 의외의 결과를 가져와 질풍이 마른 잎을 마는 기세로 조선 사회 전체를 석권했다. 조선의 순박한 자제는 산만하고 교만하여 사치스러운 곳으로 달려갔다."고 설명했다. 그 결과 "부자는 서로 속이고, 형제는 다투며 붕우가 서로 해치며 효자는 그림자를 감추고 정부(貞婦)는 막다른 곳에서 울고 있어 백귀(百鬼)가 뒤섞인 상태에 있으니 이를 좌시할 수 없게 되었다"고 말한다. 즉 과격사상이 인의, 충효, 우애, 장유유서의 미풍을 해쳤다는 것이다.

일본의 입장에서는 통치자에 대한 저항의 싹을 제거하고, 통치 이데올로기를 조선인에게 강요하기 위해 삼강(三綱)의 덕목을 강조할 필요가 있었다. 또한 아오야기의 지론대로 일본과 조선의 관계를 '형제'로 주장하는 일선동조론의 입장에서 우애를 거론했다. 이는 양국의 관계를 상하 내지는 형제의 관계에서 봉건적 윤리를 의도적으로 중시하게 만드는 효과를 노린 것이었다고 볼 수 있다.

표 2 『조선삼강록』 수록 인물의 각 지역별 통계

지 역	충의편	효제편	정열편	합계 (명)
경기	122	164	195	481
충북	53	111	34	198
충남	142	360	137	639
전북	117	334	117	568
전남	236	227	125	588
경북	61	120	48	229
경남	32	122	61	215
황해	70	120	48	238
평남	134	182	67	383
평북	487	198	113	798
강원	22	61	48	131
함남	69	100	120	289
함북	54	63	55	172
합계	1599	2162	1168	4929

아오야기는 1924년에 『조선문화사』와 『조선문화사대전』을 간행했다. 『조선문화사대전』 「자서」에서 조선사 연구는 유학자의 유언과 문화의 사적에 근거해서 이루어져야 한다고 말한다. 그런데 조선의 문헌은 대부분이 당쟁으로 인해 한쪽으로 치우치고 있어 그것을 식별하는데 어려움이 있기 때문에 문화의 사적만이 중요한 자료가 될 수 있다고 보았다. 이 책은 정치사, 민족사론, 유학사, 성씨록, 교육사, 종교사, 행정사, 군정사, 음악사, 전제사(田制史), 의학지, 재정사, 화폐사, 조선외구(外寇)와 문화의 동천(東遷), 이조붕당사론, 조선오례지, 외교사, 교통사, 통신사, 미술사, 연문학(軟文學)과 야담, 왕세사(王世史)로 구성되어 있다.

이 책의 제1편 서론에서 아오야기는 조선 문화사상 특유한 지위를 갖는 것은 불교문화이며, 미술, 음악 등의 방면에서도 막대한 가치를 갖는 유산으로 평가하고 있다. 특히 일본에 전해진 불교미술은 일본 문화의 꽃을 피운 위대한 선물이라고 말한다. 그런데 조선의 편협한 유학자들이 불교를 배척하고 파괴시켰지만, 문화를 보급시킨 효과는 불교가 유교보다 뛰어난 것으로 인식했다. 또한 신라의 정치가나 고려의 학자는 사회를 지도하고 문화를 향상시켰으나, "이조의 학자와 정치가는 계급제와 특권을 세습하여, 백성의 재물을 강제로 빼앗아 한가하게 놀고먹었다"는 것이다. 그러므로 정치가와 학자는 사회의 진보에 아무런 공헌을 할 수 없었고, 정치의 압제와 붕당의 알력은 문화 향상을 방해하여 정치와 문화는 항상 암투를 조선사상에 각인시켰다고 지적했다. 나아가 조선이 일제에게 망할 수밖에 없던 이유도 다음과 같이 내부적인 문제에서 찾았다.

요컨대 조선 문화 전체의 정황을 관찰하면 조선 문화의 기초를 이룬 종교계는 압박 속박당하고 학계는 붕당으로 종단되었으며, 정치계는 일지(日支) 양국의 무력에 압박 위협 당했다. 문학 미술은 많은 전란을 거쳐 파괴당하게 되었는데 반도국민은 버릇이 되어 통치자와 특권계급에게 무릎 꿇고 화형을 두려워하고, 채찍을 무서워했다. 학술에 문학에 종교에 자유자주의 사상을 토로하고 자유의 수완을 펼치고 자유자주의 행동에 나갈 수 없었다. 의기를 펴지 못하고 사상이 침체되어, 조선 문화는 드디어 폐멸되었다. 이것은 조선이 국명을 잃어버리고 일본제국에 병합된 이유라고 할 수 있다.[22]

또한 조선은 불교를 배척하여 정신문명을 망하게 하고, 유교가 왕성해져 수신제가의 학문을 꽃피웠어도 백성이 왕의 폭정과 양반의 포학을 감당할 수 없게 되었다는 것이다. 이로 인해 조선 사회는 외구와 내란에 직면하여 조선 문화는 쇠퇴했다. 유학자들은 예론을 가지고 논쟁하고 허례와 허식을 사수하여 붕당의 참화가 날로 심해져 망할 지경에 이르렀다고 말한다.[23] 이러한 역사관에 근거하여 이루어진 방대한 분량의 문화사 편찬 작업도 조선의 패망 원인이 어디에 있는가에 대한 정리 작업에 다름 아니었다.

한편 아오야기는 이왕가(李王家) 박물관의 촉탁으로 근무하면서

---

22 青柳綱太郎, 『朝鮮文化史大全』, 제1편 序論, 1924, 4쪽.

23 青柳綱太郎, 『朝鮮文化史大全』, 제27편 朝鮮文化史の後に論す, 1924, 1255쪽.

조선의 문화를 연구하고 방대한 유적을 조사하여 『조선사화와 사적』(1926)과 『조선 국보적 유물 및 고적대전』(1927)을 간행했다. 그의 조사 작업은 "신라는 일본인이 건국한 나라"라는 인식을 갖고, 일본인의 "웅대한 이상이 반도에 남아 있는 것을 발견하는 통쾌한 작업을 수행한 것"이었다. 결국 조선의 문화와 유적에 관한 조사와 연구도 문화적인 동화와 수탈을 위한 준비작업의 하나였다. 그는 조선 문화 전체의 정황에 대해 "종교계는 압박당하고, 학계는 붕당으로 갈라졌으며, 정치계는 일본과 지나(支那)의 무력에 위협 당했다. 문학과 미술은 몇 차례의 전란을 거쳐 파괴되었다"고 보았다. 조선의 멸망 원인은 백성들이 통치자와 특권계급에게 무릎을 꿇어 사상이 침체되고 문화가 폐멸되었기 때문이라고 주장한다. 여기서도 조선이 망한 원인으로 지배자의 탄압과 조선인의 무기력을 문제 삼았다. 일본의 침략 책임은 가려지고 침체된 문화를 소생시켜 "내선융합의 대 문화를 만들어 줄" 일본의 역할만이 강조되었다.

조선왕조사

조선왕조사 관련 저술은 『선인이 쓴 풍태합정한전기(鮮人の記せる豊太閤征韓戰記)』(1912), 『이조오백년사』(1912), 『조선사천년사』(1917), 『이조사대전』(1922)이 있다. 아오야기는 『선인이 쓴 풍태합정한전기』는 전쟁을 직접 겪은 유성룡의 『징비록』이 전쟁의 상황을 잘 보여주므로 사견(私見)을 개입하지 않고 번역한 책이라고 했다. 아오야기는 임진왜란을 일본이 낳은 영웅 중의 영웅인 도요토미 히데요시가 주도

한 아시아 대륙 진출의 활극사(活劇史)이자, 일본 민족의 팽창전쟁으로 평가했다. 도요토미의 정신을 권화(權化: 감화시키는 것)하여 팽창적 일본 민족의 정신을 맹렬히 발휘할 것을 주장하고 있다. 당시 일본인들에게 임진왜란을 강조함으로써 제국주의를 합리화하려는 의도의 저술로 볼 수 있다.

『이조오백년사』, 『조선사천년사』, 『이조사대전』은 데라우치 총독이 아오야기에게 대중용 역사서 편찬을 권유한 결과 그 지원을 받아 간행된 것이다. 이 가운데 『이조사대전』은 순종의 특사금을 200원 하사받기도 했다. 아오야기의 조선사 인식은 "병합을 정치적 복고이며 조선사를 일본제국 역사의 일부"로 보았다. 기존의 조선사가 오류와 위작이 많고 일한관계에서 날조된 것이 많기 때문에 '일선동족동근'의 관계를 밝히고자 하며, 이것을 통해 두 민족의 정신적 융합을 달성하는 것이 그 이유라고 주장했다. 그는 이 책에서 조선의 멸망과정을 다루고 있으며 단군을 태양의 신으로 보고, 일선 두 민족이 같은 원조(遠祖)에서 나온 혈족이라는 것을 보여준다고 강조했다. 이것은 조선의 역사가 신화시대부터 일본의 지배를 받았다는 주장이다. 그러므로 조선역사의 시작을 일본인이 건설한 신라에서부터 찾았으며, 임나금관국의 수로왕은 일본의 황족이라는 왜곡된 사실을 논증했다.

안내기

안내기에 관한 책은 『한국농사안내』(1904), 『제주도안내』(1905),

『남한지실업』(1906), 『한국식민책』(1908), 『신찬경성안내』(1913), 『최근경성안내기』(1915)가 있다. 아오야기는 지방에 체재하면서 현지사정을 조사한 견문기를 중심으로 조선 사정에 대해 기록했다. 그는 조선 통치의 성패는 농촌 문제라는 인식을 갖고 『한국농사안내』, 『제주도안내』를 저술했다. 『한국농사안내』에는 당시 한국의 농업 현황이 기록되어 있다. 관개, 비료 등의 실제 농사를 위한 제반 시설 및 기술은 물론이고 지가(地價), 토지세, 농업 부산물에 대한 내용도 기술되어 있다. 뿐만 아니라 이미 한국에 들어와 농업에 종사하고 있었던 일본인에 대한 내용도 들어 있다. 이 책을 통해 식민 사업이 민관 양 측면에 걸쳐 어떠한 방식으로 이루어졌는가를 알 수 있다. 『제주도안내』는 조선의 보고라고 생각하고 있던 제주도의 동물[森爲三], 식물과 장래의 문제[石戸谷勉], 식물분포[森爲三], 지질학적 관찰[川岐繁太郎]을 기술한 것이다. 아오야기는 『제주도안내』를 편집하면서 부원 개척에 일본제국의 전도가 달려 있음을 강조했다. 그는 제주도를 '신일본'의 근거지로 주목하고 이곳의 유망한 사업과 부원 개척에 대해 검토했다. 이 점에 대해 자세한 것은 5장에서 살펴본다.

『남한지실업』은 아오야기가 전라남도에 근무하면서 20여 군을 조사하여 남한의 부원(富源)을 세상에 소개하려고 저술한 것이다. 그는 일본인들의 시선이 호남지역에 미치지 않는 것을 보고 그 원인을 찾기 위해 조사를 시작하고 일본의 민첩한 실업가들이 이 보고(寶庫)를 개발하기를 바란다고 언급했다. 조사 결과를 농업, 양잠업, 면화, 제염업, 공업, 상업과 영산강 정세, 목포, 영산포, 나주, 광주의 신일본 발전, 호망한 사업안내로 나누어 설명하고 있다. 아오야기는 내선

동화를 이루고 경제력을 크게 하는 방법으로 이주식민이 첩경이라고 보았다. 제1장 서언에서 한국경영이 중요한 이유를 '대륙발전의 입각지(立脚地: 근거)'로 필요하기 때문이라고 밝혔다. "일청전쟁은 무엇을 위한 것인가 일러전쟁은 무엇을 위한 것인가. 기왕 수십 년의 고심참담이 이제 점점 그 효과를 거두어, 이에 종횡의 경륜을 기획할 천재일우의 호시기가 왔다"고 강조한다. 이에 유망한 이주지로 남한지역을 꼽고 그 중에서도 영산강유역을 '신일본'의 근거지로 만들어야 한다고 주장했다.

『한국식민책』은 아오야기가 남한의 3대강인 영산강, 낙동강, 금강유역을 직접 답사하고 일본인 실업가와 이주자를 위해 만든 책이다. 그는 한국 식민에 관해 논한 책들이 공론에 치우쳐서 식민의 요소(要素)를 연구하여 이민 안내에 충실하지 못했음을 유감으로 여겨 간행하게 되었다고 말한다. 일본 인구의 증식에 따른 동방경영의 대책은 이주식민에서 찾는 것이 가장 양책이며 한국이 그 이주식민지로 적합하다고 보았다. 그러므로 이 책에서는 남한지역에서의 가장 유망한 사업과 종교, 교통, 농업, 상업, 식림, 어업을 조사하고 일본인의 이주 장려를 위한 방법을 소개하고 있다. 즉 러시아의 이민장려법, 미국의 이주 장려, 이주 예산, 이주지의 선정 등을 다루고 있다 마지막 장에서는 일본인의 도한을 촉구하는 글을 실어 "반도의 연안에 있는 무진장한 보물을 수습하려면 농업, 식림사업, 상업, 공업 등이 가능하다. 호망한 사업은 전도(前途)에 충만하다. 스스로 돌아보고 그 하나를 선택할 것"을 밝혔다.

그리고 『신찬경성안내』는 「서설(敍說)」에서 그 편찬 목적을 첫째,

경성의 발전과 함께 대륙의 대도시를 건설하기 위해서, 둘째, 일본인의 경성 이주를 권유하기 위해서라고 밝히고 있다. "일본제국은 지난날의 일본이 아니다. 개국 진취의 국시(國是)를 이룩하기 위해 진취, 국방의 양 방면에서 대륙정책에 한 걸음을 내딛자, — 3백 년 동안 위축되었던 욱일기(旭日旗: 일제시대의 일본군 군기)는 점점 경성의 한 모퉁이에 휘날려 발흥의 기운이 일어난다."고 지적하여 일본인의 대사명을 언급했다. 즉 식민통치의 결과 눈부신 발전을 이룩한 경성을 소개하고, 대륙진출을 위해 경성에 교두보를 만들고 일본인의 경성이주로 신일본을 건설하기 위함을 강조했다. 경성의 지리, 역사, 시가, 토지매매, 전기철도, 일본인, 상업, 경제, 공업, 농업, 신문잡지, 종교, 교육, 위생기관, 명소 등에 대해 소개했다.

『최근경성안내기』는 조선총독부 시정 5주년을 기념하여 발간했다. 경성의 지리적 환경, 정치·행정·경제·문화 등 전 분야를 23개 편(編)으로 서술하고 있다. 이때 일제는 경복궁에서 전국의 물품을 수집 전시한 조선물산공진회(朝鮮物産共進會)를 개최하기도 했다. 병합 후의 조선의 발전을 전시하고 과시하여 이른바 일선융화를 강조하고 일선동화를 촉진하기 위한 전시회를 개최한 것이다. 이로써 조선 왕실 공간은 식민공간으로 점유되어 갔다.

아오야기는 경성은 "대륙의 대도시이자, 제2의 도쿄"라고 평가하며 경성의 발달이 일본인의 능력에 있었다는 인식에서 이 책을 저술했다. 병합 이후 총독부는 경성부 공간을 대대적으로 재편하는 작업을 추진했다. '경성시구개수(京城市區改修)'라는 도시계획에서는 종로-을지로(황금정[黃金町])-충무로(본정[本町])를 연결하는 남북도로 및 황금정 중심의 방사형 도로망 구축을 계획했다. 이를 통해 일본인 세력을 조선인의 중심지로 확장하기 위해서였다.

이 책에서는 이러한 경성의 행정적·경제적 변화 등을 분야별로 정리하고 있다. 산업면에서는 금융업·상업·공업·농업 등을 다루고 있으며, 문화면에서는 신문·잡지·통신·교육·종교 분야 등을 개관하고 있다. 이 밖에도 경성의 박물관·식물원과 사적·명승지 등을 소개하고 있다.

정치사

총독정치 및 3·1운동에 대한 사론집으로 『총독정치사론』(1918), 『조선독립소요사론』(1921), 『조선통치론』(1923) 등이 있다. 이 저술들은 식민통치를 원활히 수행하기 위해 조선인들을 어떻게 다루어야 하는지, 그들의 민족성을 조사 연구하여 통치 자료로 삼는 데 그 목적이 있었다. 『총독정치사론』과 『조선통치론』에서는 무단통치 시대와 문화정치 시대로 나누어 역대 총독의 치적을 정리했다. 무단통치기의 데라우치 총독에 대한 여론의 반응, 재조일본인들의 총독정치에 대한 비판이 수록되었다. 무단통치와 대조적으로 문화정치 시대의 사이토 마코토(齋藤實, 1858-1936) 총독에 대해서는 '덕치(德治)'라고 소개하고 각종 정책 등을 담았다. 그리고 세 책 모두 1919년의 조선 '소요(3·1운동)'와 독립운동을 소개하고 당시의 '소요' 상황, '소요'에 대한 상층부의 견해, 독립사상과 그 운동의 내용 등을 다루었다. 특히 3·1운동에 대해서는 그 발발 원인을 분석하고 '소요'를 둘러싼 당시

사이토 마코토

의 여론을 소개했다. 이에 대해서는 6장에서 고찰한다.

아오야기는 조선 병합이 식민지배가 아닌 동족 간의 병합이라는 생각을 갖고 있었다. 그러므로 조선통치는 내선인 간의 동화와 융합에 있고 이에 대한 조선인의 이해가 요구된다고 주장하고 있다. 또한 조선인의 미국 정부에의 독립청원서 제출 운동은 친미 지식인의 활동이 조선의 뿌리 깊은 사대주의에서 나온 것으로 비난했다. 조선의 문명 정도와 국제정세를 고려하면 영미 세력에 의한 독립은 불가능하다고 보았다.

이처럼 아오야기의 조선 연구의 특징은 조선통치를 합리화하기 위한 연구라는 점에 있었는데, 조선통치의 성패가 과거의 역사를 도외시해서는 불가능하다고 생각했기 때문이다. 그의 조선 연구는 우선 조선 역사에 대한 관심과 서술로 나타났다. 그가 조선사를 서술한 목적은 첫째, 양 민족의 정신적 통합을 달성하기 위해 서로 '동조동근' 관계임을 증명하는 데 있다. 둘째, 조선 사람의 민족성이 저급함을 밝히는 데 있다. 셋째, 조선의 역사는 사대주의 역사임을 드러내는 데 있다. 넷째, 조선의 역사를 비하시켜 일본에 병합되는 것이 필연임을 증명하는 데 있었다.

표 3 아오야기 저작 목록

책이름	발행년도	발행처	비 고
韓國農事案內	1904	青木嵩山堂	도쿄, 오사카
濟州道案內(朝鮮之寶庫)	1905	青木嵩山堂	
南韓之實業	1906	青木嵩山堂	
韓國殖民策(韓國殖民案內)	1908	日韓書房	오사카 輝文館
日韓史蹟	1910	町田文林堂	
朝鮮宗敎史	1911	조선연구회	경성
鮮人の記せる豊太閤征韓戰記	1912	조선연구회	유성룡 저술
李朝五百年史	1912	조선연구회	
新撰 京城案內	1913	조선연구회	
最近 京城案內記	1915	조선연구회	
李朝五百年史	1915	조선연구회	노학기 번역
朝鮮四千年史	1917	조선연구회	
總督政治	1918	조선연구회	
朝鮮美人寶鑑	1918	조선연구회	조선 기생
不老不滅の靈法	1918	조선연구회	
鮮鐵沿線名所史蹟美術大觀	1919	만신출판협회	
珠淵選集	1920	주연선집출판소	고종 著
朝鮮獨立騷擾史論	1921	조선연구회	
朝鮮三綱錄	1921	조선삼강록출판소	忠義, 孝悌, 貞烈
李朝史大全	1922	조선연구회	
朝鮮統治論	1923	조선연구회	
朝鮮文化史	1924	조선연구회	
朝鮮文化史大全	1924	조선연구회	
(仙人の遺道を傳える)百歲長壽法	1924	경성신문사	

産業の朝鮮	1925	조선산업조사회	
新朝鮮	1925	경성신문사	상(정치경제비판), 중(산업), 하(교육)
朝鮮史話と史蹟	1926	조선연구회	
朝鮮國寶的遺物及古蹟大全	1927	경성신문사	
總督政治史論	1928	경성신문사	
大日本史談	1929	조선연구회	
豊太閤朝鮮役	1930	경성신문사	
赤裸裸に見た內鮮史論	1935	東亞同民協會	유고집

Ⅲ

조선고서 간행으로 '조선통'이 되다

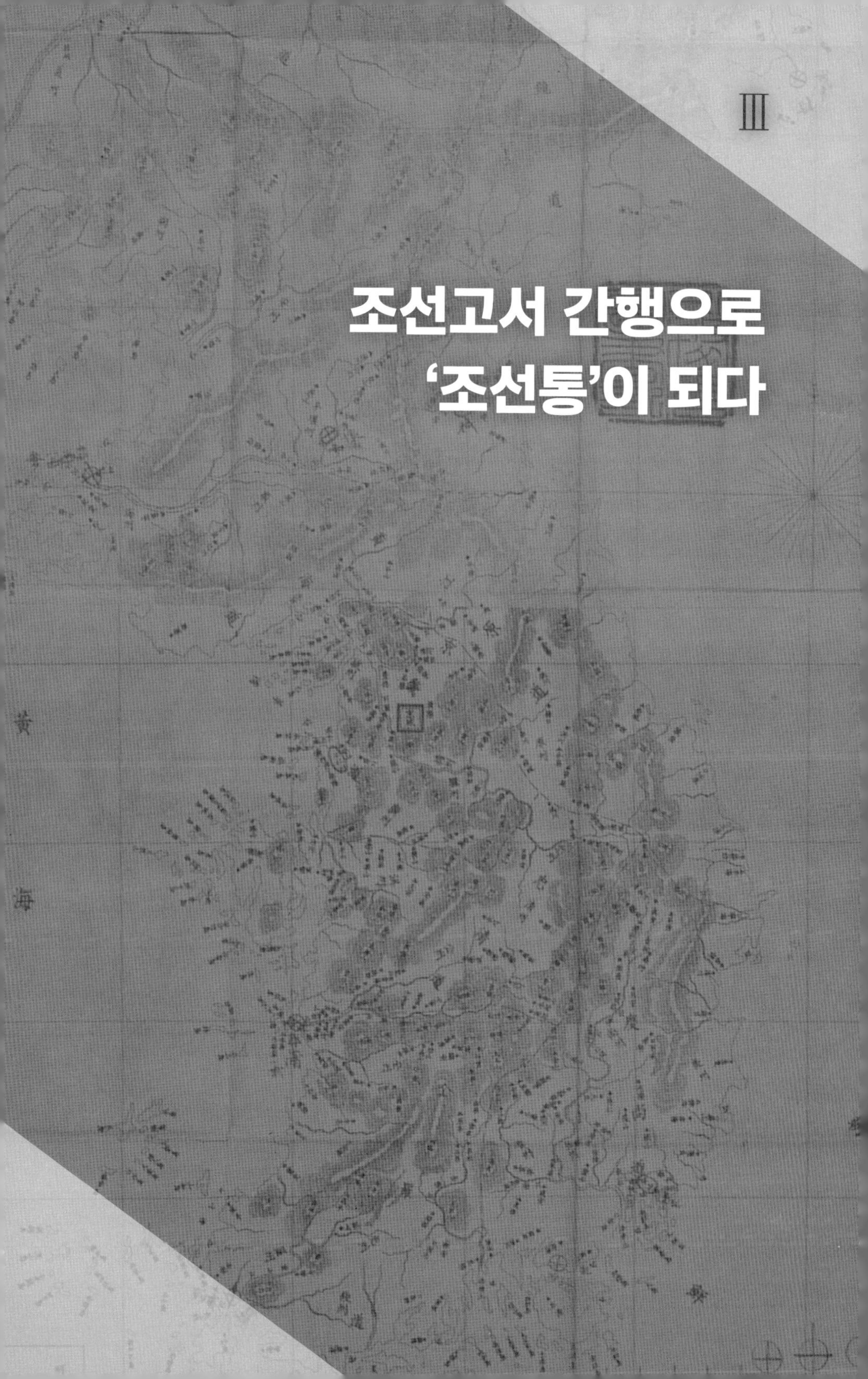

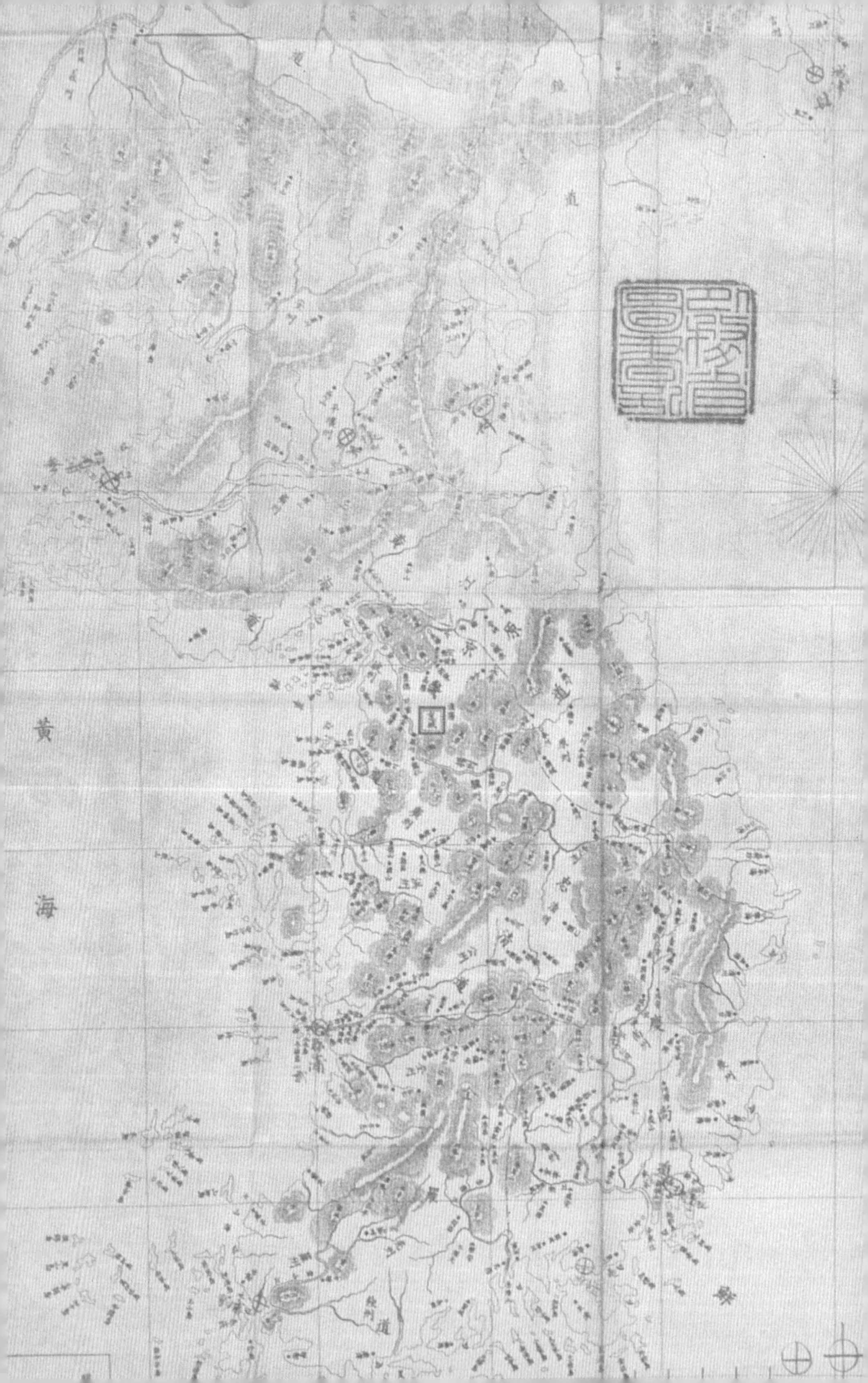
黃海

1. 병합을 기념하여 설립한 조선연구회

조선연구회의 설립과 운영

조선연구회는 1910년 10월 호소이 하지메가 병합을 기념하여 설립한 조선 연구 단체다. 그는 연구회의 경영이 어려워지자, 이듬해 간사 아오야기에게 경영권을 넘겨주고 9월 19일 일본으로 돌아갔다. 아오야기는 이미 규장각에서 '이조사'를 편찬하면서 조선의 고전과 자료를 많이 접했다. 병합과 동시에 편찬과장을 사직하고 조선연구회를 기쿠치 겐조, 오무라 도모노조(大村友之丞, 《오사카아사히신문》 기자)[1]

---

1 시마네(島根)현 마쓰에(松江) 출신. 청일전쟁에 참전한 뒤, 1896년 오사카아사히신문사에 입사한다. 1904년 러일전쟁에 종군하고, 1907년 모지(門司)지국장, 경성특파원이 되었다. 1909년에는 신문사를 그만두고 경성에 다시 왔다. 1912년 조선신문사에 입사하여 1913년 경성상업회의소 서기장을 지냈다. 『在朝鮮内地人紳士名鑑』(조선공론사, 1917, 126쪽)

와 함께 시작하고, 나중에 이이즈미(飯泉東洋)[2]가 합류하여 사업을 지속했다. 그 후 2년간 사업이 여의치 않아 그만두는 사람도 생겨 1년간 중지하다가, 1912년에 아오야기 혼자서 데라우치 총독과 이왕직(李王職: 일제강점기 궁내부 대신에게 딸려 조선 왕가의 일을 맡아보던 관청)의 고미야 미호마쓰(小宮三保松)차관의 후원으로 약 40여 종(출판부수 6만 5000부)의 조선고전을 번역 출판하고[3] 회원수가 500명을 넘었다. 이 연구회는《조선》(1913)과《신조선》(1916)이란 잡지를 간행했다.

조선연구회는 대화정(大和町: 지금의 중구 필동) 1정목(丁目)에 사무실을 두고 회원제로 운영하다가 나중에는 영락정(永樂町: 지금의 충무로) 1정목과 황금정(黃金町: 지금의 을지로) 3정목으로 이전했다. 500여 명에 달하는 회원은 고서가 나올 때마다 2원을 내면 한 권씩 받았다. 3개월분을 미리 내면 5원 70전, 6개월분은 11원 10전으로 할인해 주었다. 그리고 일본인 십여 명과 조선인 수십 명으로 이루어진 외교원이 판매를 담당했다. 조선과 일본, 만주, 대만까지 회원이 있었다. 회원은

---

2 본명은 이이즈미 간타(飯泉幹太, 1873-?)이다. 이바라기(茨城)현 쓰쿠바(筑波) 출신으로 1901년 도쿄제대 법과대를 졸업하였다. 동년 12월 경부철도회사에 입사, 한성공동창고회사 지배인, 대한천일은행 지배인을 지냈다. 1908년 탁지부 사무관 촉탁으로 팔괘장을 하사받고, 다음해 조선은행 비서과장 겸 인사과장, 京城不二興業 전무를 역임하였다.『在朝鮮內地人紳士名鑑』(조선공론사, 1917, 14쪽)

3 櫻井義之,『朝鮮研究文獻誌』, 明治 大正편, 1979, 28-30쪽에 의하면,
1期(1911-12, 10책) 角干先生實記, 看羊錄, 東京雜記, 牧民心書, 莊陵誌, 平壤續志, 經世遺表, 朝鮮野談集, 豊太閤征韓戰記. 2期 (1914-1916, 23책) 謝氏南征記, 九雲夢, 三國史記, 小華外史(상, 하), 朝鮮博物誌, 東國通鑑, 海遊錄, 三國遺事, 慕夏堂集 附 慕夏堂史論, 漢唐遺事, 朝鮮倭寇史(東國兵鑑), 大韓疆域考, 燕岩外集(熱河日記), 麗史提綱. 3期(1916-1917, 23책) 青野漫輯, 李舜臣全集, 芝峰類說, 元朝秘史註, 國朝寶鑑, 增補文獻備考가 번역 출판되었다.

일본 내의 각 학교와 지방단체 도서관, 경시청, 신문사, 관공서와 만주지역의 대련, 여순, 안동 남만주 철도회사 등 학교, 관공서, 신문사에, 대만지역의 총독부와 학교, 관공서 등에 분포되어 있었다. 고서 56책을 총서로 간행했다.

한편 아오야기는 조선연구회의 사업을 계속하는 것이 어려운 상황에서 중도에 경제적 어려움에 빠지거나 여러 차례 해산의 운명을 맞으면서도 1916년에 《경성신문》을 인수하여 출판사업과 병행하였다. 신문부 지배인에 히라노(平野俊朗) 이하 편집, 영업부원 중에 상당수의 인재를 배치하고 조선연구회 측에서 다우치(田內蘇山), 가와바타(川畑大久保), 야마사키(山崎), 쿠니이(國井) 등의 간부를 배치하여 70여 명의 부원으로 두 단체를 꾸려나갔다. 그러나 1930년 12월 26일 조선연구회 사무실과 경성신문사 사옥 전부, 아오야기 저택이 화재로 소실되었고, 이때의 화재로 타박상을 입은 아오야기는 그 후유증으로 1932년 8월 28일 사망하게 된다. 이후 계속해서 조선연구회를 맡아 운영해 간 것이 다우치(田內 武, 호: 蘇山, 동아동민협회 주간)였고,[4] 경성신문사는 9월부터 오무라 햐쿠조(大村百藏: 용산거류민장 역임)가 인수하여 경영했다.

그리고 조선연구회에서 간행된 아오야기의 개인 저서는 『조선종

---

4 田內蘇山, 『赤裸裸に見た內鮮史論』, 序, 1935. 다우치는 인천의 조선일일신문사에서 『朝鮮始政十五年史』(1925)를 간행하고, 아오야기의 사망 후 조선연구회 사업을 인수하고 東亞同民協會를 대표하면서 『朝鮮警察官殉職史』(동아동민협회본부, 1933)를 간행하기도 했다. 이 화재와 관련한 아오야기의 투병생활에 대해서는 『朝鮮警察官殉職史』의 마지막 부분 「はしがきに代へて」(537-539쪽)에 자세하게 나온다.

교사』(1911), 『선인이 쓴 풍태합정한전기』(1912), 『이조오백년사』(1912), 『신찬경성안내』(1913), 『최근경성안내기』(1915), 『조선사천년사』(1917), 『총독정치』(1918), 『조선독립소요사론』(1921), 『이조사대전』(1922), 『조선통치론』(1923), 『조선문화사』(1924), 『조선사화와 사적』(1926)이 있다. 그는 이러한 저술을 통해 민간인으로 총독부 선전국의 역할을 해낸 것이다. 호소이의 회상에 의하면 실제로 아오야기는 조선연구회 외에 선전국을 특별히 설치하여 전국에 문화선전을 시도했다고 한다. 그러나 이 부서에 대한 구체적인 활동은 알 수 없다.[5]

조선연구회의 창설 목적과 부속사업인 출판에 관한 규정은 「조선연구회창설취지서」에서 밝히고 있다.

> 조선의 인문을 연구하고 풍속 제도 구관 전례(典例)를 조사하여 시설에 도움을 제공하는 것은 시대의 요구이다. 사교(社交)를 처리하고 사회의 개선을 기도하여 고상한 취미를 더하여 여유로운 감흥을 부여하는 것은 금일에 있어 필연의 요구이다. 조선연구회는 이 요구를 향해 성실하게 공헌하기 위해 창설한 것이다.
>
> 따라서 유익한 조선의 서사(書史)를 간행해서 연구에 도움을 제공하고, 혹은 강연회를 개최하여 사물의 연구와 고결한 사교상의 기관으로 만들고, 혹은 저술 자선 교학 풍기(風紀)에 관해 선량한 계획을 세워 본회의 목적을 달성하도록 노력한다. 동지들은 분발하여 입회

---

5 青柳綱太郎, 『朝鮮統治論』, 跋, 1923, 5쪽.

참가하기를 바란다.[6]

그리고 연구회의 부속사업인 출판 회칙과 내용은 「본회의 부(副) 사업」(1910.10)에 수록되어 있다.

1. 연구회의 부 사업으로 1910년 12월부터 매월 국판으로 약 오백 쪽의 조선 진서(珍書) 한 책을 간행하여 회원에게 배포한다.
2. 회원은 진서의 수집 편찬 번역 제본 배달 기타 비용으로 매월 회비 2원을 그달 5일까지 입금해야 한다. 다만 사정에 따라 몇 개월분을 먼저 지불하는 것도 가능하다(3개월분 5원 70전, 6개월분 11원 10전, 1期間分 21원 60전).
3. 본회의 간행사업은 1期를 1년으로 하고 1기간은 퇴회(退會)를 사절(謝絶)한다.
4. 간행서적 중 난해한 것은 일본문으로 번역한다.
5. 경성 주재 이외의 회원은 송료를 부담해야 한다.
6. 본회에서 「고서진서」로 간행할 제1기 예정 서적은 다음과 같다.[7]
7. 본회는 정기간행서 이외에 조선에 관해 수시로 유익한 편찬물을 발행하여 희망회원 및 일반에게 반포한다.

---

6 大村友之丞, 『朝鮮貴族列傳』, 「부록」, 조선총독부 인쇄국, 1910.

7 東史輯要, 朝鮮風俗考異, 高麗圖經, 東國闕里誌, 於于野談, 三說記, 華東年表, 靑邱野談, 溪西野談, 歷代通考, 角干先生實記(*), 尊周彙編, 看羊錄(*), 交隣誌, 熱河日記(*), 東京雜記(*), 再造藩邦誌, 京都繁華誌,平壤志(*), 中京志(*), 盎葉記, 士小節, 擊蒙要訣, 經世遺表(*), 大典會通, 牧民心書(*)(*표시는 실제로 발행된 것. 즉 발행예정 서적과 차이가 있다)

8. 본회에 관한 일체의 사항은 회보(비매품)를 가지고 회원에게 통지 한다.

조선연구회는 처음에 사업부진으로 1년 정도 간행을 중지하다가 1912년에 데라우치 총독과 고미야 미호마쓰 차관의 지원으로 재개했다. 데라우치는 조선에 대한 연구조사가 절대 필요한 이유는 "조선경영을 만족스럽게 하고, 내선동화를 이루기 위해서"라고 생각했다. 따라서 일본인이 여기에 냉담해서는 곤란하기 때문에 조선고서간행회와 조선연구회 사업을 지원한다고 밝혔다. 나아가 데라우치는 아오야기에게 조선사 편찬을 권유하면서, "일·청·한 삼국관계의 정치사와 조선 고대 문화사에 대해 충분히 연구하는 것은 조선에서 언론에 종사하는 사람들이 당연히 해야 할 일이다. 총독부에서도 머지않아 역사편찬 사업을 기획하고 싶다"고 하여, 식민정책의 근본은 조선인의 민족심리, 정신생활에 대해 이해할 정도가 되어야 한다고 보았다.[8] 조선연구회의 간사 오무라 도모노조는 386명의 회원 모집상황을 밝히면서 고서 간행사업의 필요성을 다음과 같이 설명한다.

본회의 부사업인 조선고서의 간행은 부호가 은거하여 골동 삼매(三昧)하는 것과 비슷한 도락행위가 아니다. 한갓 난해한 진서를 포장해서 서가의 장식품으로 만들려는 것도 아니다. 옛날 조선에서 만

---

8 靑柳綱太郎, 『總督政治史論』, 武斷政治時代, 제26편 寺內伯の內鮮人同化論, 1928, 267-268쪽.

든 자료를 발견해서 이것을 새로운 우리 조선의 경영상에 활용시키기 위해서다. 이것은 학자의 고증본으로 하기에는 다소의 이의가 있어도 일반에게 통독할 수 있도록 감히 번역을 기획하는 이유다. 영국이 인도를 경영할 때, 먼저 많은 세월과 거액의 경비로 절대한 정력을 그 조사연구에 투자하여 시설이 점차 중요하게 되었다. 우리 만주철도회사가 그 사업을 계획하는 데 있어, 일부 인사 사이에 소동을 일으키기까지의 비용을 조사에 지출했어도, 연구를 주도하게 하여 대과 없게 되었을 것이다. 조선의 충효관은 반드시 일본의 충효관과 일치하지 않는다. 하물며 다른 것에 있어서랴. -풍속을 알고 사정을 모두 조사하여 효력이 나타나게 확실을 기하기 위해서는 모름지기 독특한 식견을 이 국민의 역사에 경주하지 않으면 안 된다. 대개 조선연구는 시대의 요구이다. 우리는 본회를 조직하는 데 동감하고 열성을 갖는 사군자의 커다란 찬동을 얻어, 지금 386명의 회원을 얻고 이에 첫 권을 간행하게 되어 감사한다. 그러나 회원수는 아직 전혀 우리가 바라는 데에 도달하지 못했다.

즉 "옛 조선의 살아 있는 자료를 발견하여, 그것을 일본의 식민지가 된 소선을 경영하는 데 쓰기 위함이다. 이것을 학자의 고증본으로 하는 데는 다소 이의가 있지만 일반에게 통독시키기 위해서"라고 밝혔다. 나아가 영국이 인도를 경영하면서 많은 경비와 정력으로 조사연구에 투자한 것처럼, 일본도 "조선의 풍속을 알고 민정을 알아 확실하게 효과를 올리기 위해 조선 국민의 역사에 경주하지 않으면 안

된다. 조선 연구는 시대의 요구"라고 강조했다.[9]

총리 오쿠마 시게노부는 조선연구회의 사명에 대해 다음과 같은 견해를 피력했다. "동화는 식산흥업 외에 정신문명의 개발을 가지고 혼수상태에 빠진 조선의 퇴폐적 문화를 계몽 부액(扶腋)하는 것이다. 조선연구회와 같이 조선의 동화 사업에 커다란 공헌을 기여할 것, 점점 그 사업을 확대하여 깊고 넓게 강호에 미칠 것을 바란다. 그러면서 광대무변한 우리의 황은을 반도 전토에 펼치고 사랑하는 신부 조선민을 진정한 천황의 적자로 만드는 임무를 갖는 것은 중임이며 동시에 위대한 제국의 일대 사명임을 확신한다."

조선연구회의 평의원은 총독부, 학계, 언론계 인사가 관여했다. 연구회의 구성원을 보면 1915년에 커다란 변화가 보인다. 먼저 1기 평의원은 총독부의 혼마 규스케(本間久介, 취조국 촉탁), 마에마 교사쿠(前間恭作, 통감부 통역관), 후치가미 데이스케(淵上貞助, 경성거류민단장), 오다 쇼고(小田省吾, 학무국 편집과장), 후쿠다 간지로(福田幹次郎, 통역관)와 다음의 학교, 언론계 인사로 구성되었다. 즉 가와이 히로다미(河合弘民, 동양전문학교 경성분교장), 아유가이 후사노신(鮎貝房之進, 동양협회전문학교 경성분교 강사), 히로타 나오사부로(廣田直三郎, 총독부중학교 교유), 다카하시 도루(高橋亨, 한성고등학교 학감), 기쿠치 겐조(조선통신사 사장), 미야케 초사쿠(三宅長策, 경성공소원 부장), 오무라 도모노조(大村友之丞, 동양전문학교 경성분교 간사)이다.

9 大村友之丞, 『角干先生實記、看羊錄、東京雜記』, 「序」, 1911.1, 1-2쪽.

2기 평의원은 학계 인사로는 하기노 요시유키(萩野由之, 제국대학 교수)와 미카미 산지(三上參次, 제국대학 교수), 요시다 도고(吉田東伍, 와세다대학 강사), 시데하라 다히라(幣原坦, 히로시마고등사범학교 교장), 다카하시 도루, 아유가이 후사노신, 가와이 히로다미, 우에다 슌이치로(上田駿一郞, 한성고등보통학교교유, 학무편집관)이다. 언론계는 요시노 타자에몬(吉野太左衛門, 경성일보 사장), 하기다니 가즈오(萩谷籌夫, 조선신문 사장), 난부 시게도오(南部重遠, 안동신문 사장), 기쿠치 겐조, 야마지 아이잔(山路愛山, 저술가), 후쿠모토 니치난(福本日南, 대의사 저술가), 총독부는 혼마 규스케, 마에마 교사쿠, 아키야마 마사노스케(秋山雅之介, 법제국 참사관), 오다 쇼고, 후쿠다(福田幹次郎, 철도관리국 통역관), 이노우에 마사지(井上雅二, 재무관) 등이 참여했다. 이들은 조선의 역사, 교육, 문화 등에 관해 저술을 남기거나, 학교와 총독부에 근무하여 일선에서 활약한 인물들이다.

연구회의 평의원 구성을 보면 1기는 조선에 주재하는 총독부의 실무자급과 학교 인사로 편성되었다. 이는 처음 연구회의 성립과 함께 연구회를 이끌어 가는 데 총독부의 지원이 절대적으로 필요한 상황이었기 때문이다. 2기는 총독부 실무자급과 일본에 있는 도쿄제국대학과 와세다대학의 교수와 주요 언론인, 그리고 경성과 만주지역의 언론인에게까지 확대되었다. 특히 이른바 식민사관의 이론가들이 총망라된 것은 식민주의의 확산을 의미했다.

표 4 조선연구회 평의원

1기 평의원(1910)		2기 평의원(1915)	
本間久介	총독부 취조국 촉탁	萩野由之	도쿄제대 교수
河合弘民	동양협회분교장	三上參次	도쿄제대 교수
前間恭作	통역관	吉田東伍	와세다 대학교수
淵上貞助	통역관	幣原坦	廣島사범학교교장
菊池謙讓	조선통신사 사장	高橋亨	한성고등사범 학감
三宅長策	경성공소원 부장판사	鮎貝房之進	동양협회전문학교 강사
廣田直三郎	총독부중학교 교유	上田駿一郎	한성고등보통학교 교유
小田省吾	총독부 사무관	吉野太左衛門	경성일보 사장
高橋亨	한성고등학교 학감	萩谷籌夫	조선신문 사장
福田幹次郎	총독부 철도국 통역관	南部重遠	안동신문 사장
鮎貝房之進	동양협회전문학교 강사	菊池謙讓	조선통신사 사장
大村友之丞	간사	山路愛山	저널리스트
		福本日南	저널리스트
		秋山雅之介	총독부참사관
		小田省吾	총독부사무관
		福田幹次郎	총독부통역관
		井上雅二	총독부재무관
		大村友之丞	간사
		河合弘民	동양협회전문학교 경성분교장

2. 조선연구회의 조선고서 간행사업

조선연구회에서 간행한 책

1기(1911-12, 10책): 각간선생실기, 간양록, 동경잡기, 목민심서, 장릉지, 평양속지, 경세유표, 조선야담집, 선인이 쓴 풍태합정한전기(鮮人の記せる豊太閤征韓戰記)

2기(1914-1916, 23책): 사씨남정기, 구운몽, 삼국사기, 소화외사(상·하), 조선박물지, 동국통감, 해유록, 삼국유사, 모하당집(附 慕夏堂史論), 한당유사, 조선외구사[東國兵鑑], 대한강역고, 연암외집[熱河日

記], 여사제강

3기(1916-1917, 23책): 청야만집, 이순신전집, 지봉유설, 원조비사, 국조보감, 증보문헌비고

조선연구회에서 간행한 56책의 고서 가운데 중요한 것을 분석해서 연구회가 어떠한 목적에서 고서를 간행했는지 검토해보자. 첫째, 학술적으로 가치가 있는 고전을 간행했다. 『삼국사기』, 『삼국유사』, 『동국통감』, 『여사제강』, 『국조보감』, 『증보문헌비고』를 들 수 있다. 그리고 실학서인 『목민심서』, 『경세유표』, 『산림경제』, 『연암외집』, 『지봉유설』이 있다. 이 책들은 학술적 가치가 있는 것이지만, 실학서의 경우 조선의 백성들이 얼마나 가렴주구에 시달렸는지를 강조하고, 그것이 원인이 되어 조선왕조가 멸망할 수밖에 없었다는 것을 입증하기 위한 목적에서 번역 간행되었다.

둘째, 임진왜란 관련 저서를 간행한 점이다. 도요토미의 조선침략에 대해서는 『선인이 쓴 풍태합정한전기(징비록)』, 『이순신전집』, 『모하당집』에서 중요시하고 있다. 이 가운데 그 진위여부를 놓고 논란이 되고 있는 것은 『모하당집』이다. 이 책은 임진왜란 당시 가토 기요미사(加藤淸正)의 부하 장수 사야가(沙也可, 귀화명: 金忠善)가 병사 3천명을 데리고 투항하여 의병을 모집하고, 일본군에 대항한 공으로 정2품의 관직을 받고 조선에 귀화한 사실을 기록한 문집이다. 사야가는 『선조실록』 1597년 11월의 정진(鼎津)싸움에서 처음으로 등장한다. 당시 그는 다른 항왜와 함께 김응서(金應瑞)의 휘하에서 활약하였는데 벼슬은 첨지(僉知)였다. 김충선이 사야가라는 사실은 1668년 김진명이

쓴 묘지와 1669년 유필이 쓴 묘갈에서 비로소 나타난다. 그리고 『承政院日記』 영조 37년(1761) 11월 12일 기사에서도 확인할 수 있다. 즉 김충선은 일본인으로 향화(向化)한 사야가이며, 그의 후손 김치우(金致禹)가 대구에 거주하고 있다는 사실과 김충선은 검교(檢校) 절충장군(折衝將軍)으로 자헌(資憲)·정헌대부(正憲大夫)의 직첩을 받았다는 것이다. 이러한 사실을 보면 김충선은 임진왜란시에 조선에 투항한 왜장 사야가라는 것을 알 수 있다.

그러나 조선연구회에서는 『모하당집』에 사론을 붙여 이 문집이 날조된 것임을 고증했다. 그 고증의 하나로 아사미 린타로(淺見倫太郎, 1869-1943)는 "모하당이라는 아호는 조선인이 모하관을 건립한 뒤에 『소화외사』가 유행했던 사상에 감염된 것이며, 송시열 무리의 사상에 감염된 자가 김씨 성을 소설적으로 날조해서 출판한 것"으로 보았다.

> 모하당집은 (중략) 해도(海島: 일본을 말함)의 만방(蠻邦)이라는 대명사를 사용하여 대일 감정을 흥분시키려고 계획한 것에 지나지 않는다. 이러한 용렬한 위작을 만든 저자의 공으로 조선의 인심을 흥분시키고 존대하게 했지만 실질로는 이에 부응하지 못했다. 지난 날 만방이라고 불리던 일본은 욱일충천(旭日沖天)의 기세로 동서의 문명을 흡수하여 지나의 중화(中華), 조선의 소화(小華)도 이제는 극동의 대화(大華=일본)로 찬연하다. 소화가 대화에 병합되어 귀화 투항하는

것은 형세의 당연한 바이다.[10]

아울러 아오야기는 『모하당집』은 조선의 문인이 피폐되고 위축된 인심을 고무 진작시키기 위해 날조한 것임을 논했다. 그러면서 이런 날조로도 "일본의 기세가 조선을 병합시킨 것은 막을 수 없었다." 고 지적했다.[11] 그리고 임진왜란도 도요토미 히데요시가 이유 없는 전쟁을 한 것이 아니라 아시아 대륙의 모든 중생을 구하기 위해 치룬 팽창전쟁으로 규정하고 있으며, 인류 구원을 위해 나타난 부처와 같은 존재로 묘사했다. 이렇게 도요토미의 활약을 강조하는 것은 일본인들의 분발을 촉구하고 대륙팽창의 꿈을 가지도록 선동하기 위해서다.

셋째, 대외침략에 시달려온 역사와 사대적인 조선을 강조한다. 전자의 경우 『조선외구사』는 고대 이래 조선이 중국과 북방족, 일본에게 침략당한 역사를 기록한 책이다. 이 책은 아오야기가 문종 때 편찬된 『동국병감』에 도요토미와 청태종(淸太宗)의 침략을 보충하여 저술했다. 여기에서는 조선이 혼자서는 자립할 수 없고 외침에 시달려온 역사를 강조하는 식민사관의 한 전형을 보게 된다. 아오야기는 서문에서 조선왕조에 이르러 "무인은 목숨을 아까워하게 되고 문인은 돈을 사랑하여, 상하 모두가 음란한 풍속으로 게으르고 나약해져

10 『慕夏堂集』, 「慕夏堂史論」, 1915, 7-9쪽.

11 『慕夏堂集』, 「慕夏堂論」, 1915, 74쪽.

불면 날아갈 것 같은 무인 유생의 세상이 되었다"고 지적했다.[12]

후자는 『소화외사』를 간행한 데서도 엿볼 수 있다. 조선후기 문신인 오경원(吳慶元)이 1830년에 지은 책으로 고려 말에서 1824년까지의 중국과의 외교를 소중화(小中華)와 중화의 관계로 서술했다. 이 책의 저술 의도는 조선이 1637년 청군에게 항복한 것에 대한 저항의 뜻으로 소중화국인 조선과 명과의 사대관계를 밝힌 것이다. 1392년부터 1824년까지 사신의 명단, 특사의 파견 등 모든 대명외교사가 정리되었다. 명사 위주로 기록하고 조선의 사실은 소략하게 하여, 명나라에 대한 보은의 뜻을 상세하게 기록했다. 아오야기는 조선 민족이 삼한 이래 망국파가(亡國破家)의 지경이 된 것은 예로부터 거의 독립한 경험이 없고, "지나 대국의 책명을 받아 번속(蕃俗: 미개인의 풍속)의 신례(臣禮: 신하로서 지켜야 할 예의)"에 만족해 왔기 때문이라고 보았다. 이 책을 조선연구회에서 간행한 의도는 중국에 사대적인 조선을 강조하기 위해서였다.

『원조비사』는 몽골인들의 조상 신화와 건국과정에 대한 역사를 기록한 가장 오래된 사료다. 이 책의 성립연대나 저자 혹은 편찬자에 대한 분명한 기록이 없으나 1240년에 성립된 것으로 추정되고 있다. 주인공 테무진이 아홉 살 나이에 아버지를 잃고 초원에서 위험과 싸워 이기며 몽골 고원을 통일하고, 여러 나라를 평정하여 칭기즈 칸(成吉思汗, 1162-1227)이라는 이름을 떨치게 되는 과정을 그려낸 영웅 서사

12 『朝鮮外寇史』, 「朝鮮外寇史に叙す」, 1915, 1-2쪽.

문학이다. 연구회에서 이 책을 간행한 것은 일본의 몽골에 대한 관심에서였다. 일본은 극동의 패자가 되기 위해서는 중국과 만주와 몽골 지역까지를 국책의 하나로 지배하도록 추진해야 한다고 주장할 정도로 관심을 기울여왔다.

넷째, 조선 민족의 동화를 위한 서적간행이다. 『조선야담집』은 조선 민중의 생활 속에 보이는 야담, 속전 190여 편을 모아 편집한 책이다. 아오야기는 이 책의 서문에서는 '반도' 민족을 회유 동화시키기 위해 그 사회의 이면과 국민성을 살펴야 한다고 지적한다. 그리고 이 책을 "한번 읽으면 유유자적한 흥을 덧붙이고, 두 번 읽으면 일본과 조선의 비교 문학상의 자료가 되며, 세 번 읽으면 위정자와 경세가의 참고가 된다."고 하여, 이 책을 간행하는 목적이 조선통치와 동화정책에 있음을 언급했다. 이를 위해 조선 민족의 국민성과 풍속 습관을 대담하게 폭로했다.

『해유록』은 통신사의 제술관으로 일본에 다녀온 신유한(申維翰)의 1719년 4월부터 다음해 1월까지 10개월간의 사행 일정을 3권으로 기록한 견문록이다. 상권은 도쿠가와 요시무네(德川吉宗, 1684-1751)가 새로운 쇼군으로 즉위하자 전례에 따라 조선에서 통신사를 파견하는 과정을 수록했다. 그리고 통신사 일행이 한양을 출발하여 부산과 쓰시마를 거쳐 오사카에 도착하기까지의 과정을 기술했다. 중권은 오사카에서 에도에 이르는 여정과 에도에서 쇼군에게 조선국왕의 국서를 전달하고 답서를 받아 다시 오사카로 돌아오는 과정을 담았다. 하권은 오사카에서 쓰시마를 거쳐 귀국하여 한양에서 국왕에게 복명하기까지를 담았다. 신유한은 일본에 대한 해박한 식견과 예리한 관찰을 통해 일본의 정치, 사회, 경제, 문화에 대한 객관적인 시각을 가지고 기록했다.

그러나 아오야기가 번역한 『해유록』의 서문에는 "그의 필력이 웅장하고 빼어나서 오만불손한 필치, 통렬하여 뼈를 도려내는 듯한 느낌이 없지 않다. 이 책은 실로 우리 교호(享保, 1716-1736:中御門、櫻田천황 때의 연호) 시대의 상하 일반의 풍속 습관 등을 대담하고 노골적으로 발표한 것이다. 어떤 의미에서 당시의 조선인이 어떻게 일본을 경시하고 야만의 풍속으로 보았나를 알 수 있다"고 지적하면서, 연구회에서 이 책을 간행하는 이유는 조선인이 얼마나 과대망상에 빠져 있는가를 나타내기 위함이라고 밝혔다.[13]

다섯째, 당쟁관계 저술로 소론의 입장에서 서술한 『청야만집』, 단종의 피탈을 비판한 『장릉지』, 인현왕후의 폐출을 기록한 『사씨남정기』를 통해 조선왕조의 당파성을 부각시켰다. 먼저 『청야만집』은 1739년 소론 이희겸(李喜謙)이 편찬한 역사 설화집이다. 고려 공민왕부터 조선 숙종 때까지의 기록을 10책으로 편찬했다. 이 책의 편찬 목적은 발문에 "지금 속유(俗儒)들이 중국의 사실에 대해 해박하나 동국의 사실과 명유들의 행적에는 몽매하고 심지어 자가(自家)의 사실조차 모르는 자가 있다"고 밝히고 있다. 그 내용을 보면 이성계의 조선왕조 개창과 왕자들의 난, 성종과 중종 대의 폐비 윤씨 문제, 중종반정, 기묘사화, 사화관련 인물의 행적, 선조 때의 동서분당, 임진왜

13 青柳綱太郎, 『海遊錄』, 「海遊錄に叙す」, 1915, 1-3쪽.

란, 광해군 때의 대북, 소북의 갈등, 폐모 논의, 인조반정, 정묘호란과 병자호란의 전말에 대해 서술했다. 또 이민보(李敏輔)가 지은 〈원론(原論)〉 안연석(安鍊石)이 지은 〈동서남북노소청탁당론원류(東西南北老少淸濁黨論源流)〉라는 제목으로 당론의 발생과 전개 양상을 약술하고 그에 대한 평가를 내리고 있다.

『장릉지』는 1711년(숙종 37) 박경여(朴慶餘)와 권화(權和)가 앞서 윤순거(尹舜擧)가 편찬한 『노릉지(魯陵誌)』 2권에다 속지(續誌) 2권을 증보하여 개제(改題)한 책이다. 단종이 숙부 수양대군(세조)에게 왕위를 빼앗긴 후 영월로 추방되어 비극적 죽음을 맞이한 사실과 그 후 숙종 24(1698)년 복위된 전말을 적었다. 권1에는 단종의 탄강에서부터 성장, 즉위, 사망할 때까지의 과정과 대신들의 사적, 왕비 송씨가 사망할 때까지의 사실 등이 기록되어 있다. 권2에는 제축(祭祝), 제기(題記), 부록이 수록되었고 윤순거의 지(識)가 있다. 권3에는 복위, 봉릉, 제기가 수록되었다. 권4는 부록으로 육신 복관, 건사(建祀) 제축의 시말이 기록되어 있다. 수양대군은 단종이 즉위한 지 얼마 되지 않아 황보인, 김종서 등을 제거하고 권력을 장악했다. 결국 단종은 수양대군에게 왕위를 물려주고 상왕이 되었으나 세조가 즉위한 이듬해 성삼문, 박팽년 등 사육신이 단종의 복위를 꾀하다가 발각되어 처형되었다. 단종은 이 사건에 연루되어 노산군으로 강등되어 영월로 유배당한 것이다. 1457년 금성대군이 단종의 복위를 꾀하다가 발각되자 이 일을 빌미로 단종도 죽음을 당하고 말았다. 단종은 묘호도 없이 노산군으로 불리다가 복위되어 묘호를 단종, 능호를 장릉이라 했다.

아오야기는 그의 책 『조선사천년사』에서 이 사건에 대해 다음과 같이 논평하고 있다.

> 세조 때의 사실에 이르러서는 우리가 이를 차마 말하기 어렵다. 몸은 문종의 형이고 단종의 숙부로써 찬위(簒位)를 도모하여 당을 스스로 결성하였으며 문종의 유신과 단종의 충량을 도륙하여 천하에 호령하여 종실의 화를 이미 이씨의 대문 안쪽에서 일으켰으니, 이는 어찌 이조의 큰 부끄러움이 아니겠는가. 다만 외척의 발호와 권세의 쟁탈은 이조초년에 이미 이것이 맹아 되었으니, 방번, 방석, 방간의 변이 이것이다. 그러나 그 당화는 심한데 이르지 않고 그쳤고, 세조 이후로 신하가 당을 나누고 파를 세워서, 배제를 일삼는 것이 바로 분당의 전조이니. 드디어 이조가 그 종사로 하여금 구하기 어려운 사지에 빠진 것이 이미 이 때에 잉태되었다. 오호라 육국을 망하게 한 것은 육국이요 진시황이 아닌 것이다. 다른 날 이조의 보물을 중하게 여기지 않고 왕권이 아래로 옮겨져서 당화(黨禍), 사화(士禍)가 혼연히 이조의 천하가 혼탁한 파도에 빠지게 된 것은 멀리 이 때부터 인 것을 알 수 있다.[14]

『사씨남정기』는 숙종 때 김만중이 한글로 쓴 소설이 있고 그의 종손 김춘택이 쓴 한역본이 있다. 아오야기는 김춘택의 한역본을 일본어로 번역하여 총서로 간행했다. 이 작품은 서인과 남인 간의 당파

14 靑柳綱太郎,『朝鮮四千年史』,「李朝 7세 世祖의 朝」, 李施愛의 叛亂, 1917, 28-29쪽.

적 경쟁이 심하게 나타나는 숙종대의 궁중사건을 풍자적으로 소설화한 것이다. 또한 예송과 그에 따른 수차례의 환국 그리고 사족 가문 내의 처첩 갈등 문제가 반영되었다. 그는 이 작품의 제작 동기가 숙종의 마음을 돌려 인현왕후의 복위를 꾀하려는 목적에서 쓰여진 소설이라고 보았다. 이 책의 서문에서 민비 폐출사건과 장희빈의 왕자 탄생 등에 관한 내용을 기술하여 당파싸움으로 인한 궁중 내의 비극적 사건들을 소상하게 밝혀 놓고 있다. 독자의 편의를 위함이라고 언급하고 있으나 이 책을 고서 간행사업의 목록 가운데 가장 처음 간행하는 의도를 그대로 보여주고 있는 것이다. 그가 당쟁으로 점철된 조선왕조의 역사에 대해 어떻게 인식했는지 다음 글이 참고가 된다.

> 조선과 같이 그 참화가 격심 참열한 것은 없다. — 조선의 붕당이란 것은 외척의 발호, 귀족의 권세쟁탈로 이조 초년에 이미 무너졌다. 이래 왕위의 강탈과 권세의 쟁탈로 여러 조에 당쟁 사투의 혈흔이 얼룩져서 궁정 중에 백주에 작철(灼鐵: 고기 굽는 기구)과 백인(白刃: 칼날)과 곤봉을 허용하기에 이르러, 이조의 화란은 다만 왕실을 중심으로 하여 왕자의 손을 빌려 이루어졌다. 심한 것은 왕자가 친히 채찍을 휘둘러 고문하는 것은 진기한 일이 아니요, 그 화란이 미치는 것은 폭풍과 같고 가는 것은 질풍과 같다. — 그런데 천하의 유류(儒流)가 일어나 한 사람도 대의명분을 부르짖는 자가 없으며 천하의 사림이 한 사람도 일어나 국사에 진력하는 자도 없다. 사림은 다투어 사노(私奴)를 모으며 세력을 확장하고, 유림은 서원에 은둔하여 의논을 다투며 세력을 길러 왕실의 충절에 등을 돌려도 서원을 없애는

것을 좋아하지 않는다. 저들은 저들의 학파와 저들이 숭배하는 사형(師兄)을 위하여 당론사투의 와중에 열광하여 안중에 인군이 없으며, 국가가 없어서 드디어 이조의 종사로 하여금 구할 수 없는 사지에 빠뜨려 혼탁한 파도 가운데로 흘러 들어가게 하였다.[15]

3. 다른 고서 간행사업 단체

샤쿠오의 조선고서간행회

일제 강점기 조선의 고서를 연구하고 간행한 단체로는 앞에서 살펴본 조선연구회 보다 이전인 1908년에 설립된 샤쿠오 슌조가 만든 조선고서간행회가 있다. 그리고 호소이 하지메가 조선연구회를 처음 설립해서 경영권을 아오야기에게 넘기고 일본에 돌아가서 1920년에 설립한 자유토구사가 있다. 각 단체의 설립자와 간행서적, 간행사업의 의의에 대해 살펴보자.

먼저 샤쿠오는 오카야마(岡山) 출신으로 도요대학을 졸업했다. 아오야기와는 같은 대학 동문이다. 1900년 내한 이후 부산개성학교, 대구일어학교 교사를 지냈으며 경성민단 제1과장으로 경성제일고녀, 경성중학교 설립에 참여했다. 1907년에는 조선잡지사를 경영하여 잡

15 青柳綱太郎, 『朝鮮四千年史』, 「李朝 21세 景宗의 朝」, 壬寅士禍, 1917, 211-212쪽.

지《조선》을 발행했다. 이듬해 조선잡지사 안에 고서 간행을 위한 '조선진서간행부'를 두고 조선의 역사, 제도, 지리, 문학 등에 관한 진서(珍書)를 간행할 계획을 발표했다. 여기서 간행사업의 목적은 조선통치를 위해 조선의 고문명을 조사하고 연구 자료를 수집하기 위함이라고 밝혔다.[16] 나아가 조선고서간행회의 간행 계획을 다음과 같이 설명한다.

> 재한 방인의 대부분은 조선의 고대문명에 대해 지식이 없으며, 조선의 국정과 국민성의 유래에 대해서도 모른다. 이렇게 해서 어떻게 조선인을 통치할 수 있으며, 원활하게 조선의 부를 개척할 수 있겠느냐. 또 일본에서도 인도나 지나(支那)의 고대문명이 있는 것은 알지만, 조선에 있는 것은 모른다. 동양학자라고 칭하는 자들도 조선의 인종, 지리, 역사를 들어보면 불명확하고 정치 법률 제도 풍속 산업의 연혁을 들어보아도 벙어리와 같으며, 종교 문학 미술에 대해 질문해도 해답을 얻기가 어렵다. 이것은 일본 학해(學海, 학문의 세계)의 치욕이다. 이렇게 일본인 사이에 조선의 지식이 결핍된 것은 조

---

16 《朝鮮》4-2, 광고 「本社の朝鮮古書刊行」, 1909.10.1. 388-389쪽.
"조선은 구방(舊邦)이라고 말한다. 조선의 과거와 조선의 고문명을 말하면서 상세한 것이 거의 없다. 실로 동양사 연구의 일대 결점이다. 이것은 하나는 우리 학자 독서자가 지나(支那), 인도를 알고 조선을 안중에 두지 않는데서 연유한다. 그러나 조선의 고서가 세상에 많이 유포되지 않아 그것을 손에 넣으려고 하면 일부 책이 백금을 요하는 것이 금일의 사정이라고 하겠다. 지금 조선은 우리의 통치아래 귀속되어 이 땅의 경영을 위해 관민이 모두 급하다. 조선 연구는 어찌 학자의 일이라고만 말하겠느냐. 이것은 본사가 조선고서간행회를 발기해서 그 사업에 힘을 쏟는 이유다."

선연구의 취미가 부족한 때문이기는 해도, 역시 조선연구의 유일한 자료인 고서 진서를 수집하기 어려운 것에 기인한다. 이에 역사 지리 제도 법률 산업 풍속 교육 종교 미술 문학 등에 관해서 조선진서 간행사업을 시작한다.[17]

여기서 간행사업을 실시하는 의도는 조선인을 통치하기 위한 방편에서 조선의 고문명을 조사하고 조선에 관한 연구 자료를 수집하기 위함이라고 밝히고 있다. 간행사업의 목적과 사업전반에 대한 내용을 알 수 있는 「조선고서간행회 규칙」은 다음과 같다.[18]

제1조 본회는 조선의 고서, 명저, 진보 등을 염가의 방법으로 간행하여 조선 연구자의 편의를 도모하고 조선 고문명의 소개와 아울러 조선개발상의 참고자료를 공급하는 것을 목적으로 한다.

제2조 본회는 조선의 역사, 지리, 제도, 법률, 산업, 교통, 군사, 재정, 문학, 미술, 종교, 풍속, 인물, 사회의 각 방면에 걸쳐 고서진적을 간행하고 아울러 본회 각종의 편찬저술을 발행하여 조선의 역사대계 군서류종을 대성하고 그 서목은 가끔 발표한다.

제3조 본회는 3기로 나누어 제1기는 1909년 10월부터 시작하여

17 《朝鮮》3-6, 「本社の朝鮮珍書刊行計劃」, 1909.8, 88쪽.

18 《朝鮮》4-1, 1909.9, 472쪽.

1911년 9월까지 만 2년으로 한다.

제4조 본회는 매월 국판 700내외의 튼튼한 양장 미본(美本) 1책을 발행한다. 1909년 10월부터 간행물을 배포하기 시작한다.

제5조 본회 간행물을 예약하려는 사람은 신청요금 1원을 납부하고 매월 3원 50전의 예약비를 전월 25일까지 납부할 것.

① 경성 이외의 예약자는 신청시 예약비 1개월분 이상을 아울러 납부할 것. (송달료 본회 부담)

② 경성 이외의 예약자로 전금 미납자는 교환소포로 발송한다. (이 경우 소포료는 수신자 부담)

③ 예약금 1년 분을 일시에 납부하는 자는 1개월분 즉 3원 50전을 할인해 38원 50전으로 한다.

제6조 예약신청자는 제1기 중도 파기를 허락한다. 부득이한 경우는 양도인을 세울 것.

제7조 예약신청 기한은 1909년 9월 30일까지로 한다. 단 특별한 경우는 지장이 없는 한 중도 신청을 허락한다.

제8조 본회는 당분간 주간 1명과 평의원 약간 명을 둔다. 주간은 모든 회무를 입안처리하고 본회 전반의 책임을 맡고 평의원은 주간의 상담에 응해 회무를 돕는다. 다만 예약신청자 중 특별한 편의를 도모하는 귀현신사는 명예찬성원으로 한다. 또는 특별찬성원에 추천한다.

제9조 본회 사무소는 경성 본정(本町) 조선잡지사 안에 둔다.

제10조 신청소는 경성 본정 9정목 조선잡지사, 신청 취급소는 경성 본정 2정목 일한서방(日韓書房), 경성 대화정(大和町) 경성일보

> 사, 경성 소안동(小安洞) 대한서림, 도쿄 간다(神田) 도분칸(同文館), 오사카 요시오카호분칸(吉岡寶文館)으로 한다.

그리고 「조선고서간행회 규칙」의 제10조에 의하면 간행물의 신청 취급소는 경성만이 아니라 본국의 도쿄와 오사카 지역에서도 고서 신청을 받았다. 이 간행회는 총 28종 83책의 고전을 『조선군서대계(朝鮮群書大系)』로 간행했는데, 그 내용은 다음 장에서 검토한다. 이 간행회의 임원은 명예찬성원과 특별찬성원, 그리고 평의원으로 구성되어 통감부, 총독부의 고위관리가 망라되어 이들의 지원으로 진행된 사업이었다. 1911년에는 명예찬성원 중에 오쿠보 하루노(大久保春野, 1846-1915)가 야마가타 이사부로(山縣伊三郎, 정무총감, 1858-1927)로, 김윤식이 이완용으로 바뀐다. 특별찬성원과 평의원도 교체된다. 연구회의 운영은 설립자와 평의원 중심으로 이루어졌다. 그러나 평의원의 구체적인 역할은 알 수 없고, 사업 전반에 걸쳐 자문역할을 한 것으로 보인다. 임원 구성을 보면 소네 아라스케 통감·데라우치 마사다케 총독을 비롯한 총독부의 철저한 지원과 관계 속에 이 간행회가 움직여 간 것을 알 수 있다. 샤쿠오는 고서간행회의 일로 오카 쓰도무(大岡力, 경성일보 사장, 1863-1913)와 함께 통감 관저를 방문하여 고서간행의 경과를 설명하기도 했다.

데라우치 마사다케

> 나는 통감에게 고서간행의 경과를 간단하게 말했다. 통감은 그 말을 듣고 매우 다행이라

고 말했다. — 이야기는 조선고서로 옮겨갔다. 통감은 조선의 고서 수필에는 매우 재미있는 것이 있다, 조선인도 바보 취급할 수 없다, 특히 정화(情話)나 희담에는 매우 기발한 것이 있다. 읽으면서 혼자서 배를 움켜쥐게 하는 것이 있다, 〈대동야승〉 가운데에는 특히 기발한 진담이 많다. 이야기는 계속되어 그칠 줄 몰랐다.[19]

여기서도 간행사업이 통감의 지원 아래 통감부 사업의 일환으로 진행된 것을 알 수 있다. 그리고 『용비어천가』의 후기에 쓴 「朝鮮群書大系 第1期 刊行完了」(1911)에는 소네 통감과 데라우치 총독, 이왕가에서 많은 원조를 해주어 제1기 고서 간행사업을 완료한 것에 대해 감사하는 글이 실려 있다.

특히 역대 왕조실록을 비롯한 도서를 정리하고 『조선어사전』, 『조선도서해제』 등을 편찬한 취조국(取調局)[20]의 가와이 히로다미(河合弘民, 1872-1918)와 시오카와 이치타로(鹽川一太郞), 학무국(學務局)의 오다 쇼고(小田省吾, 1871-1953)와 세키야 데이사부로(關屋貞三郞, 1875-1950)가 이 간행회의 임원인 것은 시사하는 바가 크다. 그리고 다른 조선 연구 및 고서간행 단체와 달리 중추원에 소속되어 일제에 협력한 김윤식, 유길준, 이완용, 박제순, 조중응 등의 한국인이 참여하고 있다. 학정 참여관을 지낸 시데하라 다히라(幣原坦, 1870-1953)

19 《朝鮮》4-5, 「曾禰統監を訪ふ」, 1910.1, 63-64쪽.

20 김태웅, 「1910년대 전반 조선총독부의 취조국·참사관실과 '구관제도조사사업'」, 《규장각》16, 1993.

가 1905년에 만든 한국연구회의 회원 마에마 교사쿠(前間恭作, 1868-1942), 고쿠부 쇼타로(國分象太郎, 1862-1921), 아유가이 후사노신(鮎貝房之進, 1864-1946)이 여기에도 간여했다.[21]

21 최혜주, 「일제강점기 조선연구회의 활동과 조선인식」, 《한국민족운동사연구》42, 2005, 467-473쪽.

표 5 조선고서간행회 임원(1909-10)

명예찬성원	특별찬성원	평의원
曾禰荒助 (통감)	石塚英藏 (통감부 총무 장관)	井上雅二 (궁내부 서기관)
宇佐川一正 (동척 총재)	岡喜七郎 (내부 차관)	千葉昌胤 (궁내부 규장각촉탁)
김윤식 (중추원 의장)	若林賚藏 (경시 총감)	河合弘民 (동양전문학교 경성분교간사)
조중웅 (농상공부 대신)	俵孫一 (학부 차관)	大岡力 (경성일보 사장)
大久保春野 (한국주차군사령관 육군대장)	倉富勇三郎 (법부 차관)	小田省吾 (학무국 편집과장)
박제순 (내부 대신)	松井茂 (내부 경무국장)	黑崎美智雄 (규장각 도서과장)
	荒井賢太郎 (탁지부 차관)	前間恭作 (통감부 통역관)
	木內重四郎 (농상공부 차관)	國分象太郎 (통감부 서기관)
	유길준 (한성부 민회장)	淺見倫太郎 (고등법원 판사)
	小宮三保松 (궁내부 차관)	鮎貝房之進 (동양전문학교 경성분교 강사)
		菊池謙讓 (조선통신사 사장)
		三宅長策 (경성공소원 부장)
		嶺八郎 (동양척식회사 비서장)
		정운복 (세국신문 사장)
		佐藤寬 (의친왕궁 고문)
		釋尾春仍 (조선잡지사 사장 겸 주필)

표 6　조선고서간행회 임원(1911-18)

명예찬성원	특별찬성원	평의원
寺內正毅 (총독)	倉富勇三郎 (총독부 사법부 장관)	國分象太郞 (총독부 중추원 서기관)
宇佐川一正 (동양척식회사 총재)	荒井賢太郎 (총독부 탁지부 장관)	關屋貞三郞 (총독부 학무국장)
박제순 (중추원 고문)	石塚英藏 (총독부 총무 장관)	市原盛宏 (조선은행 총재)
조중응 (중추원 고문)	小宮三保松 (이왕직 차관)	三宅長策 (변호사)
山縣伊三郎 (정무총감)	木內重四郎 (총독부 농상공부 장관)	淺見倫太郞 (고등법원 판사)
이완용 (중추원 부의장)	宇佐美勝夫 (총독부 내무부 장관)	河合弘民 (동양협회전문학교 간사장)
	俵孫一 (총독부 토지조사국 부총재)	小田省吾 (학무국 편집과장)
	菊池武一 (총독부 농상공부장관 心得)	鮎貝房之進 (동양전문학교 강사)
		鹽川一太郞 (총독부 취조국 사무관)
		嶺八郞 (동양척식회사 비서역)

조선고서간행회의 출판 사업은 일본의 침략주의를 구현하기 위한 도구가 되었다. 샤쿠오는 이 간행사업을 추진하는 이유에 대해서 "조선의 고서를 섭렵하여 구시대의 제도 문물을 연구하는 것은 장래의 시정(施政)에 대한 얼마간의 논결(論決)을 얻기 위해서다. 그리고 구래의 누습을 씻어버리고 일본의 한 군현(郡縣)이 되어 신제도 아래에서 새로운 문명으로 나아가려는 조선지방의 장래를 기획하고 민생의 복리를 증진시키려고 하는 것이다."라고 말한다. 샤쿠오가 경영하던 잡지《조선》에는 고서에 대한 한일 양국의 예약 진행 상황을 게재했다. 여기서 통감부 각 부서 통역관들의 신청이 적은 것을 지적하면서,

"독지가들이 용돈을 절약하고 처군(妻君: 아내의 높임말)의 간섭을 막아 과감하게 신청할 것"을 부탁하고 이 책들이 '재한(在韓)의 기념품'이 될 것이라고 했다. 조선고서간행회는 경성일보의 인쇄부와 계약을 맺고 간행사업을 추진했다. 발행 날짜를 맞추기 위해 인쇄부를 확장하는 의욕을 보였다.

> 본사의 고서간행회의 예약모집도 착착 진행되어, 일한 각지에서의 응모자가 이미 예정수의 3분의 2에 달하여, 오히려 성적이 좋은 편이다. 다만 기이한 것은, 평소 조선통이라고 자임하는 각 방면의 통역관 응모자가 의외로 드문 것이 그것이다. 그들은 현재의 한인과 요보의 언어조차 모른다. 그렇게 해서 직무에 지장이 없다는 자가 있는 것은 개탄할 일이다. 10월말부터 배본하고 경성일보의 인쇄부와 특약을 맺고 목하 인쇄를 서둘러, 경성일보는 이 때문에 따로 공장을 확장하여 책임을 가지고 본회의 인쇄를 맡았다. 아마도 얼마간은 발행 기일을 맞추지 못하는 일은 없을 것이다. 조선의 과거를 말하고 조선의 고문명은 과연 어떠한 것일까를 세상에 소개하려는 독지가는 적어도 용돈을 절약하여 부인의 간섭을 막고 과감하게 신청해야 한다. 아마 적어도 재한의 기념품이 될 것이다. 자신이 읽지 않더라도 누군가를 돕게 되는 일도 있을 것이다.[22]

---

22 《朝鮮》 4-2, 「編輯だより」, 1909.10, 72쪽.

이어서 1909년 11월 30일까지 예약신청을 한 양국의 관아, 신문사, 학교, 귀족, 학자, 신사(紳士) 등의 명단을 잡지에 수록했다.[23] 이렇게 간행사업을 추진하기 위해 애써도 신청자가 몰리지 않자, 고서를 '귀중한 장사도구'로 비유하면서 그 어려움을 지적하고 있다.

> 사람들이 혹 말하기를 고서간행은 아름다운 일이다. 그런데 이런 종류의 사업은 용이하게 끝내기 어렵다고 말한다. 그 말이 너무나 케케묵었다. 너무나 노인의 침사(寢事)와 비슷하다. 300부의 예약이 있으면 완전히 이 사업이 대성했다고 할 수 있다. 요즘 점점 조선 연구열이 일어나 300인의 예약자가 미덥지 못하다고는 믿을 수 없다. 이미 그 반수에 도달하여 전망은 대략 섰다. 이번 달 중에 정수에 도달할 수 있다고 믿는다. 읽는 것과 읽지 않는 것은 두고라도 쓸데없는 데 내는 돈이 있다면 열심히 모집에 응해야 한다. 조선의 선물을 매월 모아 둔다고 생각하면 아무 일도 아닌 것이다. 하물며 독서자를 비롯해 재한 관리들은 왕성하게 고조선의 문명을 말한다. 그런데 어떠한 문명을 가졌는가를 물으면 논어와 불상, 고려가마를 가지고 이외에는 아무것도 사람들에게 말할 재료를 가지지 못하는 데 있어서야. 이에 이르면 선물용이 아니라 실로 자기 집의 실용품

23 《朝鮮》4-3, 「本社の朝鮮古書刊行」, 1909.11, 14-15쪽.
이 가운데 한국인 명단은 다음과 같다. 박제순(내부대신), 조중응(농상공부대신), 어 학부 편집국장, 윤 학부 학무국장, 이 이재국장, 최 산림국장, 황 경남관찰사, 申 전남 관찰사, 정운복(제국신문사장), 김윤식(중추원의장), 유길준(한성부민회장), 장헌식(부윤), 玄憲, 閔泳綺, 朴重陽, 金弘祚, 朱翰榮

이다. 또 귀중한 장사도구다.[24]

그러나 조선고서간행회는 1910년부터 15년까지 고서를 간행할 계획을 세웠지만 더 이상 간행 계획을 추진하지 못했다. 이유는 예약자가 감소하고 종이 값이 폭등한 것과 크게 지원을 해주던 총독부와 이왕가에서 예산상의 문제로 책의 구입을 중지해 사업을 지속하기 어렵게 된 사정이 있었다. 이 간행사업의 의의는 일본의 침략주의를 구현하기 위한 도구가 되었다는 점이다. 그리고 다른 단체의 고전 간행에 비해 특징적인 것은 사료조사를 위주로 조선의 고전을 일본어로 번역하지 않고 원문 그대로 간행한 점이다. 한편 『조선고서목록(朝鮮古書目錄)』(1911)을 간행하였는데,[25] 이 책은 모리스 꾸랑(Maurice Courant, 1865-1935)의 『조선서적해제(朝鮮書籍解題)』, 『문헌비고(文獻備考)』, 『해동역사(海東繹史)』를 주로 하였다. 여기에 총독부의 도서목록, 이왕가의 도서목록, 외국어학교 경성지부 발행의 『한적목록(韓籍目錄)』, 시데하라(幣原坦)·가나자와(金澤庄三郎)·아사미(淺見倫太郎)·가와이(河合弘民)·마에마(前間恭作) 등의 도서목록을 참조하여 3천여 종의 서적을 수록했다. 이것은 총독부에서 추진하던 구관조사나 역사자료 수집 등과 별도로 총독부의 지원을 받아 고서간행회를 통해서도 철저한 자료 수집을 한 것이다. 그리고 고서를 회원들에게 배포할 때 『조선고

---

24 《朝鮮》 4-1, 「編輯だより」, 1909.9.1, 86쪽.

25 釋尾旭邦, 「朝鮮古書目錄總叙」, 1911.

서목록』을 경품으로 지급했다.

조선고서간행회는 총 28종 83책의 고전을 『조선군서대계』로 간행했다. 간행물은 크게 시문집, 역사서, 견문기 등으로 나눌 수 있다. 처음 시작하는 간행사업이었던 만큼 수집하기 용이한 자료를 선택한 것이 아니었을까 생각한다. 그리고 만주 문제에 대한 관심도 빼놓을 수 없다. 이 간행회를 이끌어 간 샤쿠오는 식민통치를 위해 무엇보다 조선과 만주 연구가 필요하다는 것을 인식하고 그에 필요한 기본적인 문헌을 조사하고 간행하는 데 주력했던 것이다. 그는 조선의 과거를 모르고 현재를 말하거나 장래를 논할 수 없다고 말한다. 조선통치나 경영에 종사하는 자는 먼저 각국의 보호정치와 식민사를 자세히 알지 않으면 안 된다고도 지적하여[26] 그 중요성을 강조했다.

① 시문집: 대동야승, 파한집, 익재집, 동인시화, 보한집, 동국이상국집, 동문선, 삼은집, 퇴계집, 삼봉집, 용비어천가

② 역사서: 삼국사기, 군현연혁표, 발해고, 해동역사, 동국통감, 신증동국여지승람, 연려실기술, 징비록, 동사강목, 동환록, 흠정만주원류고, 기년아람, 해동명신록, 통문관지, 북여요선, 팔역지, 사군지, 중경지, 강화부지, 중정남한지, 고려고도징, 북새기략

③ 견문기: 고려도경, 해행총재, 가재연행록

④ 기타: 경도잡지, 아언각비, 문헌촬요, 대전회통, 성호사설유선, 지

26 《朝鮮》 4-1, 「朝鮮硏究の聲」, 1909.9, 8-9쪽.

봉유설, 조선미술대관, 신조선급신만주

첫째, 시문집은 조선왕조의 야사, 수필, 시집과 고려후기의 시문집이다. 『대동야승』은 조선왕조의 야사, 일화, 수필 등을 모은 야사의 일종이다. 당쟁과 관계가 깊은 사화, 옥사, 임진왜란, 병자호란 등에 관한 기록이다. 샤쿠오는 조선 고서 1책을 평균 1원으로 계산하면서 그 가운데 『대동야승』은 몇 백금을 주고도 용이하게 손에 넣을 수 없다고 높이 평가한다. 그는 이런 진서를 간행함으로써 "우리는 조선 연구자의 매개자가 되고 조선 문헌의 보호자가 되었다. 동양 고문명상에 다소의 공헌이 있는 것을 스스로 기뻐하는 바이다. 조선에 있으면서 조선의 과거를 모르는 것을 부끄러워하지 않고, 조선을 병합하여 조선을 연구하는 것을 모른다. 그 문헌과 고문명의 보호를 생각하지 않는 무리는 우리와 더불어 할 수 없는 자"라고 까지 주장한다.[27] 『파한집』은 시학연구의 중요 자료이며, 서거정의 『동인시화』는 문학사적으로 의의가 있는 작품이다. 『퇴계집』은 성리학 연구에 도움이 되며, 『삼봉집』은 조선의 건국이념을 연구하는 데 중요한 자료다.

둘째, 역사서는 『삼국사기』, 『동국통감』, 『동사강목』이 사학사적으로 중요한 자료다. 이외에도 실학자 유득공의 『발해고』, 『사군지』와 한치윤의 『해동역사』, 이중환의 『택리지』, 이긍익의 『연려실기술』이 있다. 그리고 여러 책이 지방지로 간행되었다.

---

27 《朝鮮》45, 「主張」, 1911.11.1, 14쪽.

셋째, 견문기로는 고려 중기 송나라에서 온 서긍이 지은 『고려도경』이 있다. 이 책은 1932년 이마니시 류(今西龍, 1875-1932)가 조선학총서로 다시 간행할 정도로 사료적 가치가 높다. 다른 자료에서 볼 수 없는 고려사 관계의 귀중한 기사를 많이 수록했다. 그리고 『해행총재』는 고려, 조선시대 통신사나 포로 및 표류 등으로 일본을 왕래한 자들의 기행록을 모은 책이다. 16세기 말부터 19세기 초까지 조선인의 일본관, 일본의 문물제도, 일본인들이 조선을 보는 시각을 살필 수 있는 사료적 가치가 높은 자료다. 『가재연행록』은 김창업이 1712년 연행정사 김창집을 따라 북경에 다녀오면서 견문한 바를 기록한 연행록이다. 역대 연행록 가운데 가장 좋은 책으로 꼽힌다.

넷째, 『경도잡지』는 유득공이 지은 세시풍속지다. 같은 세시기인 『열양세시기』나 『동국세시기』 보다 먼저 집필된 것이다. 민속학 연구에 귀중한 문헌이다. 1911년 조선광문회에서 『동국세시기』를 간행할 때 이 책을 『열양세시기』와 함께 펴냈다. 『아언각비』는 1819년 정약용이 지은 책이다. 이 책은 국민의 언어, 문자생활을 바로잡기 위해 당시 일반적으로 널리 쓰이고 있던 말과 글 가운데 잘못 쓰이는 것을 골라 그 참뜻과 어원을 밝힌 것이다. 조선광문회에서도 후손 정규영이 소장한 원사본을 대본으로 간행했다. 『문헌촬요』는 1851년 정원용이 우리나라의 문물제도를 모아 편찬한 유서(類書)다. 조선말기의 문물제도를 살펴보기 위한 자료가 된다. 『대전회통』은 1865년의 『대전통편』 이후 80년간의 수교(受教: 조선시대 임금이 내리던 교명), 각종 조례 등을 보충하여, 정리한 조선시대 최후의 통일 법전이다. 이 책은 1938년 총독부에서 양장으로 간행했다. 『성호사설유선』은 실학자

안정복이 이익의 『성호사설』 가운데 분야별로 중요하다고 생각한 부분을 골라 정리한 책이다. 『지봉유설』은 실학자 이수광이 백과사전식으로 편찬한 자료집이다.

또한 문화재와 만주 문제에 관심을 가지고 『조선미술대관』(1910)과 『흠정만주원류고』(1916), 『신조선급신만주』(1913) 등을 총서로 펴냈다. 일제의 식민통치시기에 많은 문화재가 약탈되거나, 대륙침략의 교두보로 조선을 중시하고 만주침략을 감행한 것을 생각하면 이러한 책들이 자료 역할을 했음을 짐작할 수 있다.[28]

호소이의 자유토구사

호소이는 1908년 10월 9일 내한하여 통감부의 체신관리국에 고용되었으나 "위험파괴의 사상을 지닌 자로" 해고당하고, 기쿠치 겐조가 경영하는 경성일한전기통신사(京城日韓電氣通信社: 조선통신사의 전신)와 조선일일신문사(朝鮮日日新聞社)에 근무하다가 데라우치 통감에 의해 쫓겨났다.[29] 그 후 흑룡회의 우치다 료헤이, 다케다 한시와 함께 '일한합방운동'을 전개하여 병합이 조선 사람의 찬성으로 이루어졌다고 주장하고, 조선의 민족성이 열등하다는 것을 강조하여 조선의 역사를 비하시킨 인물이다.[30]

---

28 《朝鮮》 4-1, 「朝鮮研究の聲」, 1909.9, 8-9쪽.

29 細井肇, 『大亞遊記』, 「懷かしき京城」, 『通俗朝鮮文庫』 11, 1922, 231-232쪽.

30 高崎宗司 지음, 최혜주 옮김, 『일본망언의 계보』, 「조선민족성악론」, 도서출판 한울, 1996,

호소이는 병합을 기념하여 1910년 조선연구회를 창설하고, 『(현대)한성의 풍운과 명사(現代漢城の風雲と名士)』(1910)와 『조선문화사론(朝鮮文化史論)』(1911)을 간행하여 일본이 조선을 통치하는 데 필요한 자료를 제공했다.[31] 그러나 이듬해 아오야기에게 경영권을 넘기고 일본으로 돌아가 도쿄에 조선연구회 지부를 만들어 조선 연구를 계속했다. 그 후 3·1운동이 일어난 직후인 12월부터 이듬해 1월에 걸쳐 다시 조선을 방문하면서 도쿄에 조선회관을 건립하는 운동을 전개했다. 조선회관은 호소이가 대한제국의 마지막 황태자 이은(李垠)과 나시모토미야 마사코(梨本宮方子: 李方子)의 결혼으로 '내선일가(內鮮一家)'가 된 것을 기념하는 사업으로 추진한 것이다. 그러나 재계의 불황으로 건립운동이 실패하자, 1920년 말 조선회관의 부대사업으로 구상하고 있던 자유토구사를 설립한다. 조선 민족의 심성을 연구할 목적에서 자유토구사의 본사와 지사를 각각 도쿄와 경성에 두고 양쪽을 왕래하면서 조선과 관련된 책을 『통속조선문고』와 『선만총서』로 번역 출판했다.[32] 지사는 경성의 고시정(古市町: 지금의 동자동) 19번지에 두고 본정(本町: 지금의 명동) 1정목에 있는 오사카야고서점(大阪屋號書店)에 판매점을 냈다.

자유토구사의 창립 목적은 「자유토구사 취의서」에 따르면, '내선

174-175쪽.

31 細井肇, 「懲毖錄の譯出に就て」(1921)에 따르면 "지금 하나의 흥미를 느끼는 것은 이러한 비사(稗史,징비록)에도 현금의 조선통치상 가장 유익한 참고자료를 발견할 수 있는 것이다"라고 지적하고 있는 것처럼, 이들이 고서간행에 막대한 자금과 시간을 들인 이유를 알 수 있다.

32 細井肇, 『鮮滿の經營』, 中篇 「統治策論」, 〈朝鮮會館の創設〉, 1921, 113-119쪽.

융합'을 위한 조선 문화의 연구가 급무라는 인식에서였다.

> 현재의 동양에서 아주(亞洲) 동족을 하나로 하는 문화국가의 건설을 담임할만한 자는 선민으로서의 실력을 구유하는 내선 7천만의 형제자매를 두고 달리 이것이 없음을 확신한다. 내선의 융합은 실로 이런 의미에서 오늘의 급무이다. 그러나 지금 양자의 인심이 괴리하고 무너져 거의 극에 달했다. 3월 소요는 무엇 때문에 일어났는가. 한마디로 말하자면, 무이해. 중탕을 원하는 자에게 구운 고기를 주는 자는 누구인가, 무위를 바라는 자에게 명령을 내리는 자는 누구인가, 주먹과 성을 내면서 욕을 퍼부어 수천 년의 특수한 역사와 습속과 심성을 갖는 2천만 제매(弟妹)를 동화할 수 있는 내지인은 지금 그 천박하고, 허과, 무지하고 오만한 심술의 대가를 지변하고 있다. 세상에 포도도승(捕盜綯繩: 도둑을 잡아 새끼를 꼰다)이라는 말이 있다. 우리들이 내선의 융합을 진실하게 하기 위해서는 조선 문화의 연구로 소급하지 않으면 안 된다. 실로 이 탄식을 오래한다. 그러나 준비 없이 일을 서두른 과거 10년간을 돌아보면 그 결과가 어떠한가를 생각할 때, 우리들이 해야 할 일은 바로 이 한 가지 일에 힘써야 할 것이다. 불이 담담하게 타고 연기를 잡으려다 낭패를 보고, 다시 연기를 마셔 넘어진다. 우리는 낭패와 혼돈을 방관하고 이미 너무나 그 고통스러운 경험에 가득한 정치는 유희에 다름 아니다. 본래부터 탁상법제의 지식만을 가지고 이것을 완수할 수 없다. 우리들은 먼저 불 속에 들어가 이 불난리를 구해야 한다. 우리는 자유토구사를 창립하고서 어찌 고사고서의 탐색을 가지고 모든 일을 마쳤

> 다고 하겠는가, 간절히 천하에 같은 걱정을 하는 인사의 도움을 바란다.

나아가 조금 더 구체적으로 "자유토구사는 아세아문명을 보합영발(保合映發: 서로 힘을 합해 빛나게 함)하여 널리 세계 인류의 복지에 공헌하기 위해, 먼저 이 특정적 사명을 띤 내선인의 친화 화목(和睦)을 기하고 협력 일치하여 문화의 촉진을 도모하는 것"을 목적으로 한다고 밝혔다. 그리고 사업으로는 ① 연설회, 강연회의 개최, ② 내선인의 친화 화목을 도모하는 교제기관의 설립, ③ 고사고서의 통속 번역 간행, ④ 시무에 관한 유익한 저서의 출판을 기획했다.

이상과 같은 내선융합을 위한 필요성 외에 호소이가 자유토구사를 설립하게 된 직접적인 계기는 3·1운동에 자극받은 것이 결정적이라고 할 수 있다.

> 소요 직후 바로 남북 지나를 돌아서 귀국하여, 조선의 사태를 관찰하고 시시각각 소리도 없이 나라와 백성의 목숨을 먹어가는 악질의 '암'을 분명하게 눈으로 보게 되었다. 돌아와, 나는 하나의 결의를 가지고 조선에 가게 되었다. 내선의 진정한 결합은 무엇보다도 내지인이 조선인을 이해하는 데 있다. 장점도 결점도 알고 그 장점에 경의를 표하고, 결점을 동정하는 데 있다. 상대방의 장점도 모르고, 다만 그 결점만을 멸시하고 미워하고 있어서는, 입으로 '친선' '융화'를 구해도 무엇이 가능하겠는가. 대개 국가 민족의 심성을 이해하기 위해서는 그 나라 민족의 문학을 아는 것이 첩경이다. 문학은 인정의 극

치를 증류해서 수정과 같이 결정(結晶)한 것, 단지 당시의 시대정신을 아는 데 편리할 뿐 아니라, 당시의 고금을 종단해서 국민 성격의 유래를 알 수 있다.[33]

그는 3·1'소요'가 일어난 원인의 하나는 내선인의 의사가 충분히 소통되지 못한 데서 찾았다. 그 이유는 상대를 이해하지 않았기 때문이며, 상대를 이해하기 위해서는 "풍속, 습관, 문물, 역사를 대충이라도 알고 있지 않으면 안 됩니다. 조선인은 우리들의 형제는 아니지만, 우리 내지인은 이 사랑스러운 동생을 선도하고 교화해야 할 형으로서의 당연한 책무가 있습니다."라고 말한다.

호소이는 당시 조선 문제에 냉담한 내지 일본인과 관리들에게 기가 막힌다고 지적한다. 왜냐하면 처음 『통속조선문고』를 출판했을 때 회원이 겨우 200명이어서 경영 곤란으로 사업을 포기할 생각을 여러 차례 했다고 한다. 『선만총서』를 간행하고 회원 수가 최고였을 때가 600명을 넘지 않았다. 그는 조선에 있는 내지인 관리만도 5만 명을 넘는데 그들이 무슨 생각으로 관직에 있는지 묻고 싶다고 말하면서, 3월 '소요'가 일어난 것은 다른 민족을 동화 포용할 하등의 준비도 소질도 갖지 않고 병합을 단행한 결과라고 주장한다. 그러면서

총독부의 고관이여, 그대들은 자주 백인의 나라를 방문해서 백인

33 細井肇, 「『朝鮮文學傑作集』の巻頭に題す」, 1924.9.15, 4-6쪽.

의 무엇을 배우고 돌아오는가. 그것이 조선의 통치와 무슨 관계가 있는가. 그대들이 백인문화의 찌꺼기를 맛보고 우러러 예찬에 바쁠 때 그 시간의 비용을 적어도 백분의 일이라도 이것을 쪼개서, 먼저 동양 고래의 목민의 비결을 알 필요가 있는 것이 아닐까. 총독부의 고관이 이미 그러한데, 하급관리는 무엇을 생각하고 조선에 왔을까.[34]

라고 하여, 재조일본인의 조선 문제에의 무관심을 질타하고 내선결합을 위해 고서간행 사업을 추진함을 밝혔다.

본 사업은 총독부의 동의를 얻었습니다. 세상에서 특별히 싼 것을 '그냥'이라고 말합니다. 본사 간행의 '통속조선문고'야말로 정말 그냥 실비로 모든 분에게 배포하기 때문에, 그것은 본사가 영리를 목적으로 하는 보통의 책방과 달리, 일선융화의 대정신을 한 순간이라도 일부분이라도 실현하고 싶다는 사내동인(社內同人)의 작은 충정에 다름 아니기 때문입니다.[35]

또한 자유토구사의 경영과 사업을 위해 1년분 12원을 일괄 납부한 자를 추천하는 찬조원 제도를 만들었다. 찬조원에게는 다음과 같

---

34 細井肇, 「『朝鮮文學傑作集』の卷頭に題す」, 1924.9.15, 4-6쪽.

35 細井肇, 「通俗朝鮮文庫の刊行」, 1921.6, 1-2쪽.

은 여러 특권을 부여하여 회원모집을 독려했다.

1. 자유토구사에서 매월 간행하는 국판 2백 내지 3백 쪽의 조선고서 통속 번역물을 1년간 무료로 받는다.
2. 자유토구사가 주최하는 강연회, 연설회를 1년간 자유로 이용할 수 있다.
3. 자유토구사가 창립한 교제기간을 1년간 자유로 이용할 수 있다.
4. 자유토구사의 출판부를 이용하여 저서를 공개할 수 있다.

—

*주의 회비를 1개월분 또는 수개월분으로 분납할 경우 반드시 1책마다 서적 송료 8전을 가산해 내고, 우송비 면제는 1년분을 일괄 먼저 납부하는 자에 한한다.

특히 총독부의 재정지원으로 운영되었기 때문에 찬조원들에게는 책의 정가보다 싼 비용, 즉 "그냥 실비"로 간행서를 배부했다. 1922년 7월 15일 현재 조사된 찬조원 명부에 따르면 다음과 같다. 전체 회원 수는 조선과 만몽, 일본을 합해서 782명이다. 개인 회원은 조선인(77명) 보다는 일본인이 589명으로 월등히 많다. 특히 기관의 경우를 보면, ① 총독부의 부속기관: 체신국, 우편국, 군청, 도청, 조선식산은행, ② 경찰서, ③ 공립보통학교, 지방문고, ④ 단체: 상업회의소, 동양협회, 동양척식회사, 동광회, 만철 출장소 등으로 나눌 수 있다.

표 7 자유토구사의 찬조원 분포

구분	기관	일본인	조선인	합계
경기	12	117	15	144
충남	11	21	3	35
충북	5	17	5	27
전남	11	35	6	52
전북	10	21	1	32
경남	4	32	5	41
경북	7	30	3	40
황해	5	12	5	22
강원	5	26	12	43
평남	4	44	4	52
평북	11	20	3	34
함남	5	33	6	44
함북	11	21	5	37
만몽 기타	6	73	2	81
도쿄	4	71	2	77
도쿄 외 지역	5	16	0	21
	116	589	77	782

*『鮮滿叢書』 제5권 부록에서 작성

단체 가운데 동양협회는 1907년 조선과 대륙경영에 필요한 인재를 양성하기 위해 학교를 설립하고 식민 활동을 한 주요단체다. 동양협회의 경성분교 안에는 샤쿠오가 경영하던 조선고서간행회가 설치되어 있었다. 그리고 이 협회의 건의로 동양척식회사(이하 동척)가 설립되었다.[36] 동광회(同光會)는 1922년 도쿄에서 대륙낭인들이 결성한 친일단체로,[37] 우치다, 도야마가 중심인물이다. 이들은 앞에서 본 것처럼 호소이와 함께 병합운동을 추진한 인물이다. 회원 가운데 일본인의 경우는 본국보다 재조일본인의 수가 많은 것을 알 수 있다.

자유토구사는 명예고문과 고문, 평의원, 상의원(常議員) 그리고 사내동인(社內同人)으로 구성하고, 일종의 회원제인 찬조원 제도로 운영되었다. 명예고문 미즈노 렌타로(水野錬太郎, 1868-1949)는 정무총감으로 총독 다음가는 막강한 권력을 가진 자리였다. 총독의 대리인으로 이 연구회를 지원했다. 고문 가운데 주목되는 인물은 이노우에 가쿠고로(井上角五郎, 1860-1938)와 아다치 겐조(安達謙藏, 1864-1948)다. 이노우에는 우리나라의 최초 신문《한성순보》를 창간하는 데 기여한 인물이다. 아다치는《한성신보》사장을 지내고 명성황후 시해사건에 가담했다. 평의원에는 언론계 인물이 많이 들어 있다. 경성일보, 조선신문, 경성신문 사장들로 이들은 어용언론인으로 식민 통치에 협력한 인물이다. 총독부 관련 인물로는 이마무라 도모(今村鞆, 1870-1943), 마루야마 쓰루기치(丸山鶴吉, 1883-1956), 유게 고타로(弓削幸太郎, 1881-?)가 있다. 이마무라는 경찰로 병합에 공을 세우고 이왕직의 사무관을 지내면서 조선 풍속연구의 대가로 알려진 조선통이다. 마루야마는 경무국장을 지낸 인물이며 유게는 학무국에서 식민교육의 기초

---

36 최혜주,「일본 동양협회의 식민활동과 조선인식」,《한국민족운동사연구》51, 한국민족운동사학회, 2007.

37 동선희,「동광회의 조직과 성격에 관한 연구」,《역사와 현실》50, 한국역사연구회, 2003.

를 만들었다. 아리가 미쓰도요(有賀光豊, 1873-1949)는 총독부 이재과장 등을 역임하고, 조선 재계에 영향력을 가진 식산은행의 두취로서 연구회에 재정적 지원을 해준 사람이다.

표 8 자유토구사의 임원진

명예고문	고문	평의원	상의원	사내동인
石塚英藏 (동척 총재)	井上角五郎 (중의원 의원)	今村鞆 (이왕직 서무과장)	大庭柯公 (讀賣新聞 편집국장)	平岩佑介(주간)
早川千吉郎 (만철 사장)	濱口雄幸 (전 대장대신)	加藤房藏 (경성일보 사장)	中野正剛 (東方時論 주간)	白石重(편집주임)
水野錬太郎 (정무총감)	大石正已 (전 농상무대신)	丸山鶴吉 (총독부 사무관)	長野正彦 (報知新聞 경성특파원)	武田孝之(사무주임)
美濃部俊吉 (조선은행 총재)	横田五郎 (총독부법무국장)	牧山耕藏 (조선신문 사장)	山副昇 (讀賣新聞 경성특파원)	高畠種夫,(간사)
加藤高明 (귀족원 의원)	河野廣中 (전 농상무대신)	藤波義貫 (총독부 통역관)	島中雄三 (문화학회 주간)	諸橋鐵造,(간사)
	竹內友次郎 (총독부 체신국장)	權藤四郎介 (조선신문 부사장)		長尾敏夫(간사)
	江木翼 (귀족원의원)	有賀光豊 (식산은행 두취)		
	安達謙藏 (중의원의원)	青柳綱太郎 (경성신문 사장)		
	箕浦勝人 (전 체신대신)	弓削幸太郎 (총독부 학무과장)		
		鈴木一來 (동척 경성지점장)		

자유토구사는 『통속조선문고』를 간행하는 목적을 "1천 7백만 동생을 어떻게 다룰지 수수께끼를 풀기 위해서" 라고 말한다.

오늘날 조선 문제의 시야를 장백산 남쪽에 한정해서 생각할 수 없습니다. 조선 문제는 바로 미국, 지나, 러시아의 삼국에 관계되는 세계적 문제가 되었습니다. 이 세계가 둘러싼 앞에 서서 세계적 시련에 응하려는 일본 및 일본인이 반도 신부(新附: 새로 복종하는)의 1천 7백만의 동생을 어떻게 다룰 것인가는 일본의 국운을 좌우할 만한 중대한 '수수께끼'가 아니겠습니까. 자유토구사는 이 '수수께끼'를 풀기위해 작은 우활한 방법이기는 해도, 장구한 국수(國壽)로부터 생각하면, 자못 심대한 의의를 가진 가장 긴요한 기획을 하나의 부대사업으로 하여, 강호제현 앞에 발표하는 것은 사내동인의 무한한 기쁨입니다.[38]

그리고 조선 상고 이래의 정사, 야사, 소설, 시가류를 '통속조선문고'라는 제목으로 간행하는 것은 이 결함을 보충하기 위해서라고 설명한다. 간행 원칙으로는 고서의 대강과 내용을 언문일치로 알기 쉽게 풀어, 부인이나 아이들이 읽고 알 수 있도록 번역하고 있음을 밝혔다. 이어서 『선만총서』가 간행되었다.

『통속조선문고』(1921.3-1922.5, 12책)

제1집: 목민심서 제2집: 장릉지·사씨남정기 제3집: 붕당사화의 검토(朋黨士禍の檢討)·구운몽 제4집: 조선세시기·광한루기 제5집: 징

38 細井肇, 「通俗朝鮮文庫の刊行」, 1921.6, 1-2쪽.

비록 · 남훈태평가 제6집: 병자일기 제7집; 홍길동전 제8집: 팔역지(八域誌) · 추풍감별곡 제9집: 심양일기 · 심청전 제10집: 아언각비 · 장화홍련전 제11집: 대아유기(大亞遊記) 제12집: 이조의 문신(李朝の文臣) · 각종의 조선평론(各種の朝鮮評論)

『선만총서』(1922.7-1923.7, 11책)

제1권: 해유록(상), 제비의 다리(燕の脚) · 각종의 조선평론 · 조선 취미(朝鮮の趣味), 제2권: 해유록(하) · 봉황금(상) · 대동유기 · 조선 취미 제3권: 시천교의 교지(侍天教の教旨) · 동경정의 · 봉황금(하) 제4권: 슬픈 나라(悲しき國) 제5권: 동경정의 · 조선문제강연집 제6권: 삼국유사 제7권: 정감록 제8권: 주영편(상) · 숙향전 제9권: 조선의 교육(朝鮮の教育) 제10권: 파수록 제11권: 주영편(하) · 운영전

자유토구사에서 간행한 고서의 특징은 소설작품이 많다는 것이다. 그리고 임진왜란과 병자호란 관계 서적이 있고, 호소이의 견문기 『대아유기』와 기쿠치의 『각종의 조선평론』, 『조선 문제 강연집』, 『조선의 교육』 등이 있다. 후자는 고서라기보다는 조선 문제에 관한 각종 평론으로 자유토구사의 관심사가 무엇이었는지 알게 해준다.

첫째, 소설 등의 작품에 나타난 조선인의 민족성. 호소이가 기본적으로 착안한 것은 '가족주의의 결함과 게으른 조선인의 생활상'이다. 즉 조선인은 스스로 노력하려는 의지가 없이 타인에 의지해 살려는 사상이 골수에 까지 스며든 것으로 이해한다. 따라서 『제비의 다리』(흥부전)에서 "동생이 형의 집에 가서 밥을 얻어먹으며 지내는 것을

당연하게 쓴 것은 가족제도의 결함이다. 궁하면 반드시 다른 데서 물건을 빌려오려는 의혜주의(依惠主義), 흥부나 흥부의 처, 그의 자식에게도 이 사상은 침투하고 있다"고 지적한다.

> 스스로 노력하고 스스로 구하려는 의지는 최초부터 발동적으로 움직이지 않는다. 굶어죽는 마지막까지 타인의 은혜에 의해 살아가려는, 이른바 은혜에 의지한다는 사상이 골수까지 스며들고 있다. 없애야 할 비천한 생각이 아닌가. 이 인격이 국격(國格)으로 드러날 때, 인접한 대국 강국에 대한 사대외교가 되어 속이고 계략을 꾸미는 면종복배(面從腹背: 겉으로는 복종하는 체하면서 마음속으로는 배반함)가 되는 것이다. 논하면 끝이 없지만 이 구상과 필치가 과대하고 거친 동화적(童話的) 소편(小篇) 가운데에도 보이는 것처럼 조선의 민족성이 분명하게 읽혀질 수 있다는 것을 말하고 붓을 놓는다.[39]

호소이는 『장화홍련전』을 읽고 떠오르는 것으로 조선인의 효심, 미신, 집요함, 복수심, 공리적 관념의 발달을 들었다. 그는 조선에서 '간악무도한 계모와 애절 비참한 계아(繼兒)의 가정 내에서의 파란'이 환영받는 근본적 원인을 민족 심성의 문제로 돌린다.[40] 또한 『파수록』은 고사 고서라기보다 민정, 이속(里俗: 마을에 오랫동안 전해 오는 습관)

---

39 細井肇, 「鮮滿叢書 第1巻の巻頭に」, 1922.5.21, 12쪽.

40 細井肇, 「薔花紅蓮傳を閲了して」, 1922.3.2, 61-81쪽.

을 아는 데 도움이 되는 책이라고 본다. 그는 "파수록을 검토한 정도로는 아직 살갗과 머리카락을 문지른 정도이고 표피 한 장의 관찰이다. 우리는 더욱 심각하게 조선인의 실생활 속을 투시하지 않으면 안 된다. 아편, 코카인, 모르핀을 즐겨 피우는 자가 많은 조선인의 일상에서는 음식에도 생식(生殖)에도 우리가 상상할 수 없는 일이 많다."[41] 고 하여 조선인의 생활을 속속들이 파헤쳐 봐야 그 민족성을 알 수 있다는 지적을 한다. 그리고 "야담 중에 현저한 '정조' 관념은 상당히 흥미가 있지만 절대적인 정조의 순결은 조선에서 그다지 중시되지 않았다"고 주장한다.

호소이는 『목민심서』를 읽고 많은 것을 배웠다고 말하면서, ① 통치자 계급 이외의 상민의 순종은 경복할 만하다. 악정의 결과가 조선 상민의 노예적 굴욕 생활을 가져와 민족정신을 상처내고 있다. ② 이조의 정치가 극단적인 부패에 빠졌다. 권력계급에 속한 관리의 심술은 심각하고, 집요하고, 음험하고, 망령되며, 교활하고 특히 거짓말을 잘하고 물건을 훔치는 것이 다반사다. ③ 형식적 위용과 석고로 만든 형상 같은 예의가 고조되고 있는 유교의 폐해라고 지적한다. 이 책이 나왔을 때 이미 조선은 멸망해서 다만 그 해골이 벌거숭이산에 누워 있는 것에 지나지 않을 것이라고 보았다.[42]

또한 『아언각비』는 유학의 근본정신을 망각하고 한갓 하찮고 부

---

41 細井肇, 「はしがき」, 1923.5.20, 1-3쪽.

42 細井肇, 「牧民心書の譯述について」, 1921.2, 1-7쪽.

차적인 형식과 의례에 구애되었다고 비판한다. 호소이는 이 책을 번역하고 나서 '모방문명의 비애'를 느꼈다고 주장한다.

> 본서도 역시 중화의 문명에 대해서 반도 동인(東人)의 문명이 얼마나 열약한가를 분명히 지적한 점에서, 모방문명의 질과 양의 무가치 무의의가 읽는 우리에게 아플 정도로 심각한 느낌을 준다. 무의의 무가치한 모방문명 — 이것은 불행히 정약용이 업신여기고 비웃은 글자 사용의 잘못, 언어의 잘못에 문제를 국한하지 않았다. 독창발명의 적극적 생명을 갖지 못하는 문명, 다만 모방하기 위한 모방에 종시한 문명, 이러한 소극적 사멸(死滅) 문명의 공기를 호흡하고 생장한 민족의 폐부(肺腑: 마음의 깊은 속)에 과연 청신 발랄한 기백이 넘치겠는가. 강대한 자가 한번 찡그리고 한번 웃는 데 약한 민족에게 '혼'이 존재했을 것인가.[43]

그는 정약용에 대해 "중화문명의 심취자이고 모방심리의 대표적 인물로 사대사상을 뼈와 살과 피로 삼는 충실한 학자로서 최고의 정짐에 실 자격을 완진히 갖추고 있다"고 혹평헌다.

둘째, 임진왜란과 병자호란 관계 서적에 나타난 사대성. 먼저 『징비록』에 대해서는 국정의 책임을 맡고 있던 유성룡이 전쟁을 피할 아무런 수단을 강구하지 않고 일본의 국정을 탐색하지 않았다고 그 책

43 細井肇, 「雅言覺非を譯了して」, 1922.4, 119-127쪽.

임을 물었다. 조선은 "일본을 왜노(倭奴), 도요토미를 관추(關酋)라고 부르는 배짱으로 일본과의 수교를 싫어했다"고 지적한다. 이것 때문에 도요토미가 화가 난 것은 당연하고 조선의 실력을 알고 공격한 것이라고 보았다. 나가노 나오히코(長野直彦)는 이 책을 번역하면서 느낀 점을 지적한다. 하나는 조선이 '지나의 속국'으로 안주하여 "일본에 천황이 있어 국토나 인민에게 절대권을 가지고 있는 것을 모른다는 사실"이다. 다른 하나는 『징비록』이 현재의 조선을 통치하는 데, 가장 유익한 참고자료라는 사실이라고 말한다.[44] 여기서는 도요토미의 조선 침략이 결국 조선의 잘못된 정세 파악과 책임자의 무능, 사대주의에 기인한다는 왜곡된 인식을 볼 수 있다. 『징비록』은 1936년 조선사편수회에서 저자 자필의 필사본을 영인하여 『초본 징비록』이란 제목으로 간행했다.

『병자일기』는 병자호란 45일간의 기록이다. 번역자 시미즈 켄키치(淸水鍵吉)는 병자난을 '조선개벽 이래의 국욕(國辱)'이라고 말한다. 그는 이 일기를 해부하면, 조선인의 민족성이 손에 잡힐 듯이 전개되며, 장래의 조선통치에 도움이 된다고 말하면서 번역 의의를 강조했다.

> 전란의 와중에 있었다고 해도 종사의 존망에는 어떠한 배려가 없었다. 만사는 사대국에게 의지하고 스스로 도망가서 있으면 끝난 것

---

44 長野直彦, 「懲毖錄の譯出に就いて」, 1921.4, 1-5쪽.

이다. 그런데 병자의 난은 평소 부모로 의지해 오던 사대국의 혁명군이 공격해 온 것이다. ― 조선은 지금 살얼음을 걷는 생각으로 살 것인가 죽을 것인가 갈림길에 선 것이다. 위로 국왕으로부터 아래로 천노에 이르기까지 어떻게 종사를 단단하게 둘 것인가에 전 지력, 전 능력, 전 용력, 전 담력을 기울여야 할 대국난, 대시국을 만난 것이다.[45]

여기에서도 조선의 군신상하가 '사대국에 의지하고 도망을 가버린' 수습 방법에 문제가 있었음을 지적했다.

셋째, 일본견문기에 나타난 조선인의 일본관. 호소이는 일본에 파견된 사신의 기행문으로 『해유록』만큼 문자와 시상에 풍부한 것은 없다고 말한다. 그러나 "신유한은 다만 산천을 우러르고 풍물을 관광하여 도읍을 차례로 지나쳐서 인물과 접촉했을 뿐, 일본을 널리 살펴보지 않았다"고 비판한다. 나무를 보고 숲을 보지 못했다는 지적이다.[46] 그는 조선인의 깊은 시기심이 여행기 곳곳에 드러나고 있다고 평하고 현대의 조선인에게도 있는 습관이라고 말한다. 나아가 "에도의 문사를 무시하고 왜속(倭俗)을 경모 냉소하는 것은 외국에 사신으로 간 자로서는 식견이 전혀 없는 것"이라고 잘라 말한다. 자유투구사

45 清水鍵吉, 「丙子日記の譯述に就て」, 1921.7, 6-8쪽.

46 "이미 일본을 대관하는 것을 하지 않은 안목으로는 조선의 대일정책과 같이, 혹은 대아(大亞)에 있는 각 민족의 소장성쇠와 같이, 본래부터 그 당구의 오목렌즈에도 볼록렌즈에도 비칠 리가 없었다. 그는 이 의미에서 단순한 기행문을 초하는데 절묘한 수완을 가지고 기록한 문사에 그친다. 현대라면 박문관의 여행기 편찬주임 정도일 것이다."

의 속셈은 이 책을 통해 '조선의 문약과 일본의 무강'을 대비시키고, '조선의 야만과 일본의 문명'을 극명하게 대조시키는 데 있었다.

그들도 일본인의 결벽에는 꽤 감심한 것 같다. 이것이 지미(地味), 기온 관계 이외, 정치, 사회와 중대한 관계가 있는 것에는 생각이 미치지 못한 것은 이상한 일이 아니다. 금일의 조선인은 왜 내지인은 저 파리를 싫어하거나, 호질을 두려워하거나, 홍역을 시끄럽게 말하는지, 거꾸로 내지인의 성급을 웃고 있다. 혹은 의사의 말에 따르면 조선인의 배설물에는 백인 중 3인까지 수 시간 지나면 날라가는 파리의 알이 성하게 일어난다. 몇 십 배의 알코올에 다섯 시간 담가두어도 죽지 않았다고 한다. 선인의 배속은 파리를 빚는 곳이다. 이것은 밥 위에 파리가 알을 낳고 가는 그것을 아무렇지도 않게 먹기 때문에 위장은 파리의 부화작용을 하게 만들어진 것이다. 아메바 이질, 폐디프스가 많은 것은 하수를 그대로 음료수용으로 하여 균을 몸속에 섭취하기 때문에 일어나는 것이라고 한다. 불초가 지나(支那)에서 얻은 풍토병도 이런 종류일 것이다.[47]

넷째, 당쟁관련 저술에 나타난 당파성. 『장릉지』는 단종의 왕위 피탈 후에 전개된 상황을 기록한 책이다. 단종이 세조에게 왕위를 빼앗긴 뒤 강원도 영월로 추방되어 죽기까지의 사실과 숙종 때 복권된

47 細井肇, 『海游錄を譯了して』, 1922.7.8, 1-5쪽.

뒤의 여러 문제를 다루었다.[48] 호소이는 자신이 조선 고서에 친근감을 갖게 된 것이 이 책 때문이며 조선 고서를 읽는 힘을 기를 수 있었다고 말한다. 그 다음 『동문선』을 읽고, 『삼국유사』, 『고려사』, 『국조인물지』, 『동국문헌비고』, 『여지승람』 등을 읽고 조선 고서에 흥미를 느껴 그 후 정사와 야사를 난독했다고 독서력을 밝혔다. 그는 이 책을 번역하면서 독자에게 흥미가 없는 부분인 분묘, 사묘, 제축, 제기, 봉릉, 건사 등을 빼고, 이 책의 골자인 세조찬탈과 사육신의 변, 무오사화를 중심으로 해설했다. 사육신은 "불쾌하고 음침한 반도의 사실 중에 한 점의 반딧불 같은 존재였다"고 평하는 반면, 무오사화에 대해서는 "동서노소 붕당사화의 발단이 되는 추악한 반면을 볼 수 있다"고 지적한다.[49]

『붕당사화의 검토』는 호소이가 사화와 당쟁의 역사를 간단하게 서술한 것이다. 즉 갑자사화부터 시작하여, 기묘사화, 외척의 발호, 동서분당, 노론소론의 대립, 그리고 대원군의 서원철폐까지를 다룬 내용이다. 그는 서문에서 붕당사화를 쓴 목적은 조선인의 심성이 어떠한 것인지를 알 수 있는 하나의 방법으로 생각했기 때문이라고 말한다. 가와이 히로다미가 말한 것처럼 붕당사화는 단순한 정권쟁탈에서 온 것이 아니라고 인식했다.

---

48 호소이는 자신이 조선 고서에 친근감을 갖게 된 것이 이 책 때문이며 조선 고서를 읽는 힘을 기를 수 있었다고 말한다. 그 다음 『동문선』을 읽고, 『삼국유사』, 『고려사』, 『국조인물지』, 『동국문헌비고』, 『여지승람』 등을 읽고 조선 고서에 흥미를 느껴 그 후 정사와 야사를 난독했다고 독서력을 밝혔다.

49 細井肇, 「荘陵誌の譯述について」, 1921.2, 1-2쪽.

> 조선에서는 정권은 바로 생활이었고, 정권을 얻지 못하면 생활은 확보되지 않았다. 권력을 잃어버리는 것은 굶어 죽는 것이다. 굶어 죽는 앞에는 이치도 잘못도 없고, 의리도 인정도 없으며, 대의도 없고 명분도 없다. 물러나 굶어 죽는 것보다는 나아가 적당(敵黨)과 싸우고, 싸워서 정권을 빼앗았다. 그리고 운동을 편리하게 하기 위해 단체적으로 당파를 조직하고, 군중심리에 통유하는 책임회피를 자기 최면에 의해 관념상에만 구하고 극단까지 당쟁을 계속했다.[50]

그는 정권쟁탈을 하는 데는 부모나 조부의 당적을 지키는 것이 가장 이익이 있었다고 보았다. 당쟁의 기원을 조선 전기의 사화로까지 확대시키고 대원군 시기까지 망라하려는 의도를 드러낸 것이다. 이 책이 간행된 이듬해 총독부는 조선사편수회를 조직해서『조선사』 편찬을 기획했다. 이 책은 이후에 나오는 식민사관 저술에 기초적인 자료로 이용되었다.

다섯째, 당시의 조선 문제에 대한 관심.『대아유기(大亞遊記)』,『조선의 교육』,『조선문제 강연집』,『각종의 조선평론』 등이다. 먼저『대아유기』는 호소이가 3개월간 대만, 홍콩, 중국, 만주를 거쳐 경성을 다녀온 기행기다. 그는 반도문명의 태반이 대륙과 인접해 있다는 인식 아래서 "일본은 동양의 강국으로 아세아의 맹주다. 동양문명을 서로 힘을 합해 빛나게 해서 세계의 문화에 공헌할 중대한 책무를 갖는

50 細井肇,「序」, 1921.4, 1-3쪽.

다"고 하여 극동에서의 일본의 임무가 무엇인지를 강조했다.[51]

『조선의 교육』은 10년 간 총독부 학무과장을 지내고 식민교육의 기초를 만든 유게 고타로(弓削幸太郎, 1881-?)가 1923년에 지은 책이다. 그는 조선인의 특질로 ① 종순, ② 태평, ③ 문약을 든다. 그리고 "이러한 특질이 있으므로 자연히 사대주의가 되고, 사상·종교상의 독립도 없으며, 계급제도가 극단적으로 행해져, 형식주의가 실질을 억제해 버리는 사정"이라고 지적한다. 따라서 이러한 단점을 교정하도록 교육 방법을 정해야 한다. 이 사업이 성공하지 않으면 조선의 발달은 기대하기 어렵고, 병합의 목적을 달성하기 어렵다고 주장한다.[52]

『조선문제 강연집』은 자유토구사가 1922년 9월 22일 요미우리 신문사의 후원으로 조선 문제 해결을 위해 개최한 강연을 모았다. 호소이의 '내선인의 심성 교핵(較覈: 비교하여 조사함)', 와세다 대학교수 우치가사키 사쿠사부로(內ケ崎作三郎, 1877-1947)의 '반도문화', 중의원 나가이 류타로(永井柳太郎, 1881-1944)와 시마다 사부로(島田三郎, 1853-1923)의 '세계의 식민정책' 등이 수록되었다.

『각종의 조선평론』은 기쿠치 겐조가 조선 문제와 관련하여 논평을 쓴 글이다. 주요 내용은 '조선론', '내선융화', '민족운동', '내지연장주의', '문화정책과 내정독립' 등이다. 일제는 3·1운동의 거센 반발에 직면하여 식민통치 방침을 무단통치에서 문화정치로 바꾸었다. 사이

51 細井肇, 「日支共存の大義」, 1919.8.23, 40-41쪽.

52 제8장 결론, 1923, 306-307쪽.

토 총독의 지원을 받고 있던 자유토구사가 식민통치에 도움이 되는 자료집을 간행한 것이다.

4. 조선 고서간행 사업의 성격

지금까지 재조일본인들이 조선을 연구하는 단체를 조직하고 그 연구를 위한 기본 자료로 간행한 책의 종류와 회원 모집과 배포 방법 등을 살펴보았다. 이하에서는 세 단체의 고전 간행사업의 성격에 대해 정리해 보자.

조선고서간행회, 조선연구회, 자유토구사를 조직한 세 사람은 모두 언론인으로, 각각 조선 연구와 조선경영의 큰 꿈을 갖고 조선에 건너 온 사람들이다. 그들은 1900년대 초반 일본에서 교사나 신문사의 통신원으로 내한하여 식민교육의 기초를 다지거나, 국내사정을 탐색하고 조사하는 정보원의 역할을 했다. 이들이 조사 연구한 내용은 조선의 문학, 역사, 정치, 사회, 지리, 교육, 실업 등의 분야와 만주 등을 총망라했다.

고서 간행사업을 시작한 그들은 공통적으로 조선 연구의 필요성을 강하게 인식했다. 조선을 통치하기 위해서는 조선에 대한 지식을 가져야 하고 지식을 갖기 위해서는 조선 연구가 가장 중요하다고 생각했다. 이와 같이 고전간행 사업을 생각하게 된 이유의 하나는 임진년 도요토미의 침략으로 조선의 전적(典籍)이 대부분 소실되었다고 본 점이다. 다른 하나는 남아 있는 고서가 있다고 해도 희귀하고 값이 너무 비싸 구해보기 어려운 점을 들었다.

> 조선본의 가격이 날로 달로 비싸져, 『고려사』가 오백 원, 『문헌비고』가 3백 원이 되었다. 이것은 호사가 외국인이 백방으로 손을 써서 매수하는 것이 원인이라고 해도, 큰 원인은 분로쿠(文祿:임진왜란)의 큰 변란에 의한 것이고, 도서가 거의 없어진 데 있다. 지금 일본이 조선을 보호국으로 했다면 정치, 법률, 문학, 기예 등 일체의 사표가 될 만한 것은 물론, 신고(新古)의 도서, 역시 보호하지 않으면 안 된다. 단지 보호해야 할 뿐 아니라 나아가 연구하지 않으면 안 된다.[53]

세 단체의 고서 간행사업에서 다른 점은 무엇이었을까. 첫째, 1908년 설립된 조선고서간행회는 통감정치 하의 병합을 준비하는 단계에서 활동을 시작했다. 이 간행회는 한국사회의 모든 사물을 연구의 대상으로 삼아 사학, 문학, 정치학, 사회학, 의학, 자연과학, 종교적 측면 등의 각 방면에서 종합적인 연구가 필요하다고 주장했다. "이것은 본래부터 일조일석의 사업이 아니다. 상당한 준비가 필요하고, 상당한 경험과 상당한 기본 시식도 필요하다. 연구의 태도는 신중하고 냉정하지 않으면 안 된다"[54]고 하여, 당면한 급무는 한국인의 국민성 연구라고 말한다. 다른 두 단체에 비해 조선고서간행회의 사업

---

53 《朝鮮》1-4, 「韓國圖書館設立の議」(상), 佐藤寬(義親王宮 고문), 1908.6.1, 18-21쪽.

54 《朝鮮》3-1, 「間窓漫語」, 成田生, 1909.3.1, 59쪽.

은 고서의 원문 그대로 간행한 것이 특징이다. 따라서 간행자의 고서에 대한 편견이 거의 드러나지 않는다. 그렇기 때문에 고서 간행사업을 통해 조선의 문화와 역사를 보존하는 것이 도리어 식민통치에 역효과를 가져올 수 있다는 반대의 주장도 일축한다.

> 우리는 오랜만에 우리 일본인에게 한각 무시되어온 조선의 고문명 연구에 도움이 되고, 또 산일되려고 하는 조선 고문명의 기록을 보호하여 보존해서 후세에 전할 수 있게 된것을 기뻐하는 바이다. 새로운 조선을 세우는 데 급해서, 옛 조선을 돌아볼 여유가 없다는 하이칼라 같은 사람과, 조선의 고기록 고문서를 전하는 것은 조선인에게 옛날을 회고하게 만드는 씨앗이 된다는 몰이해는 지금 세상에 진시황을 배우고자 하는 자이다. 우리는 이런 무리와 더불어 말할 정도의 아량과 시간을 갖지 못했다.[55]

또 하나의 특징은 만주 문제를 중시하여 만주 관련 고서도 간행했다. "만주경영에 급한 일본으로서는 만주를 연구하는 것은 단순한 학구적인 한가로운 일이 아님을 믿는다"고 주장했다.[56] 이 연구회는 고서 간행사업이 끝난 뒤인 1916년부터 1년 동안 조선과 만주의 지리 역사 및 인문산업 등에 관한 전문서적을 『조선급만주총서(朝鮮及

55 《朝鮮》44, 「주장」, 1911.10.1, 8쪽.

56 《朝鮮及滿洲》108, 「滿洲源流考の發行」, 1916.7, 5쪽.

滿洲叢書)』로 간행한다는 계획을 세웠다.[57] 또한 『일본화된 조선급만주(日本化された朝鮮及滿洲)』(1912), 『조선급만주지연구(朝鮮及滿洲之研究)』(1914) 등을 간행했다.

둘째, 조선연구회의 고서간행은 원문과 번역을 병행한 것이 특징이다. 이 연구회에서 간행한 기본적인 고전은 학술적 가치가 있는 것이 있지만, 조선왕조가 멸망할 수밖에 없었다는 사실을 입증하기 위한 목적에서 간행한 것도 많았다. 즉 관리의 가렴주구에 고통을 받아 온 백성, 외세 침략에 시달린 역사, 큰 나라를 섬겨 온 사대적인 조선, 당쟁을 일삼아온 정부, 선천적으로 게으르고 열등감에 젖어 독립할 수 없는 사대주의가 조선을 망하게 만들었다고 본다. 그러나 이러한 인식은 망국에 직면하게 된 요인을 부패한 왕조와 민족성 탓으로 돌려 조선 지배를 향한 일본의 침략의도를 숨겼다. 이것은 결국 일본이 이러한 조선에 '선정'을 베풀기 위해 식민통치를 하게 되었다는 합리화를 유도한다.

한편 일본인들의 고서간행 가운데 주요한 주제로 다루는 것은 도요토미 히데요시와 관련한 자료의 간행이다. 도요토미의 침략과 진쟁도 합리화시키고, 그의 활약을 강조하여 대륙팽창의 꿈을 실현시키려는 의도를 내포했다. 조선연구회에서 조선 고서를 일본어로 번

---

57 처음 간행할 예정이었던 책은 다음과 같다. 『朝鮮地誌』(상·하), 『滿洲及蒙古の地誌』, 『朝鮮歷史』(상·하), 『滿洲及蒙古の歷史』, 『朝鮮の諸法規』, 『滿洲の諸法規』, 『朝鮮の産業』, 『滿洲及蒙古の産業』, 『山東省一班』, 『支那の現勢』. 그러나 이듬해에 발표된 간행예정 서목은 여기에 다음과 같이 추가되었으나, 전부 간행되었는지는 알 수 없다. 『朝鮮の宗教美術文藝學術人物』, 『朝鮮及滿蒙の衛生教育交通』, 『朝鮮及滿蒙の經濟財政』, 『朝鮮及滿蒙の現勢』

역했다는 것은 그만큼 일본인들에게 널리 읽히려는 의도에서 기획한 것이다. 특히 조선연구회가 1910년 병합을 기념하여 설립되고 그 부대사업의 하나로 조선고서를 간행했기 때문에, 간행사업의 의도는 분명하다. 식민통치를 원활히 추진하기 위해 일본인들의 조선에 대한 관심과 각성을 촉구하려는 목적이 강하다.

셋째, 자유토구사는 고서를 전부 일본어로 번역한 것이 특징이다. 난해하고 광범한 조선 고서의 요점을 번역했기 때문에 다른 단체에 비해 조선을 이해하는 데 가장 적당하다고 말한다. 그리고 자유토구사는 3·1운동이 일어난 데 자극받아 설립되었기 때문에, 무엇보다도 그 원인을 규명하는 차원에서 조선의 민족성 연구를 가장 중요한 과제로 인식하여 내선융합을 강조했다. 이와 같이 자유토구사는 앞서 간행된 조선고서간행회의 고서가 값이 비싸다는 것과 조선연구회의 고서는 직역으로 그 내용이 이해하기 어려운 문제점을 지적했다. 자유토구사는 이런 문제점을 보완하고 언문일치로 쉽게 번역하여 널리 많이 읽히기 위한 간행을 목표로 했다고 밝혔다.

이처럼 각 단체의 고서간행은 약간씩 성격을 달리하며 간행서목도 다양하다. 조선광문회의 간행도 포함시켜 비교해 보면 네 단체가 모두 간행한 고서는 한 권도 없음을 알 수 있다. 그리고 네 단체 가운데 세 단체가 모두 간행한 고서는 『삼국사기』, 『동국통감』, 『팔역지』, 『징비록』에 불과했다.

조선고서간행회는 소네 통감의 원조 아래 조선통치를 위한 사전조사의 성격을 갖고 한국인도 참여시켜, 연구회에서 경영하는 잡지 《조선》에 계속적인 광고를 통해 간행 사업을 확산시켜 나갔다. 이 단체는 만주 문제에도 주목해서 만주 관련 고서도 간행했다. 만주에 관해 상술하고 만주와 조선의 관계를 고증하여 "만주경영에 급한 일본으로서는 만주를 연구하는 것은 단순한 학구적인 한가로운 일이 아님을 믿는다"고 주장했다. 일제가 대륙침략의 교두보로 조선을 중시하고 만주침략을 감행한 것을 생각하면 이러한 책들이 자료 역할을 했음을 짐작할 수 있다. 또한 이외에도 『일본화된 조선급만주』(1912), 『조선급만주지연구』(1914) 등을 간행했다. 이 연구회는 고서 간행사업이 끝난 뒤인 1916년부터 1년 동안 조선과 만주의 지리 역사 및 인문산업 등에 관한 전문서적을 『조선급만주총서』로 간행한다는 계획을 세우기도 했다.

조선연구회는 데라우치 총독의 원조 아래서 식민통치에 협조해 갔고, 자유토구사는 사이토 총독의 절대적 신임 속에 자금 지원을 받아 간행사업을 지속시켜 나갔다. 이 책들이 편찬된 목적은 식민지경영을 어떻게 할 것인가에 초점을 맞추어 원료공급지가 된 조선에 이민하려는 일본인이나 사업을 경영하려는 일본인을 돕기 위한 참고자료의 역할도 겸했다. 결국 막대한 자금과 조직이 필요했던 이 간행사업은 소네 통감, 데라우치 총독, 사이토 총독의 전폭적인 도움이 아니고서는 추진할 수 없었던 프로젝트였다.[58]

마지막으로 각 단체에 임원으로 간여한 일본인들은 통감부나

---

58 《朝鮮》 4-2, 「성공담」, 1909.10.1, 63-64쪽. 개인이 고서를 간행한 경우는 1906년 통감부 통역관을 지낸 후치가미 데이스케(淵上貞助)가 경성거류민회장으로 재직하면서 『동국여지승람』을 간행했다. 대한제국 정부의 학정 참여관 시데하라 다히라(幣原坦)의 서문을 받았다. 이 책은 1912년 조선고서간행회에서 활판본으로 다시 간행되었다.

총독부의 관리, 본국의 정치인, 교수, 학자 등 중요 인물을 망라하고 있다. 이것은 한 개인이 만든 단체의 개인 사업이 아님을 입증해 준다. 총독부와 일본 정부의 각계각층의 관심과 지원 아래 진행된 사업이다. 특히 구관조사나 사료조사를 담당했던 궁내부 규장각[千葉昌胤, 黑崎美智雄], 총독부의 취조국[河合弘民, 鹽川一太郎, 本間久介], 참사관실[秋山雅之介] 관계자가 이 간행사업에 간여하고 있는 사실은 관민의 양면에서 이루어진 조선 연구 및 조사라는 차원에서 중요한 의의를 갖는다. 여기에는 이들 외에도 을미사변과 병합에 관련된 대륙낭인들과 중추원에 소속되어 일제에 협력한 한국인들도 있었다. 대륙침략의 선구가 되어 조선에서 활동하거나 조선의 내정에 깊숙이 간여했던 사람들이다. 샤쿠오, 아오야기, 호소이는 이들과 함께 이들의 입장을 대변하면서 침략주의를 구현하기 위해 조선 관련 연구회나 고서수집 및 간행 활동을 했다.

표 9 조선고서 간행단체의 간행물 비교

조선고서간행회 1908	조선연구회 1910	자유토구사 1920	조선광문회 1910
大東野乘 1910	角干先生實記 1911	朝鮮歲時記 1921	東國歲時記(洪錫謨) 1911
四郡志(柳得恭) 1910	看羊錄(姜沆) 1911	広寒樓記 1921	洌陽歲時記(金邁淳) 1911
郡縣沿革表 1910	平壤續志(尹游) 1911	南薰太平歌 1921	海東名將傳(洪良浩) 1911
北漢志(性能) 1910	朝鮮野談集 1912	丙子日記 1921	碁譜 1911
渤海考(柳得恭) 1911	小華外史(吳慶元) 1914	洪吉童傳 1921	熱河日記 1912
北輿要選(金魯奎) 1911	朝鮮博物誌 1914 〈山林經濟〉를 말함	秋風感別曲 1922	海東續小學(朴在馨) 1912

北塞記略(洪良浩) 1911	慕夏堂集(金忠善) 1915	瀋陽日記 1922	尙書補傳(洪奭周) 1913
江華府志 1911	漢唐遺事(朴泰錫) 1915	沈淸傳 1922	道里表 1913
高麗古都徵(韓在濂) 1911	大韓疆域考 1915	薔花紅蓮傳 1922	林忠愍公實記 1913
高麗圖經(徐兢) 1911	燕岩外集熱河日記 1916	大亞遊記 1922	山經表 1913
破閑集(李仁老) 1911	麗史提綱(兪棨) 1916	李朝の文臣 1922	海東繹史續(韓鎭書) 1913
補閑集(崔滋) 1911	靑野漫輯 1916	淑香傳 1923	大東韻府群玉(權文海) 1914
益齋集(李齊賢) 1911	李舜臣全集 1916	朋黨士禍の檢討 1921	
東人詩話(徐居正) 1911	元朝秘史(李文田) 1917	燕の脚 1922	
龍飛御天歌(權踶) 1911	國朝寶鑑(李容元) 1917	各種の朝鮮評論 1922	
紀年兒覽(李萬運) 1911	增補文獻備考 1917–18	朝鮮の趣味 1922	
文獻撮要(鄭元容) 1911		鳳凰琴 1922	
新增東國輿地勝覽 1912		大東遊記 1922	
通文館志(金慶門) 1913		侍天敎の敎旨 1922	
大典會通(趙斗淳) 1913		東經正義 1922	
東國李相國集(李奎報) 1913		悲しき國(山地白雲) 1922	
新朝鮮及新滿洲 1913		鄭鑑錄 1923	
海東名臣錄(金堉) 1914		晝永編 1923	
海行摠載 1914		朝鮮の敎育 1923	
稼齋燕行錄 1914		罷睡錄 1923	
東文選(徐居正) 1914		雲英傳 1923	
東史綱目(安鼎福) 1915			
星湖僿說類選(安鼎福) 1915			
東寰錄(尹廷琦) 1915			
三隱集 1915			

退溪集(李滉) 1915			
三峰集(鄭道傳) 1916			
重訂南漢志(洪敬謨) 1916			
欽定滿洲源流考(阿桂) 1916			
朝鮮美術大觀 1910			
芝峰類說(李睟光) 1915	1916	×	×
東國通鑑(徐居正) 1912	1914	×	1911
懲毖錄(柳成龍) 1913	〈豊太閤征韓戰記〉 1912	1921	×
三國史記 1909	1914	×	1914
八域誌(李重煥) 1910	×	1922	〈擇里志〉 1912
雅言覺非 1911	×	1922	1912
東國兵鑑 ×	〈朝鮮外寇史〉 1915	×	1911
海遊錄(申維翰) ×	1915	1922	×
三國遺事 ×	1915	1923	×
海東繹史 1911	×	×	1912～1913
牧民心書 ×	1911	1921	×
莊陵誌 ×	1911	1921	×
經世遺表 ×	1911	×	1915
中京誌 1911	×	×	1915
謝氏南征記 ×	1914	1921	×
九雲夢 ×	1914	1921	×
京都雜誌(柳得恭) 1910	×	×	1911
東京雜記(權以愼) 1910	(閔周冕) 1911	×	1913
燃藜室記述 1912	×	×	1914

*비고　각 단체 별로 비교하여 간행되지 않은 책을 표시함

Ⅳ

병합만이 유일한 살길이다

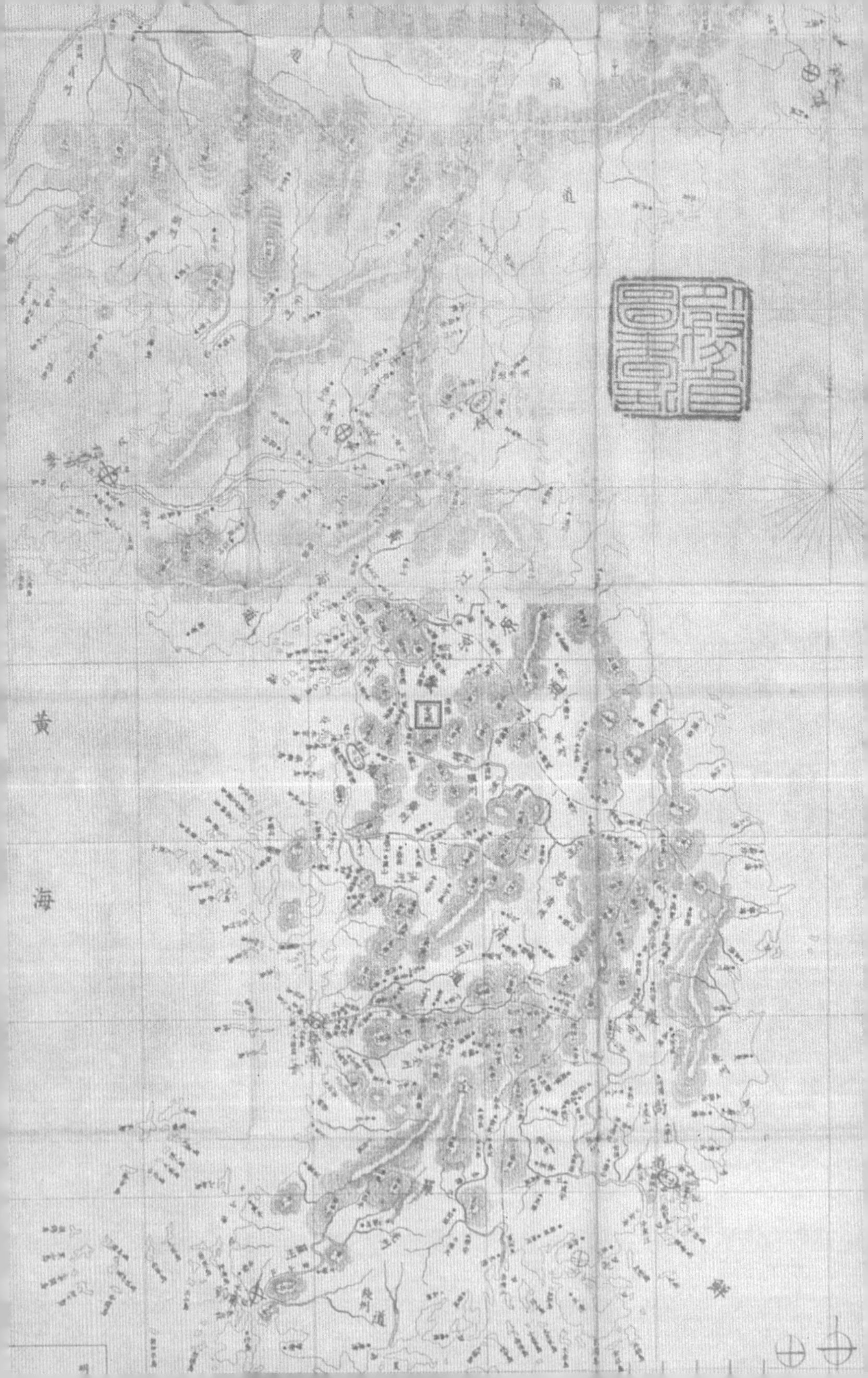
黃海

1. 병합과 무단통치

조선이 멸망한 이유

아오야기는 조선이 멸망한 원인에 대해 몇 가지를 지적한다. 첫째는 타율성이다. 조선은 항상 혼자서는 존립할 수 없고 중국에게 영향을 받아왔다고 한다. 즉 "조선 문명은 지나 문명의 영향에 의해 그 찌끼를 핥는 것에 불과하다. 그러므로 지나 문명이 쇠약해지면 조선 문명은 진보를 할 수 없게 된다."고 보았다. 둘째는 후진성이다. 조선이 입으로는 소중화를 자랑하지만 문학, 미술, 공예 가운데 볼만한 것이 없으며, 문헌도 겨우 '문헌비고'와 '역대실록' 두 세 관찬 저술이 있을 뿐이라고 한다. 셋째는 민족성이 비굴하고 음란하다. 조선인은 이미 '이조' 초기에 일종의 비굴심을 양성하여 양반의 전횡에 위축되었다고 보았다. 조선의 서민은 나약하여 음란한 풍속에 빠져들고 부패하여 이런 사회에서 충신, 의사는 나올 수가 없었다. 넷째는 당파성이다. 양반 유생은 당쟁에 몰두하여 조선 전체로 만연되고 그것이 근대에 이르기까지 지속되어 결국 망하게 된 것으로 설명했다. 이 가운데 민족성의 문제에 대해 조금 더 들어가 살펴보자.

아오야기는 조선의 비굴하고 사대적인 민족성을 만들게 한 유력한 원인은 지세(地勢)이며, 조선의 비굴한 역사는 '조선 지리가 잉태한 특산물'이라는 반도사상을 갖고 있었다고 주장한다. 따라서 조선은 유사 이래 독립 국가를 형성한 적이 없고 대국 '지나'의 책봉과 간섭 정치에 국명(國命)을 지속해온 나라에 불과한 것으로 인식했다.

> 현재 일부 조선인이 독립을 몽상하고 분별없이 행동하는 자는 정치가 무엇인지를 모르는 공상가이다. — 그러므로 사대사상은 조선의 민족성을 길들이고, 고금을 통해 그 민족성의 현동(顯動)이 일관된 것은 기이하다고 할만하다. 세상의 학자들이 아직 조선의 민족성을 연구할 자료를 발표할 수 없어도 나는 조선의 지세가 조선의 사대 비굴의 민족성을 순치시켜 유력한 원인이 되었다고 생각한다. 즉 조선의 비굴한 역사는 조선지리가 낳은 특산물이다.[1]

그나마 독립이라는 이름아래 조선인만의 정부를 조직한 독립정부는 한말 '이태왕'(李太王: 고종) 때인데, 이는 유사이래의 '나쁜 정부'

1 青柳綱太郎, 『朝鮮統治論』, 제2 支那の朝鮮統治失敗史論, 1. 支那人の朝鮮, 1923, 13쪽.

라는 인식을 갖고 있었다. 이와 같은 조선인식은 조선인에게 조선혼이 없기 때문이라는 지적에서도 드러난다. 즉, 영국인에게는 영국혼이 있고, 독일인에게는 독일혼이, 일본인에게는 야마토혼(大和魂)이 있지만 조선인에게는 내세울 만한 정신이 없다고 강조한다. 그렇기 때문에 조선은 '지나'의 번속국으로 2000년을 대국의 압박에서 벗어날 수가 없었고, 조선 민족은 음험하고 비열한 개인주의가 심한 민족성을 통해 겨우 존립의 길을 찾았던 것이라고 이해했다.

그런데 이러한 민족성을 가질 수밖에 없었던 원인은 조선 오백년간 당쟁을 일삼은 궁중정치와 탐관오리의 가렴주구에 시달렸기 때문이라고 보았다.

> 이조의 창건은 붕당의 힘이다. 정몽주(鄭夢周)가 이성계(李成桂)의 당에게 살해되자 문반의 당이 세력을 잃고 이성계는 고려왕조를 전복시켜 이조를 창업하였다. 태조가 재위 7년 만에 왕업을 완성했으나 말년에 이미 외척의 정권쟁탈, 붕당의 알력에서 일대 활극을 연출하고 이조의 붕당은 이미 국토에 그 나쁜 본보기를 후세에 보여주었다. 이후 5백년 중 붕당의 알력, 사당의 암투가 끊임없이 일어나 문신의 변, 무오사화, 갑자사화, 을묘사화, 을사사화, 동서분당, 남북대립, 노소론의 대분당이 되어 조선을 종단하였다. 이조로 하여금 탁류 가운데 말려들게 하고, 문화가 망하여 국명(國命)이 단절하기에 이르러 당쟁의 혈전이 계속되었다. 이조를 흥기시킨 것은 붕당이라고 하여도, 이조를 멸망시킨 것도 역시 붕당이다. 붕당의 역사는 이조의 나쁜 역사이고, 이른바 암살, 독살, 유배, 간통, 모반 등의 혼탁

함을 이루 말할 수 없다.[2]

그러므로 당쟁으로 점철된 오백년은 망할 수밖에 없으며, 이제 일본의 손에 의해 신문명화가 가능하게 된 것을 환영한다는 것이다. 아오야기는 이처럼 조선의 '과거 역사'에 주목하였고 이제 양국이 '동종동근'의 관계이기 때문에 복고의 상태로 환원되는 것이므로, 병합을 '합법'이라고 주장했다.

> 일한병합은 시세의 추이가 어쩔 수 없이 이루어진 것이다. 육국(六國: 전국시대 진을 제외한 초, 연, 제, 한, 위, 조)을 망하게 하는 자는 육국으로 진(秦)의 시황(始皇)이 아니며, 한국을 망하게 한 것은 한국으로 일본제국이 아니다. — 2500년래의 역사상에 있어서 병합은 곧 합법이다. 일한 민족이 합해서 한나라가 되고, 한 집안이 되어 장벽을 허물어 대제(大帝)의 인정을 받아 서로 민족심을 버려, 강한 극동의 대제국을 건설하자.[3]

그리고 반도적이고 사대적인 민족성을 가진 조선 민족이 일본과 동화하기 위해서는 민족성을 개조하지 않으면 안 된다는 점에서 병합의 근거를 찾았다. 조선은 일본이 아니라도 열강에게 병탄될 운명

---

2 青柳綱太郎, 『朝鮮文化史大全』, 제19 李朝黨爭史論, 제1장 朋黨史の編首に論す, 1924, 901쪽.

3 青柳綱太郎, 『朝鮮史話と史蹟』, 〈刺客 洪種宇〉, 1926, 659쪽.

에 처한 상태이므로 이제 병합을 운명적으로 받아들여야 한다는 억지 논리였다. 나아가 그는 조선에서 3·1운동이 일어나게 된 원인도 선조 때 이준경(李浚慶)이 사당(私黨)의 폐해를 논해 유차(遺箚)를 올린 것에서 찾아야 한다. 서민이 이런 당쟁 치하에서 수백 년간 생명재산의 보장 없이 인심이 굴곡되어 '소요'를 전통으로 하고 선동에 편승하기 쉬운 인습을 만들어 내게 된 것이라고 설명했다.

아오야기는 조선인들이 3·1운동을 기획한 것이 일본으로부터 독립하기 위함이 아니고[4], 독립'소요'의 창론자가 소론에 많은 이유도 병합 당시부터 이완용을 위시한 노론이 우대받은 데 대한 원한 때문이라고 보았다. 데라우치가 조선의 역사에 정통하지 않아 노소당의 유래를 조사 연구하지 않은 실책을 범했고, 대부분 양반유생을 총독정치의 불평분자로 전락시켰다고 언급했다.[5]

그러나 이제는 문화정치의 신교육 방침에 의해 유교주의의 폐해가 고쳐지고 전국에 잠복해 있는 벌족(閥族)들의 당폐와 독립고취사상을 타파하는 첩경이 될 것이라고 식민통치를 정당화시켰다.[6] 또한 문명적인 식민통치를 통해 열등국민의 오명을 씻고 대일본제국의 일등국민으로 거듭날 것을 촉구하고, 만일 그렇게 하지 않으면 조선 민족의 불행은 클 수밖에 없을 것이라고 경고했다.

---

4 青柳綱太郎, 『朝鮮統治論』, 제9 騷擾と革命心の由來, 1923, 174쪽.

5 青柳綱太郎, 『朝鮮獨立騷擾史論』, 제5편 恩賜授爵偏黨論, 1921, 65쪽; 『朝鮮統治論』, 제11 併合當時の失錯, 1923, 192-196쪽.

6 青柳綱太郎, 『朝鮮統治論』, 제8 文化政治と新舊思想の衝突, 3. 儒敎主義の弊端と頑固思想, 1923, 164쪽.

지금 한국은 타인이 제멋대로 와서 남의 나라를 멸망시킨 것이 아니다. 궁정과 국민 모두 함께 스스로 자기 나라를 멸망시킨 상태에 있다. 회상하면 단군 이래 4000년 우리와 같은 신계(神系) 구방(舊邦)은 열강의 어느 나라에게 병탄되어야 할 운명에 봉착한 것이다. ― 한국의 역사는 4000년으로 다하였다. 지금 조선의 역사는 메이지 천황 때부터 일본 제국 역사 중의 일부로 병합 편입되어 강역을 확대해서 일본과 더불어 동방에 우뚝 서서 만국에 상대가 없다. 만세일계 성천자(聖天子)의 어진 정치아래 놀면서 외국의 침구(侵寇)에 의한 생민의 유망과 이조의 특산물인 외척의 발호, 붕당사당의 알력과 생민이 도탄에 빠지는 고통은 드디어 다시 볼 수 없게 되었다. 대일본제국 조선총독 치하의 전장(典章)은 하나로 일선(日鮮) 사민(士民)의 평등과 산업의 자유를 인정하고, 동치동화(同治同化)의 자유 복리를 누리니 조선인 만세라고 말할 만하다. 거기에다 세계에 멸시받던 열등국민의 오명을 씻어버리고 대일본제국민으로 일등국민의 반열에 들어 세계를 횡행해서 부끄러움이 없게 되었다. 이에 이르러 한국은 멸해도 조선인은 없어지지 않고, 이조는 멸해도 이왕가의 제전(祭典)은 만대에 멸하지 않는다. 만일 생민합방의 부문(浮文)에 교만하여 신의 예양(禮讓)을 버리고 완미 고루한 사상에서 벗어날 수 없다면 민족의 불행은 이보다 더 클 수가 없을 것이다.[7]

---

7 青柳綱太郎, 『朝鮮四千年史』, 「李朝文化史論」, 李朝는 滅ㅎ얏스나 朝鮮人은 不亡홈, 1917, 321-327쪽.

이상에서 살펴본 것처럼 아오야기는 조선의 강제병합을 합법화시키는 근거를 일본과 조선 두 나라가 한 집안이라는 '일선일가론'과 형제관계라는 '동조동근론'에서 찾았다. 나아가 조선왕조 멸망의 당위성을 사대사상과 유교주의 폐해, 당쟁과 탐관오리의 가렴주구 때문이라고 주장했다. 또한 열강의 어느 나라에게나 병탄될 운명을 가진 조선으로 인식하고 있었다. 이러한 논리로 보면 조선인에게는 열등국민의 오명을 씻기 위해 민족성을 개조하고 두 나라가 복고상태로 환원되는 병합만이 유일한 살길이 되는 것이다.

병합 추진과정의 뒷이야기

아오야기는 자신의 저서 『조선사화와 사적(朝鮮史話と史蹟)』(1926)에서 「한국병합 야화」라는 제목으로 병합에 관한 일본 정계와 원로(元老)[8]들의 분주한 움직임을 소개하고 있다.

먼저 한국은 '만성병자'이며 의사들도 손을 놓은 상태에서 누구도 의사의 치료를 받으라고 주장하는 자가 없었는데, 이때 천하의 경세가 이용구(李容九)가 이를 걱정하여 단호하게 '일한합방'을 주장했

8 일본 근대사상 메이지 중기부터 쇼와 초기까지 존재한 정계의 초헌법 중신(重臣)을 말한다. 이들은 국내외의 중요 정무에 대해 정부나 천황에게 의견을 진술하여 그 결정에 참여했다. 원로는 이토 히로부미(伊藤博文), 야마가타 아리토모(山縣有朋), 이노우에 가오루(井上馨), 구로다 기요다카(黑田淸隆), 사이고 쓰구미치(西鄕從道), 오야마 이와오(大山巖), 마쓰가타 마사요시(松方正義), 가쓰라 타로(桂太郎)가 있다. 원로제는 1940년 마지막 원로였던 사이온지 긴모치(西園寺公望)의 사후 함께 소멸했다.

가쓰라 타로

가쓰라 타로의 저택(야마구치현 하기시)

다고 말한다. 이용구가 100만 일진회원들의 뜻을 모아 황제에게 상소하고, 통감에게 상서하며 이완용 총리에게 상소했다. 즉 여기까지만 보면 일본이 병합을 추진하게 된 것은 순전히 일진회원들과 회장 이용구의 간절한 요청에 의한 것이 된다. 그러면서 조선 민족의 선각자

가쓰라 타로 저택에 있는 동상(야마구치현 하기시)

로부터 갑자기 이런 주장이 나온 것처럼 일본인도 조선인도 전혀 예상하지 못한 부분이며, "일본 내각총리대신 가쓰라 타로는 당황했다. 일본 국민 전체도 아닌 밤중에 홍두께였다"고 언급하면서 그 이후의 논의 과정을 다음과 같이 말한다.

야마가타 아리토모

1. 가쓰라 총리는 사이온지 긴모치(西園寺公望, 1849-1940), 야마가타 아리토모(山縣有朋, 1838-1922) 양 원로와 협의하고 여러 차례 논란을 벌였다. 헌정회의 시마다 사부로(島田三郎, 1852-1923)는 정계의 다크호스 미우라 간주(三浦觀樹, 1847-1926)[9] 장군을 방문하여 "우리의 대륙정책상, 일한합방이 필요함"을 논했다. 다음 날 미우라는 바로 귀경하여 야마가타를 방문하고, 합방에 관한 의견을 교환하여, 합방 후의 동화정책에 대해 의논을 하고 장시간 후 의견 일치를 보았다.
2. 원로 야마가타의 의견을 확인한 미우라 장군은 다음날 총리대신 가쓰라를 예방했다. 이에 미우라 장군은 "일한합방은 2천 5백

---

9 미우라 고로(三浦梧樓)를 말함. 육군군인, 정치가, 자작. 야마구치현 하기 藩士의 陪臣 五十部吉平의 5남. 조슈번 출신이면서 번벌정치에 반대하였다. 최종 계급은 육군중장, 1887년 예비역에 편입되고 1892년까지 學習院 원장을 지내고, 1895년 조선공사에 취임 후 조선정부 군부고문 구스노세 유키히코(楠瀨幸彦, 1858-1927) 중좌와《한성신보》사장 아다치 겐조 등의 협력으로 명성황후 암살을 지휘하였다. 이 사건에 관련된 48명은 히로시마 감옥에 투옥되었으나 증거불충분으로 전원 무죄 석방되었다.

년 이래의 현안이 아닌가, 진구(神功)의 정한 후 히데요시의 활약은 말하지 않더라도, 가깝게는 첫 번째 일청전쟁에서 그 기회를 잃고, 두 번째는 일러전쟁에서 기회를 잃고, 세 번째는 헤이그밀사사건에서 그 기회를 잃었다. 제군은 천하의 정치를 장난감처럼 보고 있는 것은 아닌가"라고 지적했다.

3. 이에 가쓰라 수상은 "당신처럼 말해도 곤란하지만 병합하면 일한일가국(日韓一家國)이 될 것이다. 일가국이 되면 곧 피아 민족의 합체다. 민족의 합체는 동화이지 않으면 안 된다. 우리 일본 민족은 유신 이래 공고한 통일을 이루고, 황실중심주의로 진화하고 있다. 일본 민족의 정신에는 국가와 국민의 통일적 관념이 왕성하게 되었다. 이에 반해 조선 민족에게는 중심이 되는 관념이 없다. 국가주의도 아니고 황실중심주의도 아니다. 맹렬한 개인주의다. 충용 의열한 의협의 일본 민족과 산만한 사상 상에 서있는 조선 민족과 혼합해서 과연 동화가 될 수 있는지는 크게 의문이다"라고 언급했다.

야마가타 아리토모 탄생지(야마구치현 하기시)

4. 이어서 가쓰라는 미우라에게 "그렇게 간단하지는 않다. 당신의 동화론은 곧 교화주의인데, 조선인은 예로부터 문을 가지고 입국의 정신으로 삼고 있다. 일찍이 대륙의 일각에 문화 찬연하여 광휘를 펼친 적도 있으나, 현대 조선은 퇴폐한 문화의 그림자를 남기고 있는데 지나지 않는다. 문화의 혈통은 조용하게 흐르고 있다. 일단 일본이 합방해서 피아의 문정(文政)을 통일하면 내지로부터 문화력을 발휘할 수 있을지도 모른다. 단지 문정의 통일만이 아니다. 무정(武政)이 섞여서 변화하는 것을 생각하지 않으면 안 된다. 지금 세계의 현세는 도도히 무화(武化)를 요구하고 있다. 조선인의 목표는 일본인이 조선에 대한 방침과 목표에 일치해서 진화하는 것이 가능하다는 보증이 붙지 않는 이상, 〈교육칙어〉의 정신은 도리어 조선인에게 국가주의를 일으키고 민족주의를 부여할 것이다. 조선의 국가심을 배양하고 국가를 다시 만드는 마음을 길러, 조국 회복심을 양성하는 일이 될 것이다. —" 수상은 합방에는 이론이 없지만 동화불능에 입각해서 정책 문제에 고심하는 모습이었다.

5. 이에 대해 미우라 장군은 "귀공(가쓰라)이 그렇게 걱정한다면 합병해서 식민지로 취급하면 좋지 않겠느냐, 그리고 시기를 봐서 획일정치를 하면, 조선만의 전혀 별개의 정치를 하면 좋을 것"이라고 주장했다. 이에 두 사람은 다음 날 야마가타 저택에서 모이기로 약속했다.

6. 이보다 먼저 합방 문제가 발발하자 오쿠마 시게노부(大隈重信) 저택에도 가토 다카아키(加藤高明, 1860-1926), 이누카이 쓰요시(犬養

毅, 1855-1932), 오자키 유키오(尾崎行雄, 1858-1954), 시마다 사부로(島田三郎)가 방문하여 의견을 교환했다. 민간에서는 스기야마 시게마루(杉山茂丸, 1864-1935), 우치다 료헤이(內田良平) 등이 도야마 미쓰루(頭山滿, 1855-1944)의 저택에서 회합하여, 혹은 합방에 관한 의견을 교환하고, 사이온지 저택에서도 하라 다카시(原敬, 1856-1921)와 노다 우타로(野田卯太郎, 1853-1927) 등이 협의했다.

7. 다음날 가쓰라 수상과 미우라 장군은 야마가타 저택을 방문했다. 야마가타는 "일한의 합방은 왕정복고다. 그러나 조선 민족 중에는 대부분이 합방을 불가하다고 하여 반대하는 자도 있을 것이다. 그러므로 합방 후 약간의 기간은 무단주의를 가지고 이를 대하며, 일면 덕정의 광휘를 가지고 인민을 종래의 학정(虐政)에서 구한다. 생명재산의 안전하고 견고함을 보증하여 산업을 개발하고 그 생활을 안전하게 지도하면 오랫동안 학정에 고통받은 조선 민족은 물의 흐름에 따라 왕도를 기뻐할 것이다. 내선인 동화는 그 실적을 거둬 기십년 뒤에는 통혼융화하고 혼연히 동화하여 내선 민족 합체의 힘은 동아 대륙에 신 대제국을 축성하게 될 것이다. 그러므로 나는 이번에 합방을 단행하는 것이 좋다고 생각한다."

8. 가쓰라는 전날 미우라에게 말한 경제적 대일본주의를 논하여 동척의 만선(滿鮮) 이민집중주의를 논하고, 정치적 형식상의 병합을 피해 경제적 병합이 득책임을 주장했다. 야마가타의 동화책은 내선인의 결혼을 토대로 하고 있고, 일한인의 혈과 육을 결합시키려고 하는 것이다. 그런데 가쓰라는 "병합을 어렵게 하는 것은 동화이고 혈육의 혼합"이라고 하여 크게 흥분하는 태도를 보였다.

9. 가쓰라는 "정신적 동화를 달성하는 것은 용이한 일이 아니다. 그렇다면 일한합방은 고려해야 할 만한 대문제다. 조선과 일본 사이에 동화는 무리다. 민족 혈통 언어 풍속 습관 생활상태가 다르기 때문이다. — 야마토혼(大和魂)과 조선 혈통과의 동화는 과연 기대될 만한 것인가. 나는 단연코 불가능하다고 믿는다. 그러므로 합방동화책에는 반대한다."고 언급했다. 가쓰라는 실로 일본주의적 경세가의 언론을 진술하여 당당하게 야마가타 원로의 합방동화책에 반대했다. 야마가타도 미우라도 가쓰라 수상의 큰 견식에는 감탄하지 않을 수 없었다. 그리고 야마가타도 미우라도 침묵으로 답하지 못했다.

10. 야마가타는 "그렇다면 동화책은 피하고 이주 식민책은 어떠한가" 말하자 미우라는 "합방해서 식민지로 삼고 이주 식민책을 취하는 편이 일본 및 일본인으로서는 무난할지도 모릅니다."라고 말하고 두 사람은 가쓰라의 의논에 굴복했다.

11. 가쓰라는 민족주의의 장본인이다. 순일본 민족의 보호자다. 그는 "일한을 하나로 하더라도 합방이라고 하는 것은 온당하지 않다. 일진회 등이 합방해 달라고 하더라도 그것은 조선인의 희망이지 일본제국으로서는 대등하게 합방할 이유는 없다. 그것은 생각하지 않으면 안 된다."

12. 야마가타는 "일본과 빈약한 조선이 대등하게 합방하는 것은 치욕"이라고 주장했다. 이렇게 해서 원로와 내각이 여러 차례에 걸쳐 어전회의를 열었다. 그리고 가쓰라 수상의 발안으로 드디어 한국병합이 회의에서 결정되었다. 조야의 유지도 병합에 찬성

하여 조선은 일본의 이주식민지로서 당분간 무단통치를 펴기로 결의했다. 육군대신으로 데라우치가 위풍당당하게 경성에 들어갔다.

이처럼 아오야기는 '한국병합'이 각의에서 결정되기까지 이면에서 어떤 의견들이 오갔는지 서술했다. 가쓰라 수상의 조선책은 데라우치의 무단주의에 의해 유감없이 그 포부는 발휘되었지만, 동척의 이주식민책은 가쓰라의 사망으로 용두사미로 끝났으며, 이후에는 원로 등의 조락(凋落)과 총독정치의 변천에 의해 가쓰라의 비동화 정책과 동척 이주민책은 근본부터 뒤집혀졌다고 보았다. 그는 내선인이 앞으로 동화를 달성한다고 해도 정신적 동화가 되지 않으면 "야마토혼의 민족적 순혈(純血)은 혼탁하고, 조선 민족의 도도한 증가율에 의해 야마토 민족의 우량혈액은 쇠약해질 것이다. 이에 이르면 융성한 대제국도 내선 민족, 잡혼 신민족의 내우와 강대국의 외환에 포위되어 드디어 로마대제국과 같은 말로를 보게 될 것이다. 지금 조선인 유식자는 내선인의 동화는 절대로 될 수 없다고 발언하고 있다. 거기에는 될 수 없는 근저의 정신이 있다. 우리 당국의 유지는 동화가 되지 않는 일은 없다고 하여, 종종 막대한 경비를 들여 동화에 부심하고 있지만, 그 정신 이유는 박약하다. 박약한 이유는 근저에 있는 이유를 이길 수가 없다."[10] 고 동화의 어려움을 지적하고 있다.

---

10 青柳綱太郎,『朝鮮史話と史蹟』, 韓國併合夜話(3), 1926, 1010-1012쪽.

동화론을 둘러싼 이견

동화론을 둘러싼 아오야기와 데라우치의 견해를 비교해 보자. 아오야기는 병합이 되기 전에는 병합불가론, 일선인 동화불능론을 주장했다. 즉 민족성이 다른 두 나라는 병합이나 동화가 불가능하다고 보았다. 아오야기는 "조선을 병합해서 일본제국의 일부로 하지 않더라도 일본의 보호국으로 두는 것이 가능하다. 병합하면 양 민족이 합체하지 않으면 안 되고 곧 동화해야 한다. 일본 민족은 조선을 동화할 수 있을까? 일본에는 멀게는 1000년 전의 백제 신라의 망명인이, 가깝게는 임진왜란 때 귀화한 조선인이 일본 각지에 산재하여 천인으로 배척당하고 있었다. 이런 소수의 귀화인도 동화시키지 못하는 일본이 1500만의 대민족을 어떻게 동화시킬 수 있는가"고 반문했다. 요컨대 조선을 병합하여 무리하게 동화시키지 말고 보호국으로 두는 것이 오히려 그들의 반발을 사지 않아 통치하기에 적당하다고 보았다.

그러나 데라우치는 조선이 독립에 필요한 조건인 ① 현대에 적합한 최신 최량의 포대를 자국의 해안에 배치하지 못했다. ② 최강의 해군을 자국의 해양에 갖지 못했다. ③ 정예한 포대와 해군을 건설할 수 있는 과학적 능력이 없다는 것을 지적하여, 독립할 능력이 없는 조선을 병합해서 동화의 방법을 산업개발에 관한 과학지식 양성에 주력해야 한다고 보았다.[11] 그러면서 아오야기가 지적한 이주민을 동화하지 못한 문제는 백제 신라의 망명인이 민란을 일으켜 무가(武家)의 반감을 샀기 때문이고, 특수부락에서 천대받고 있는 이들은 교육을 보급하면 차별이 없어지게 될 것이라고 언급했다.

아오야기는 병합 후에는 국가의 방침을 따라 더 이상 드러내놓고 총독에게 반대하지 않았으나 여전히 동화불능론을 가지고 있었다. 그 이유로 그는 조선을 병합한 이상은 일본과 조선이 '한 나라'가 되어야 하지만 서로 동화할 수 없는 이유를 열거했다. ① 일본 민족은 유신 이래 황실중심주의로 진보해 왔으나, 이에 반해 조선은 왕실중심주의, 국가주의도 아닌 개인주의 중심이었다. ② 충용 의열한 일본 민족은 산만한 사대사상 위에 선 조선과 동화할 수 없다. ③ 조선인의 머리에서 조선인의 마음을 제거하는 것이 가능한가. 조국 회복심을 포기시키는 것이 가능하겠는가고 지적했다.

따라서 이주민을 부식하는 것이 곧 '대일본주의'의 실현이므로 병합하지 않더라도 경제적 지반을 건설하여 해결할 수 있다고 보았다. 그는 야마토혼을 가지고 대륙의 세력권을 개척하고 경영해야 한다고 병합 반대를 주장했으나 데라우치에게 받아들여지지 않았다. 아오야기는 민족성이 다른 조선과 동화하기 어려운 이유를 다음과 같이 지적한다.

---

11 青柳綱太郎, 『總督政治史論』, 武斷政治時代, 제25편 寺內伯の內鮮人同化論(1), 1928, 247-248쪽.

비굴, 음험, 영유(佞柔: 아첨하고 약함)하며 개인주의가 심한 조선인과 국가 관념이 왕성해서 의용 봉공 정신에 투철한 일본인이 혼일 동화하는 것은 좋은 방법이 아니다. — 일본 민족은 청결하지만 조선인은 불결하므로 이것은 공명정대와 불공명에 귀일한다. 공명정대 결백한 민족과 공명하지 못하고 불결한 민족이 포합동화(抱合同化)할 수 있는 것인가. 일본인은 공명에 살고 정신에 살지만 조선인은 실리에 살고 물질에 산다. 그렇다면 양 민족이 융합 동화할 수 없는 것이다. 일본인의 사생관은 벚꽃이 흩어지는 것과 같이 깨끗한데, 조선인은 뱀과 같이 집착한다. 일본인의 역사는 대의명분상에 서서 국가상 인도상 빛나고 국민의 용감 의용한 미덕을 발휘하지만, 조선의 역사는 국가로서의 치욕의 자료가 되고, 민족은 사대 음험 비굴한 악덕이 되는 것이다. — 이렇게 국가 관념상, 도덕상, 성행상, 역사상, 언어풍속, 습관상 정반대인 양국민이 정신적 동화를 달성할 수 있을 지는 의문이다. 정신적 동화를 달성할 수 없으면 일선인의 혼합적 통치는 위험하여 득책이라고 할 수 없다.[12]

그러나 데라우치는 역사상으로 양 민족이 '동화합체'하는 것은 당연한 귀결이고, 일한 민족은 '동종동근'이라는 것이 고사 중에 정확한 증거가 있다고 말했다. 그러므로 병합에 의해 이전의 상태인 '한 나라'로 복귀하고 형제관계를 회복시켜야 한다는 관점에서 아오야기

---

12 青柳綱太郎, 『朝鮮統治論』, 제6 日本の建國精神と朝鮮統治, 1923, 120쪽; 제7 朝鮮人同化問題, 1 民族性の相違と同化難, 1923, 125-126쪽.

의 동화론 반대와 이주식민론은 옳지 않다고 생각했다.

아오야기도 앞에서 지적한 것처럼 양국이 '일선일가'임을 인정하고 있었지만 종래 봉건시대 조선 민족의 동화에 실패하고, 또 조선 민족이 야마토 민족에게 동화될 수 없었던 경험에서 데라우치의 동화론은 위험하다고 생각했다. 현실적으로는 데라우치의 말대로 그렇게 간단하게 동화 문제를 논하기 어렵다고 하면서, 양 민족은 2500년간 확연히 별개의 나라를 형성해서 그 민족성도 완전히 다르다고 지적했다.

> 각하는 관헌(官憲)의 힘을 가지고 조선을 문화적으로 하면 내선인 동화는 큰 곤란은 아닐 것이라고 생각하고 계십니다만, 일본문명의 이식은 일본 민족의 다수를 조선에 이식하지 않으면 진정한 일본문화는 결코 조선에서 동화의 힘을 발휘할 수 없습니다. 즉, 형식적인 일본문화의 이식에 지나지 않고 정신적인 일본문화의 이식이 아닙니다. 일본인이 이주하여 조선인과 군거(群居)해서 일본의 사회제도와 조직을 만들고, 그들의 풍속과 습관을 타파하여 이것을 혼일(混一)해서 인정(仁政)과 도덕을 혼화(混和)하지 않으면 도저히 동화를 이루었다고 할 수 없습니다.[13]

아오야기는 결국 동화하게 되면 민족적 대항심을 부채질하는 데

13 青柳綱太郎,『總督政治史論』, 武斷政治時代, 제26편 寺內伯の內鮮人同化論, 1928, 274쪽.

지나지 않을 것이라고 반대론을 개진했다. 이처럼 자신의 몇 차례 건의에도 데라우치가 내선동화를 바로 실행하지 않고, 총독부에 기관을 설치하고 조선사정에 밝은 학자들을 촉탁으로 하여 조사 연구만을 거듭하고 있다고 비판하고, 그것은 동화의 어려움을 알고 동화하려는 의사가 없는 것으로까지 생각했다. 그러나 아오야기는 일단 병합이 되고나서는 동화론에 찬성하는 방향으로 돌아섰다. 그렇다고 해서 그의 동화론을 반대하는 소신이 변한 것은 아니었다.

데라우치는 아오야기가 동화론에 관한 면담을 계속하자 동화론 문제가 도쿄에서도 거론되었다고 하면서, 동화가 조선통치의 최대 난관이기 때문에 조선인을 자각시키고 철저한 조선 연구가 필요하다고 하여 조선인의 심리연구와 역사연구에 매진할 것을 부탁했다. 그런 의미에서 아오야기가 주관하던 조선연구회에 보조금을 지원하고 일·청·한 삼국의 정치사와 조선 고대문화사를 편찬할 것을 권유했다. 그리고 가까운 장래에 총독부에서도 조선역사 편찬을 기획하고 있음을 주지시켰다. 그 결과 아오야기는 1916년부터 2년에 걸쳐 『조선사천년사』를 저술하여 내각 총리대신이 된 데라우치에게 전달하고, 1923년에는 『조선문화사』도 완성시켰다.

이주식민론을 둘러싼 이견

데라우치는 아오야기가 제안하는 이주식민론에는 반대하고 '개발'론을 주장했다. 왜냐하면 일본인 소자본가나 무자본가 낭인(浪人)이 조선에 이주해 오거나, 대자본가가 와서 토지를 겸병하게 되면 대지주의 발호로 지방의 경제발달을 저해하기 때문이라는 것이다. 또한 기경지를 매수해서 내지인(일본인)이 증가하면 조선 사람에게 불안을 준다고 반대했다.

아오야기가 조선통치의 근본책으로 생각한 것은 농업이민이었다. 그는 일본이 이민에 소극적인 이유는 당국의 이민정책이 졸렬한 것과 일본국민의 섬나라 사상이 섬 밖으로 나갈 수 없게 하는 것이라고 생각했다. 종래 일본의 식민발전은 대부분 상업식민으로 농업식민을 무시해 왔다. 즉 일본에서 처음 조선에 건너와 살게 된 일본 신족 스사노오(素盞嗚尊)가 강원, 충청을 왕래한 것과 시오노리쓰히코가 임나를 경영한 것, "일본인 혁거세"가 신라를 건국한 것처럼 40만 명의 일본인이 조선에 살아도 대부분이 상업이민과 관리라는 것이다. 아오야기는『일본서기』를 근거로 스사노오의 아들 이다케루(五十猛命)가 단군이라고 보며 시오노리쓰히코는 김수로왕이라고 왜곡된 주장을 말한다. 자세한 것은 후술한다. 그는 조선통치의 성패는 농촌문제라고 인식했기 때문에 사이토의 문화정치가 농업이민을 등한시하고 막대한 경비를 들여 내지인을 오라고 선전만하는 것은 유감이라고 말하고, 농업이민의 방법을 지적했다.

> 그렇다면 당국의 조선인 동화정책은 농업적 이식민을 행하여 순박한 농촌부터 먼저 융합과 동화의 봉화를 올려, 점차 민족적 위력을 열어가지 않으면 안 된다. 농민이식이라고 해도 보통 농민보다는 농업출신의 재향군인을 환영한다. 이들 재향군인은 평소 유순하고 근면한 농부라도, 일단 조선이 소요 중에 빠지면 둔전(屯田) 이민 같은

우리 재향 군인은 국가를 위해 일어나 선민(鮮民)의 동촌(同村) 인보(隣保)를 경계하여 과오와 우매한 거동을 멸망시킬 수 있다.[14]

아오야기가 이주식민의 방법론에 대해 『조선통치론』(1923, 조선연구회)에서 지적한 것을 보면 다음과 같다. 내선동화를 신속하게 하고 경제력을 크게 하는 유일한 방법은 땅이 넓고 인구가 적은 조선에 본토에서는 넘치는 일본인을 이민시키는 것이 가장 첩경이 된다고 생각했다. 그러므로 동척 창설이후 이민정책은 내선동화의 대업에 있는데도 불구하고 데라우치는 내선동화의 주체를 동척이민 혹은 자유이민에 두지 않고 오로지 관헌의 힘과 개발에만 의지했다고 보았다. 데라우치가 동척을 위축시킨 것은 근본적인 실책이며, 동화를 관헌의 힘으로만 달성하려는 것은 어리석은 정책이므로 반드시 적극적 동화책과 경제적 동화책을 기다려야 한다고 강조했다.[15]

아오야기는 데라우치가 관헌의 힘만 가지고 조선을 통치하여 조선인을 동화시키는 것은 고대 '지나'가 조선정책에서 실패한 원인이라고 생각했기 때문에, 조선 민족의 동화는 우수한 일본 민족 다수의 힘에 의해야 한다고 이주식민을 주장하게 된 것이다.[16] 그리고 동척이민이 실패한 원인은 산재(散在)이민에 있으므로 가능하면 남방에

---

14 青柳綱太郎, 『總督政治史論』, 文化政治時代, 제11편 植民的同化新論, 1928, 128쪽.

15 青柳綱太郎, 『朝鮮統治論』, 제7 朝鮮人同化問題, 5. 民族的偉力を用ゆる同化策, 1923, 136-138쪽.

16 青柳綱太郎, 『朝鮮統治論』, 제3 武斷統治論, 1923, 70-75쪽.

집단이민책을 강구해야 한다고 보았다. 왜냐하면 조선의 농촌이 앞으로 3-4년 내에 황폐해질 것이고 이는 조선의 사활이 걸린 문제인데도 정부에서 농업이민에 적극 나서지 않기 때문이다. 토지개량과 산미증산계획도 당국의 고려와 시설이 형편없고 실행이 수반되지 않아 실로 유감이라고 밝혔다.

이처럼 그가 이주식민을 중요하게 여긴 것은 내선동화는 경제적 동화를 이룬 뒤에야 가능하고, 이는 내지인 이주를 통해 이룰 수 있다고 보았기 때문이다. 한국의 토지는 일본과 인구밀도로 비교해보면 10분의 1에 지나지 않을 정도로 넓고 경제적으로 훌륭한 보고임에 틀림없다는 인식이다. 그러나 데라우치는 내지인이 이주해와 기경지를 매수하는 것이 증가하면 조선 사람에게 불안을 준다고 이주식민을 반대한 것이다.

이에 대해 아오야기는 조선을 발전시키기 위해서는 내지인이 이민와서 토지를 매수하는 것이 당연한 일이고, 조선 사람은 토지방매 후 황무지를 사서 개척하면 된다고 주장했다. 지금 민족적 팽창은 세계의 대세이기 때문에 일본 정부는 과감히 이주식민 정책을 실행해야 한다는 주장을 반복했다. 나아가 아오야기는 전술한 바와 같이 데라우치의 통치에 대해 비판하면서 "각하(데라우치)가 신부민(新附民: 조선인)을 애무해서 모국민과 같이 급격하게 문명화시키고 혹은 일선민에게 대등한 생활을 시키는 것은 장차 민족 대항의 위험한 폐해가 일어날 가능성이 있다"고 경고했다.

그리고 계속해서 데라우치에게 내선인의 동화는 정치적인 동화만으로 이룰 수 있는 것은 아니고 경제적 동화를 기다려야 하기 때문에 이주식민이 중요하다는 것을 역설했다. 이처럼 아오야기는 데라우치의 거듭되는 반대에도 불구하고 자신의 주장을 굽히지 않았다. 즉, 내지인의 조선이주는 오히려 조선 사람에게 산업경쟁심을 일으켜 사회를 발랄하고 생기있는 경제 산업국으로 만들어 줄 것이다. 조선은 일본에 비해 개척하고 경작할 만한 지역이 풍부하기 때문에 일본 국내의 인구정책 및 경제정책으로 봐도 당연한 귀결이라고 보았다. 진정한 내선동화를 이루기 위해서라도 이주식민이 필요함을 역설한 것이다. 나아가 그는 3·1운동이 일어난 원인도 데라우치가 이주식민 반대정책을 실시했기 때문이라고 생각했다.

아오야기는 이제 총독정치는 동화정책의 원칙론만을 고집하지 말고 내선동화의 문제는 내지인을 조선에 이주시켜 사회적 동화를 이루는 외에 방법이 없다고 지적했다. 대영제국도 자국식민지에 본국과 같은 동화를 시행하려고 하여 실패한 경험이 있기 때문이었다. '지나'의 경우도 강대한 문화를 가지고도 조선통치에 힘썼으나 결국 실패하고 말았다고 하여 동화보다는 이주식민을 해야 한다고 생각했다.

데라우치 총독의 교육정책의 모순

일제는 식민통치의 일환으로 조선교육령을 제정하여 교육에 관한 정책을 수립했다. 이 법령은 1945년까지 정치적 상황에 따라 네 차례에 걸쳐 개정되었다. 제1차 교육령은 1911년 8월 23일 제정되어 〈교육칙어〉에 의거하여 충량한 국민을 육성하는 것을 목표로 삼았다. 무단정치를 실시하면서 충량한 국민을 양성하는 교육이란 의도에 맞게 일본어 보급을 위한 보통교육을 실시하고, 노동자를 양성하는 실업교육을 강조했다.

제1차 교육령이 실시되고 있을 때 아오야기는 조선인 교육은 내지 일본과 동일해야 한다는 생각을 가지고 있었다. 몇 차례 데라우치 총독의 관저를 방문하여 이에 대한 의견을 나누면서 교육령 개정을 건의한 것이다. 그는 데라우치의 교육정책에는 모순이 있다고 인식하고 있었다. 교육은 총독의 권한이므로 데라우치가 참으로 내선인 동화에 뜻이 있다면 소신을 갖고 조선교육을 내지와 같이 통일하는 것이 지당한 것이라고 보았기 때문이다. 그러면서 국민교육의 주체인 〈교육칙어〉를 조선인에게 강제 보급시켜야 한다고 보았다. 이를 위해 처음부터 내지와 같은 교과서를 가지고 황실의 적자로 황실과 국가에 충성을 바칠 정신을 길러 야마토 민족의 야마토혼을 섭취시키는 것이 가장 중요한 일이라고 판단했다.

> 충군애국은 우리나라의 유일무이한 종교이다. — 유신의 대동란에 즈음하여 국가의 체면과 사명을 완수한 것도 실로 이 국민성에 의한다. 일청 일러의 2대 전역에 즈음하여 희유의 대첩을 펼치고 세계에 국위를 발양한 것도 모두 이 국민성에 의한다. — 이 국민성은 세계에 유례가 없는 것으로 우리 야마토 민족의 독특한 사명에 대한 자각에 기초한다.[17]

---

17 青柳綱太郎, 『朝鮮統治論』, 제23 朝鮮統治と教育, 8. 教育勅語普及論, 1923, 482-483쪽.

이처럼 천황에 대한 '충군애국은 유일무이한 종교'라고까지 주장한다. 이제 조선인 자제가 보통학교의 교문을 왕래하게 되었으므로 민도, 사상의 완고, 빈약, 일본어 보급 여부는 문제가 아니라는 인식이다.

이에 대해 데라우치는 아오야기의 주장처럼 바로 일본과 조선의 문교 행정을 통일시키는 것은 곤란하며 앞으로 10년 혹은 15년 정도의 시간이 필요한 일이라고 말한다. 왜냐하면 현재 조선인의 사상이 완고하고 빈약하여 〈교육칙어〉를 받들기 어려우며 적어도 보통교육, 특히 일본어가 보급되기를 기다려야 한다고 보았다. 교과서의 경우도 바로 내지의 것을 사용해도 좋지만 지금 선민의 사상, 풍속, 구관, 민족성을 연구조사 중이므로 그 결과를 기다려야 할 것이라고 답변했다.

아오야기는 이러한 데라우치를 동화 불가론자가 아니냐고 묻는다. 데라우치의 교육방침대로라면 조선인은 일본인에게 동화될 수 없다고 주장한다. 조선인이 교육에 의해 국체 및 정치에 관한 자각의 경지에 도달할 때쯤이면 위험사상, 조국회복사상을 양성하는 것은 불을 보듯 뻔한 일이라는 것이다. 왜냐하면 데라우치 시대의 교육정책은 조선인이 국체 및 정치에 관한 자각이 발생함과 동시에 도리어 위험사상을 양성하게 되는 것을 우려하여, 오히려 알지 못하게 하는 정책에 따라 주로 산업개발에 관한 과학지식을 양성하는 것을 가장 온당한 것으로 간주했기 때문이다.[18]

---

18 靑柳綱太郎, 『朝鮮統治論』, 제23 朝鮮統治と教育, 8. 教育勅語普及論, 1923, 481-483쪽.

데라우치는 아오야기의 강력한 권유에도 교육정책을 전혀 개정할 생각이 없었다. 아오야기는 그런 데라우치의 교육방침에 모순이 있다고 비판한 것이다. 그런데 2대 총독 하세가와가 3·1운동의 책임을 지고 사임하고 후임으로 사이토 총독이 부임하였고, 3·1운동의 영향으로 식민통치 방식이 변경됨에 따라 제2차 교육령은 1922년 2월 4일에 제정되었다. 민족차별을 없앤다는 명목으로 한반도 안의 조선인만이 아니라 일본인도 같은 규정을 적용받게 하고 수업연한을 늘렸다. 그러나 실제로는 일본어를 사용하는 사람과 사용하지 않는 사람을 구분하여 일본인은 소학교에 조선인은 보통학교에 진학하도록 하고 있다. 학제상으로는 모두 4년에서 6년으로 연장되었으나, 조선인이 다니는 보통학교는 대부분 4년제였고 조선사와 조선 지리에 관한 과목은 폐지되었다. 이후 일제가 만주사변, 중일전쟁을 일으켜 한반도는 군사물자를 조달하는 병참기지로 변화하면서 제3차 교육령이 1938년 3월 3일에 제정되어 교육정책도 이에 맞게 전환되었다. 마지막 제2차 세계대전이 발발한 상황에서 황국신민화 교육을 보다 강화하여 제4차 교육령이 1943년 3월에 제정되었던 것이다.

아오야기는 적극적 동화책이란 형식에 있지 않고 두 나라 국민이 고락을 함께하는 데 있기 때문에 통역이 필요한 일본어와 조선어를 보유하는 것은 사상의 교류, 감정의 융합을 어렵게 하고 두 나라 민족의 '동거합체'를 방해하여 동화융합을 기대할 수 없다고 보았다. 그렇게 되면 두 나라 국민 사이의 사상 대립과 감정 충돌은 점점 더 심해질 것이라고 생각했다. 나아가 두 나라의 민족에게 나쁜 감정과 울분 상태를 지속시켜 커다란 틈을 만들 것이기 때문에 어렵지만 언어를 어느 한쪽으로 통일시켜야 할 필요가 있다고 주장했다.[19] 역대 총독도 내선 공존공영을 선언한 것을 보면 적극적으로 동화를 달성하려고 생각하지 않았다고 보았다. 문화정치 후의 교육방침을 보면 전혀 데라우치의 이상과 반대로 움직여왔다고 하여 교육의 힘과 관헌의 힘으로 내선동화가 이루어진다면 꿈같은 이야기라고 말했다.

이처럼 조선인 교육정책에서 조선인이 '천황의 적자'이기 때문에 동등한 교육을 받아야 한다고 주장한 아오야기의 견해는 데라우치보다는 평등하게 보이지만, 그가 기본적으로 조선인 멸시관을 가진 것에 비추어보면 모순되는 점이라고 하겠다.

자치제 실시

아오야기는 조선인이 '천황의 적자'이기 때문에 동등한 교육을 받아야 하고, 조선은 천황의 동일한 지배를 받기 때문에 내지와 마찬가지로 자치제를 실시해야 한다고 생각했다. 즉 조선은 식민지가 아닌 내지의 일부이고 내선인은 형제자매이기 때문에 일시동인의 무차별주의에 따라 자치제로 현치(縣治)를 실시할 것을 제안했다. 현치제도는 조선의 행정구역을 내지와 동일한 호칭아래 두는 것이며, 조선의 토지와 사람을 병합하는 당국의 동화정책의 방편으로 당연한 일이라고 생각했다. 이제 조선 민족의 생활을 조직하는 모든 것은 완전

19 青柳綱太郎, 『朝鮮統治論』, 제7 朝鮮人同化問題, 2. 積極的同化策とは何ぞや, 1923, 128-133쪽.

히 일본식이 되었으므로 일본의 내치정책으로 신속히 조선의 도치(道治)를 현치로 바꾸고, 행정관청도 도청(道廳)을 현청(縣廳)으로 개칭하여 10년 뒤에 올 자치제 준비에 착수하지 않으면 안 된다고 하였다.

일제는 1905년 거류민단법에 의해 일본인의 자치적 행정조직으로 민단을 설정하였으나, 데라우치는 '내선인 획일정치'를 위해 1913년에 민단을 철폐한 것이다. 즉 '내선공학, 내선인 동화, 산업동화'는 조선통치의 이상이기 때문에 민단만의 자치를 인정할 수 없다는 것이다. 이 문제에 대해 아오야기는 시기상조라고 반대한데서도 자치제에 대한 그의 생각을 엿볼 수 있다.

그런데 아오야기는 식민학자들이 자칫하면 조선을 식민지로 취급하여 조선통치의 이상과 커다란 모순을 가져와 자치제 실시를 반대해 왔다고 보았다. 그러나 식민학자들 중에는 자치제 실시를 주장하는 경우도 있었다. 즉 식민정책론을 체계적으로 완성한 사람으로 평가받는 야마모토 미오노(山本美越乃, 1874-1941)의 경우 「朝鮮統治の根本問題」(《經濟論叢》9-3, 1919, 9)와 「朝鮮統治私見」(『太陽』26-5, 1920, 5)에서 조선의 장래는 자치를 허락하고 교육을 보급시켜 의회 제도를 인정하며 식민지 주민에게 참가하는 권리를 주는 것이 좋다고 하였다. 그러나 아직 이 제도를 시행하는 것은 시기상조라고 하여 동화주의와 주민에게 참정권을 주는 것도 반대했지만, 결코 식민통치를 반대한 것은 아니었다. 조선의 동화주의에 대해서 야나이하라 다다오(矢內原忠雄, 1893-1961)도 「朝鮮統治の方針」(《中央公論》41-6, 1926)에서 야마모토와 같이 동화주의를 비판하고 조선의회 설치론을 제시했다. 다만 양자의 다른 점은 야마모토는 자치주의를 주장하고 국가팽창정책을 긍정하는 입장을 취하는 데 비해, 야나이하라는 독립을 용인하고 국가 팽창정책을 부정하는 점이고, 같은 점은 모두 조선통치의 근본책으로 영국형 자치식민지화를 제시한 것이다.[20]

아오야기는 이러한 야마모토나 야나이하라의 식민론에 어떠한 영향을 받았는지 확실하지 않지만 자치제 실시의 시기상조와 식민통치를 긍정한 것은 같은 점이라고 하겠다. 내지연장으로서의 조선이라고 해도 그렇게 생각하지 않는 일본인, 조선인이 많은 이상 통치의 이상을 달성하기는 어렵기 때문에, 일본 내지를 기본으로 현정(縣政)을 통일시킬 것을 주장했다. 그렇게 해야만 도치를 없애고 현치로 변경함으로써 현재 시정촌제(市町村制)가 통일되어 조선의 정치는 내지와 같게 되고 '내선일체(內鮮一體)'의 '대일본주의'가 실현 가능해지는 것이었다.[21]

아오야기의 자치론인 현치론(縣治論)도 결국은 특별자치제 시행으로 정리되었다. 왜냐하면 총독정치 이래 이미 18년이 되고 사이토가 지방제도를 개정한 지 이미 8년이 지났으나 조선에 내지와 같은 자치제도를 시행할 수 없는 것은 도시와 지방이 문화정도와 보급에 상당히 차이가 있기 때문이라고 했다. 따라서 갑가지 전 조선에 자치

---

20 原覺天, 『現代アジア研究成立史論』, 제3장 植民學 · 植民政策學とアジア研究, 勁草書房, 1984, 70-72쪽 참조. 그리고 다카사키 소지(高崎宗司)는 야나이하라(矢內原忠雄)의 조선의회 개설방침은 당시로서는 진보적이고 독립을 이론적으로 귀결시키는 생각이었지만, 영국의 통치법을 모범으로 삼음으로써 식민통치의 효용을 믿고 있었다고 비판했다. 최혜주 옮김, 『일본망언의 계보』(한울, 1996) 4, 일본인의 조선통치비판론, 9, 식민정책학자의 조선관을 참조.

21 靑柳綱太郎, 『總督政治史論』, 文化政治時代, 제29편 朝鮮縣治論, 1928, 401쪽: 靑柳綱太郎, 『朝鮮統治論』, 제16 地方行政, 4. 地方制度改制と自治評論, 1923, 258-264쪽.

제를 시행하는 것은 가혹한 것이고 지방민이 국세를 부담할 능력이 없기 때문에 대도시만 한정해서 특별자치제를 시행하는 것이 적당하다는 주장이었다.

2. 무력배경의 문화정치

잘못된 관제개혁으로 총독의 권위가 추락하다

1919년 3·1운동을 기점으로 일제는 무단통치를 문화정치로 전환했다. 3·1운동 이후 고양되어 가던 반일 독립운동에 대응하여 종래의 노골적인 무력 지배를 완화하는 한편, 식민통치에 지장이 없을 정도의 언론, 출판을 허용했다. 하라 다카시(原敬) 수상의 '내지연장주의'라는 식민지 통치방침은 일본과 조선은 언어, 풍속, 인종, 역사가 동일하므로 민족 말살, 동화정책을 추진하려는 것이다. 이것이 문화정치의 본질이다. 일제는 그들의 통치가 무단통치에서 문화정치로 전환되었다는 것을 가시적으로 보여 주기 위해 1919년 8월 19일 칙령 제386호로 조선총독부 및 소속 관제를 개정 공포했다. 그러나 이전까지의 식민정책을 근본적으로 바꾼 것은 아니었다. 다만 문관 본위제도, 일본인과 조선인에게 동등한 교육시행, 경찰제도, 조선을 내지연장으로 인정하여 조선인을 동화시킨다는 방침이었다. 결국 문화정치도 개발정책과 민족 분열정책을 통해 수탈과 지배를 심화시켜 동화를 달성하려는 것이었다.

아오야기는 내지연장주의가 조선인에게 참정권을 주고 내지와 같은 자치를 허용하는 것이지만 아직 조선의 민정과 민도에 알맞지 않다고 했다. 하지만 조선인이 천황의 적자이기 때문에 동등한 교육을 받아야 하고, 조선은 천황의 동일한 지배를 받기 때문에 내지와 마찬가지로 자치제를 실시해야 한다고 생각했다. 즉, 조선은 식민지가 아닌 내지의 일부이고 내선인은 형제자매이기 때문에 일시동인의 무차별주의에 따라 자치제로 현치를 실시할 것을 제안했다. 현치제도는 조선의 행정구역을 내지와 동일한 호칭아래 두는 것이며, 조선의 토지와 사람을 병합하는 당국의 동화정책의 방편으로 당연한 일이라고 생각했다. 이제 모든 조선 민족의 생활 조직이 완전히 일본식이 되었으므로 일본의 내치정책에 의거하여 조선의 도치를 신속하게 현치로 바꾸고, 행정관청도 도청을 현청으로 개칭하여 10년 뒤의 자치제를 위한 준비에 착수하지 않으면 안 된다고 언급했다. 그러면서도 문화정치의 요점이 조선을 문명화시켜 조선을 개발정리하고 조선인의 독립사상을 포기하도록 하는 데 있었는데도 '소요'가 계속된다면 앞으로 상당한 무력을 사용하지 않을 수 없다는 무력배경의 문화정치를 주장했다.

그렇다면 아오야기는 이러한 관제개혁을 어떻게 생각했는지 살펴보자. 아오야기는 조선에 있는 일본 지식인들이 대부분 관제개혁을 반대했음에도 일본 정부가 단호하게 개혁을 추진한 것이 잘못이라고 비판하고 있다. 즉 무관총독에 대한 제한을 없애고 문관도 총독이 될 수 있게 했으며, 헌병경찰 제도를 폐지하고 보통경찰 제도를 실시하여 경찰사무 집행의 권한을 도지사에게 이속시켰으며, 문치주의를 방침으로 내건 점을 들고 있다. 이는 데라우치 총독과 하세가와 총독의 무단주의가 '소요'의 원인이고 헌병제도가 조선인의 반항을 초래한 점을 시인한 것이고, 실로 언어도단의 실태가 아닐 수 없다고 보았다. 이로써 조선 총독은 중앙 정부가 임명하는 일 지방장관과 같은 지위에 놓이게 되었으며, 이것은 하라 다카시 수상 등 정당정치가의 참월(僭越)한 전단(專擅)에 의한 제도개혁에 불과한 것이다. 나아가 총독제를 파괴하고 메이지 천황의 윤지(綸旨)를 무시하는 것은 정당이 천황에게 죄를 진 것이라고 엄격하게 비판했다. 이에 대해 아오야기는 당시 원로(元老) 사이온지 긴모치(西園寺公望)에게 상서하여 조선 총독의 지위 문제를 다음과 같이 언급하고 있다. 원로는 천황을 보필하여 내각총리대신을 추천하는 등 국가의 중요사항에 관여했다. 그러므로 사이온지는 1916년에 정식으로 원로가 되면서 1918년 데라우치 내각의 뒤를 이어 정우회 총재 하라 다카시를 후계 수상으로 만드는 데 막강한 영향을 미쳤다.

> 독립소요 사건으로 조선총독부 관제 및 동 지방관 관제를 개정하고 경찰관서 관제를 폐지하였다. 관제개혁에 대해서는 재선의 지식인들이 반대했지만 정부가 단호하게 개혁하였다. 관제에 의하면 총독은 종래 무관에 한정된 것을 고쳐 제한을 없앴고, 보통경찰제도로 바꾸어 문치주의 방침을 세웠다. 총독의 무단주의가 소요의 원인이라고 하고 헌병제도가 조선인의 반항을 산 것이라고 시인하는 것은 실로 언어도단의 실태라고 말하지 않을 수 없다.
>
> 이래 조선총독은 중앙 정부가 임면하는 일 지방장관의 지위에 놓여

졌다. — 오늘의 정당 정치가는 사직권고와 같은 수단을 가지고 조선총독과 정무총감의 의자를 빼앗고 그것을 당인(黨人) 혹은 준당인(準黨人)의 아당(我黨) 공로자에게 주어 세상 사람들은 그것을 아당내각의 논공행상이라고 칭하고 있다. — 총독은 일 사무관이 아닌 천자의 대리로서 파견되어야 한다.

이렇게 정당정치는 조선총독으로 하여금 정당정치에 예속시켜 현재로서는 일 척무성 아래 두고 조선통치상의 문제가 척무성의 눈치를 살펴야 하고, 실업가까지도 기업 계획에서 척무대신에게 진정을 하기 위해 상경하기에 이르러 장래 조선총독부는 무용지물이 되어 척무성의 일 국(局)으로 될 것임은 상상하기 어렵지 않다. — 정무총감도 마찬가지이다. 또한 조선인에게 참정권을 주자고 하거나 조선에 조선의회를 개설하자고 하는 의원이 있는데 이것은 우리 국체 및 정체에 얼마나 화란의 원천이 되는가를 눈치 채지 못한다면 유감이라고 할 수 있다.[22]

이처럼 이 관제개혁의 여파로 조선총독은 일 사무관으로 추락했다고 주장하고 있다. 즉 사이토 총독의 사임 후 정우회가 추천한 야마나시 한조(山梨半造, 1864-1944) 총독이 부임했지만 재임 중의 독직사건에 연루되어 인책 사임하여 총독의 위신은 땅에 떨어지게 되었다고 말한다. 이후 민정당 내각의 수상 하마구치 오사치(濱口雄幸,

22 青柳綱太郎, 『赤裸裸に見た內鮮史論』, 제5편 西園寺公望に上る書, 1935, 276-314쪽.

야마나시 한조

1870-1931)의 추천으로 사이토가 다시 부임했다. 아오야기는 이 때 내각의 일 대신이 총독을 일 사무관으로 취급했다고 지적하여, 총독을 지방관으로 취급한 폭언은 정당정치가의 교만이며 조선통치의 근본을 파괴하는 처사라고 비판했다.

즉 조선의 형편에 맞지 않는 관제개혁과 정당정치가의 폭언이 총독의 지위를 이전과 다르게 만들었다고 본 것이다. 그는 데라우치 총독 때에는 천황의 대리인으로 조선에 파견되어 조선총독이 신으로부터 통치권을 받은 것이었는데, 정우회의 총재로 수상이 된 하라 내각 이후에는 메이지 천황이 정해준 관제를 멋대로 개정한 것으로 이해했다. 이는 정당으로부터 총독의 임무를 전수받은 것에 지나지 않는다고 그 차이를 설명하고 있다. 정당에서 너무 지나치게 권력을 가지고 조선 총독의 대권을 경시하여 내각에 예속시키려고 하는 것이며, 천황의 신치주의(神治主義)를 폐지하고 인치주의로 전화시키려는 의도라고 지적하고 있다. 아울러 정당이 교체될 때마다 조선 총독과 정무총감의 자리를 빼앗아 정당의 공로자에게 주는 것은 정당내각의 논공행상이라고 칭해도 이상할 것이 없다고 비판했다. 예를 들면 정우회가 추천한 야마나시 총독이 불상사를 일으킨 것은 그 자신이 육군의 중진, 전 대신의 명예를 지닌 자로 신정을 더럽힌 죄에 해당된다. 이를 두려워한다면 할복해서라도 신 앞에 사죄해야 한다고 말하고 있다.

바라기는 조선 총독의 지위를 정당내각에 예속시키지 말고 진실로 천자의 대관(代官) 지위에 두어, 정당의 기부(起仆)에 의해 조선 총독을 좌우하는 일 없이, 식견이 뛰어난 인격자를 앉혀 먼저 조선학을 철저하게 하며 그리고 나서 조선통치에 그 포부를 행하게 해야 한다. 이렇게 전 조선 민족의 보편 인격으로 하여금 소기의 목적인 합리적 습관을 달성하도록 기하지 않으면 안 된다. 다만 조선은 극동의 구방으로 일찍이 우리 일본에 문화를 전파한 역사를 갖는다. 그 문화의 경로는 동일 궤도를 돌아왔다고 해도 현대문화의 발달은 수 걸음을 일본에 뒤떨어졌을 뿐 아니라 그 민도와 민정, 구관 전례에서는 매우 상위를 드러내는 점에서 조선 총독의 지배에서 고심이 있는 것은 우리 정당정치가가 꿈에도 생각할 수 없는 것이다. 현존하는 척무성 같은 것은 통치에 무용지물로 총독의 위신을 보지하기 위해서나 정비절감을 위해서 하루속히 폐성(廢省)시켜야 한다. 엄정하게 정당 참월권의 모독을 받지 않는 신성한 총독정치를 행하도록 노력하기 바란다.[23]

이처럼 아오야기는 척무성 폐지를 주장하며 정당정치가 조선 총독을 정당정치에 예속시켜 현재 척무성 관할 아래 두고, 조선통치 문제를 척무성의 기분을 살피게 하는 것은 잘못된 것이라고 언급했다. 그리고 총독 통치하의 실업가까지도 척무대신에게 진정하기 위해 일

23 青柳綱太郎, 『赤裸裸に見た内鮮史論』, 제5편 西園寺公望に上る書, 1935, 312-314쪽.

본으로 상경하기에 이르렀으니 장래 총독부는 아무 쓸모없는 것이 되어 척무성의 한 사무국으로 바뀌어버릴 것은 상상하기 어렵지 않다고 보았다. 총독의 위신을 지키고 통치비용을 절감하기 위해서라도 척무성을 폐지하여 정당의 간섭을 받지 않는 총독정치가 이루어지게 할 것을 촉구했다. 만일 조선인들이 정당의 기복에 따라 조선총독이 좌우되는 것을 알게 된다면 그런 정치를 받으려 하지 않을 것이라고 우려하고 있다. 이는 이전의 무단통치와 같은 강력한 총독통치가 필요하다는 주장에 다름 아닌 것이다.

사이토 총독의 잡혼정책을 반대하다

아오야기는 조선인의 동화를 빨리 이룰 수 있는 방편으로 사이토 총독이 잡혼정책을 장려한 것을 반대했다.[24] 잡혼이란 다른 인종간의 결혼을 말한다. 혈통이 서로 다른 것은 일본과 조선의 양 민족이 동화하기 어려운 최대 원인인데도 불구하고, 이것을 결혼정략에 의해 해결하려는 것은 이상론에 불과하다고 인식했다. 그는 로마도 잡혼정책으로 멸망했다고 다음과 같이 지적했다.

> 로마의 잡혼정책은 로마 최우량종의 절멸이다. 환언하면 순 로마 민족의 퇴폐이다. 로마가 이민족을 정복하는데 극단적인 동화정책을

---

24 강창일, 「일제의 조선지배정책」, 《역사와 현실》12, 1994, 49-50쪽.

채택하여 그 영토 안에 포용한 이민족을 평등하게 대우하고, 그 문화의 정도와 민족성 여하에 상관없이 일제히 시민권을 부여하여 이민족과의 결혼을 장려했다. 사이토가 동화 정략상 내선결혼을 장려한 것과 같다. — 민족혼이란 것이 문화정치의 제도변경이나 사이토의 결혼정략에 의해 이를 개조하고, 개조한 조선인의 혼을 가둘 수 있을 것인가. 이것은 실로 용이한 일이 아니다. — 사이토의 결혼정략은 장래 우리 국체에 균열을 만들어 로마제국의 전철을 밟지 않을까 우려된다.[25]

동화 문제는 조선통치의 '암'이기 때문에 양 민족의 자각을 기다려야 하고 이것을 결혼에서 찾는 것은 우활(迂闊: 실제와 관련이 먼 일)한 것이라고 보았다. 지금 30~40만 명에 달하는 재선일본인으로는 아무 위력이 되지 못하고 반대로 조선인에게 동화될 정도이므로, 내지인의 다수가 조선에 이식되지 않으면 이 문제를 해결할 수 없다는 것이다. 또한 사이토가 결혼정책을 장려해도 그것이 어학이 불충분하고, 인정·풍속·습관이 달라 대부분의 경우 그 가정은 파괴되어 버린다. 내선인이 이러한 것들을 동일하게 해서 그 민족 심리를 파악해야 동화를 달성할 수 있다고 주장했다. 아오야기의 정책 건의는 받아들여지지 않았지만, 이 정책의 결과 실제로 혼인수가 증가하여, 1936년까지 조선 내에서 1192쌍에 지나지 않던 것이 1942년에는 2015쌍에

---

25 青柳綱太郎,『總督政治史論』, 文化政治時代, 제28편 民族魂と同化の最後的研究, 1928, 388-389쪽.

달하고, 일본에서는 1944년 3월 말 1만 700쌍에 이르렀다고 한다. 일제는 1937년 중일전쟁 이후 '내선일체'화의 일환으로 통혼 문제를 정책적 차원에서 추진했다.

1면 1교제를 반대하다

아오야기는 1928년 8월 자신이 경영하는《경성신문》에 여러 차례에 걸쳐 보통학교의 1면 1교 증설안에 반대하는 내용을 게재하여 야마나시 한조(山梨半造) 총독에게 개정을 촉구했다. 1면 1교제 정책은 야마나시 총독의 통치 시기인 1929년부터 실시된 교육정책으로 전국에 보통학교가 설치되지 않은 모든 면에 4년제 보통학교 1교를 설립한다는 내용이다. 이 정책을 실시하게 된 배경은 총독부가 1918년 12월에 발표한 3면 1교제다. 이것은 애초에는 1919년부터 1926년까지 3개 면 중에 한 면에 보통학교를 설립하는 정책이었다. 그러나 3·1운동 이후인 1920년 1월에 실시기간을 1922년까지 단축하기로 방침을 바꾸었다. 1면 1교제는 다수에게 교육을 보급하는 취지를 표방했으며 설립비용은 본래 조선인 부담으로 해야 하지만 경제사정을 감안하여 총독부의 보조를 주로 하고 조선인의 부담을 점차 늘려간다는 내용이었다. 그러나 아오야기는 보통학교를 확장하고 증설하는 것은 반대할 이유가 없지만 조선의 민도와 실정상 맞지 않는 사치스러운 정책이므로 점진적으로 실행해야 한다고 반대했다. 아울러 야마나시 총독과 이케가미 시로(池上四郎, 1857-1929) 정무총감에게 "조선에서 생산적이 아닌 기관을 증설하는 것을 급무로 하는 학무당국의 입안은 문화정치에 어긋나는 것이고 조선의 경제적 지반을 파괴하여 그 생활을 배로 위험하게 하는 것"이라고 강조했다.

> 총독부 당국으로서는 1면 1교의 실행을 선언한 체면상 조금 체재는 나쁠지 모른다. 그렇지만 지금 조선의 민도를 조사하여 각 방면의 경제적 실정을 정밀하게 조사하고 포용력 있는 면부터 점차 해마다 이를 실행하고 짧아도 10년 계획 정도로 그 예산을 고치는 것이 좋다. 다만 체면문제에 구애되어 이것이 아니라도 1면 1교를 실행하려고 위세를 펼치는 것은 결코 좋은 방법이 아니다. 우리는 이쿠다(生田淸三郞) 내무가 인정과 도리를 다하여 일단 야마나시 총독에게 의견을 개진하고 총독의 명민한 판단을 구해야 한다. 이쿠다 내무의 의견은 실제로 지방관 지방 학무당국자의 여론의 대표로 보는 것이 옳다. 나는 감히 야마나시 총독에게 경고한다. 각하는 모름지기 조선의 민도를 보라.[26]

이처럼 아오야기는 보통교육기관의 확장 문제를 강한 어조로 비판하면서도 야마나시 총독과 이케가미 총감이 저돌적으로 추진한다면 어쩔 수 없지만 4개년 증설 계획을 10개년 계획으로라도 연장할 것을 요청하는 건의를 거듭 올리고 있다. 이러한 논란 끝에 1면 1교제는 1929년부터 1936년까지 실시했지만 그럼에도 이 문제가 해소

---

26 靑柳綱太郎, 『赤裸裸に見た內鮮史論』, 제7편 地方官に檄す, 1935, 416-417쪽.

되지 않자, 1937년부터 제2차 계획을 추진하여 10년 계획을 도입하게 되었다. 그러나 1938년 조선인특별지원병제도가 도입되면서 그와 병행하여 실시 시기를 6년으로 단축하여 4년제 보통학교의 학급을 증설했다. 아오야기가 이 증설안을 반대한 것은 학교 증설을 문화 보급으로 보는 당국의 시각에 대한 반발에서였다. 그는 민도가 저급한 조선인에게 그렇게 많은 교육비용을 부담하면서까지 교육시킬 필요가 없다는 우민관이 작용하고 있는 것이다.

아오야기는 이미 사이토의 문화정치에 비판적이어서 조선에 대학설치를 반대한 적이 있었다. 동화가 조선통치의 최대목적이라면 일본인 위주의 교육, 일본교과서가 아니면 안 된다. 조선의 민족성을 개조하고 저급 추악한 취미를 혁신하는 것은 교육의 임무다. 그러나 조선의 민도와 사회 상태를 보면 대학을 조선에 설립해서 법과·의과·농과 등을 양성해 어찌할 것인가 반문하고, 대학교육을 받고 싶은 자는 일본에 유학하면 된다고 하여 보통교육이나 전문교육에 힘쓸 것을 주장했다.

무력배경의 문화정치가 필요하다

아오야기는 3·1'소요'가 일어난 원인을 기왕의 무단정치 탓으로 돌리고 그 책임을 데라우치에게 지우는 것은 무책임한 것이라고 말한다. 무단통치가 조선인에게 나쁜 감정을 심어준 것은 조선인의 인정, 풍속, 습관에 주의를 하지 않은 결과로 보았다. 문화정치 아래에서 점진적 개혁이 필요하며 문화정치를 철저히 하기 위해서는 근본적으로 조선의 치안을 유지하는 것이 선결 문제다. 이를 위해 가장 중요한 급무는 사단을 증설하여 치안을 강화하는 것이라는 견해를 가지고 있었다. 무력배경의 문화정치를 의미한다.

> 세인이 자칫하면 신총독이 문화정치를 표방하면서 무단정치로 역행하고 있다고 비평하는 자가 있다. 우리는 그 이유를 모른다. 불령선인을 토벌하여 불령언론기관을 억압하는 것을 무단정치라고 말한다면 그것은 문화정치의 의의를 이해하지 못하는 사람이다. 생민의 치안을 돌보지 않고, 위험사상 배일사상의 고취를 방임하여 문화정치의 가치가 어디에 있겠는가. 또 내지연장주의의 기대는 바로 선민에게 참정권을 주고, 또 바로 내지와 같은 자치를 허용하는 것이라고 하는 것은 아직 조선의 민정과 민도에 정통하지 않은 것이다. 내지연장주의는 물론 총독부 행정상의 원칙이지만 조선의 민도와 풍속습관을 참작하여 점진적으로 개정해야 한다. 조선인은 현재 국경방면에서 독립소요를 계속하여 끊임없이 내란을 계획하고 이것을 실행해 가는 상태라면, 이에 상당한 무단의 위력을 사용하지 않으면 제국국헌의 위신에 관해 조선의 안녕은 유지되지 못할 것이다. 환언한다면 문화정치의 배후에는 무력이 잠재되지 않으면 안 된다.[27]

---

27 青柳綱太郎, 『朝鮮統治論』, 제4 文化政治論, 1923, 85쪽.

그는 문화정치의 요점은 조선을 개발 정리하고 조선인을 문화로 인도하며, 일본인을 이주시켜 민족적 위력을 가지고 조선인의 독립 사상 내지 조국회복사상을 포기시키는 것이라고 말한다. 그 이유는 조선을 병합한 일본제국은 강국이며 동아의 선진문명국이라고 보기 때문이다. 즉 조선은 약국이며 동아시아의 가장 비문명국이기 때문에 강자는 약자를 좌우하고 문명국은 비문명국을 지도할 책임을 갖는다는 것이다.

> 사이토 총독은 조선에 역사가 있는 이래의 양목(良牧)이고 대총독이다. 조선인이 이러한 대총독을 얻은 것은 조선인의 지대한 행복임과 동시에 일본제국의 조선통치도 이 대총독에 의해 장래 더욱 그 광휘를 떨칠 수 있을 것이다. 그러나 조선 통치는 인덕과 관용만을 가지고 행해서는 안 된다. 수시 수소에 '힘'을 사용하는 것을 내버려둬서는 안 된다. 즉 자모의 마음을 가지고만 키운 아이는 떼를 쓰고, 방탕에 빠져 결국 자모의 자비심을 손상한다. 반드시 엄부의 늠름한 성패가 필요하다. 요순우탕(堯舜禹湯)도 위력을 잃으면 400여 주는 뒤얽힌 삼 가닥처럼 풀기 힘든 지경에서 벗어날 수 없다. 덕정을 그리워하게 하는 일면에서 국가의 위력을 형편에 맞게 사용하는 것은 곧 조선 민족을 선도하여 덕정에 기쁜 마음으로 복종시키는 바가 됨은 물론이다.[28]

---

28 青柳綱太郎, 『朝鮮史話と史蹟』, 齋藤大總督, 1926, 1024-1029쪽.

이처럼 사이토 총독의 문화정치를 평가하면서도 '국가의 위력'을 사용하는 무력통치를 촉구하고 있다. 이를 위해 조선에 국경방비 사단을 증설할 것을 제안한다. 아오야기는 일본이 워싱턴 군축회의(1921-22) 이후 군비축소를 실행했지만 미국은 그 정신을 몰각하여 군사적·경제적으로 동양에 세력을 확장시키려 한다고 비판했다. 미국이 '지나'를 선동하고 러시아를 능가하여 대륙에서 다시 일본과 대항하려고 한다는 것이다. 만일 그렇게 된다면 일본은 대륙의 국경을 보장하기 위해 신속하게 5, 6개 사단을 조선과 '지나' 국경에 이전하고 방비를 갖춰야 한다. 이 군대로 평시에는 불령선인이나 과격파의 분별없는 행동과 조선 내지 후방지대의 치안을 방비하여 질서를 유지하지 않으면 안 된다. 국경 방면에서 치안을 보장할 수 없으면 조선 내지의 민심은 동요하고 문화정치가 곤란해질 우려가 있다는 것이다.

> 5개 사단을 국경에 상설하여 지키게 하면 백만의 과격파 불령선인이 습래해도 감히 걱정할 필요가 없으며 조선의 치안과 개발상, 크게 효과를 가져 온다는 것은 논할 필요가 없다.(중략)
> 생각하건대 문화정치의 철저에는 근본적으로 조선치안의 유지를 선결문제로 하지 않으면 안 된다. 선지(鮮支)의 국경을 흐르는 압록강은 — 겨울에는 결빙하여 도로로 변화하여 선지의 교통은 자유롭게 된다. 경무관헌 및 헌병대가 불과 삼백여 명 내외의 경찰관 및 헌병을 가지고 수비경계를 소홀히 하여 많은 불령단은 대낮에 공공연하게 거래하는 상태라면 수비경찰의 곤란은 말을 기다릴 필요도

없다.(중략)

그렇다면 우리 사단의 증설은 극동적화의 현상과 조선의 근본적 치안 유지상 초미의 급무라고 하지 않을 수 없다. 사이토 신총독 내임이래 착착 문화정치의 경륜을 이루어 세상은 군비의 축소를 창론하는 오늘, 새로 조선에 사단의 증설을 고창하는 것은 무단정치의 실현이라고 비평하는 자가 없지 않지만 그릇된 평가라는 것은 전술한 바와 같다. 이렇게 사이토 총독의 문화정책은 의의가 있는 것이지만 철저를 기하려면 무력 배경이 없는 문화정치는 결코 치선책이 아닌 것이다.[29]

이와 같이 아오야기는 조선의 독립은 불가능하다는 것을 일깨워주고 조국회복 사상을 포기하도록 만들어 조선인이 일본인과의 동화권 안으로 들어올 수 있도록 '일선인 동화 사단'을 만들 것을 주장했다. 이미 설치된 용산과 나남의 2개 사단 외에 국경방비사단의 증설을 실행할 것을 촉구한 것이다.[30]

또한 조선 총독의 문화정치는 '덕광적(德光的) 대일본주의(大日本主義)'의 발현이라고 주장한다. '덕광적 대일본주의'란 세계에 유례없는 건국정신을 갖고 있는 일본인이 신의 위력과 덕력, 신조로부터 받은 야마토혼을 가지고 다른 나라를 정복하는 것이 아니라 신조의 포부를

29 青柳綱太郎, 『朝鮮獨立騷擾史論』, 제11편 文化政治論, 1926, 161-162쪽.

30 青柳綱太郎, 『朝鮮統治論』, 제14 文化政治と國境防備, 1923, 221-228쪽.

사방에 펼치기 위해 개척하고 정리하는 것을 의미한다. 그의 논리에 의하면 조선을 통치하는 것은 침략하는 것이 아니라 문명국 일본의 고유한 야마토 정신을 토대로 그 덕을 세상에 펼치는 시혜주의 입장에 서는 것이다. 조선을 무력으로 침략하는 것이 아니라 은혜를 베푸는 문화정치라고 보았다. 실로 무진장한 경제력을 갖는 조선을 통치 개발하기 위해서 일본인은 천직이며 대사명인 이 대일본주의를 실현하기 위해 막대한 노력과 막대한 재력을 투자할 것을 역설한 것이다.

3. 식민정책과 조선경영

프랑스의 식민통치

서구의 식민통치 방식은 영국의 자치방식과 프랑스의 동화방식이 알려져 있다. 영국은 제국주의 단계 이전에 이미 이주 식민지(캐나다, 오스트레일리아, 뉴질랜드)와 직할 식민지(인도)를 보유하고 있었다. 이주 식민지의 경우는 본국과 거의 동질적인 사회를 만들어냈다. 그러나 인도에 대한 영국의 통치는 직접통치의 전형적인 예로 영국인 관리가 최소한의 범위 안에서 통치하여 전통사회의 문화, 종교, 관습 등에는 손을 대지 않는 방식이었다. 그러나 식민지에서 민족운동이 고양됨에 따라 무력탄압의 한계가 드러나면서 자치를 허용하는 방향으로 전개되었다.

프랑스는 아프리카 북서부와 인도차이나 반도를 중심으로 식민지를 가지고 있었다. 특히 알제리는 지리적으로 지중해를 사이에 두고 본국과 근접해 있다는 특징을 갖는다. 프랑스의 지배방식은 동화정책을 특징으로 하고 있으며 식민지를 본국과 나누려고 해도 나눌 수 없는 한 부분으로서 통합하려고 했다. 따라서 본국정부를 정점으로 하여 관료적으로 통제되는 중앙집권적인 체제를 만들어냈고, 동화주의는 식민지 자치의 부정이나 차별을 정당화하는 논리로 기능하게 된다. 동화주의가 낳은 관료주의적인 직접 통치방식은 식민지 주민과의 마찰을 격화시키는 측면도 갖고 있었다. 그러므로 프랑스의 동화정책은 영국의 자치방식 보다는 억압적이고 군사적인 성격을 띠고 있었다.

그렇다면 아오야기는 일본이 참고할 선진국의 식민정책에 대해서 어떻게 생각했는가. 네덜란드와 프랑스의 경우를 들어 설명했다.[31] 즉 식민지인을 회유하여 다시 돌아오게 하는 것을 이용하는 방법과 일본 사람을 이주시키는 방법을 들었다. 전자는 네덜란드에서 채택한 방법이고 후자는 프랑스가 채택한 방법이었다. 네덜란드의 경우 자바에 식민통치를 할 때 전국을 22구로 나누어 1구마다 이사관과 부이사관을 두어 토착민을 다스렸다. 대부분의 관리는 모두 토착민으로부터 선발하여 오로지 토착인 회유에 전력을 다하여 10여 년 만에 매년 4억 엔의 순익을 얻게 되었다고 말한다.

그러나 일본의 경우에는 한국의 식민통치를 위해 프랑스의 예

31 靑柳綱太郎,『韓國殖民策』, 제1장 殖民策概論, 1908, 2-4쪽.

를 택해서 일본도 이주식민을 해야 성공적인 경영을 할 수 있다고 보았다. 일본의 인구증가 비율이나 동방경영 대책을 생각하면 최대의 급무는 이주식민이라는 것이다. 그렇기 때문에 총독부가 관헌의 힘을 가지고 동화를 달성하려는 것은 성공을 이룰 수 없으므로 이주식민을 통해 사회적 동화를 기다려야 한다고 보았다. 일찍이 대영제국이 자국 식민지에 본국과 같은 동화를 시행하려고 했으나 실패하고 기타 각국의 식민지도 거의 같은 역사를 갖고 있음을 교훈으로 삼을 것을 주장했다.

영국의 식민지 문관 임용시험

아오야기는 한국이 망국에 이른 원인은 관리들의 매관행위에서 찾았다. 그러므로 통감부 및 고문부의 일본인 관리가 한국경영의 지도자가 되어야 한다고 보았다. 관리채용을 신중히 해야 하는데 모국에서 학식 없고 경험과 재주가 없는 자들을 보내는 것은 큰 문제라고 비판하고 있다. 이를 해결하기 위해 유럽의 선진국은 어떻게 식민지의 문관을 채용하고 양성하는지 다음과 같이 영국의 예를 들어 살펴보고 있다.

먼저 영국에서는 정치적으로 임명한 관리 외에 일체 문관 임용시험에 근거하여 채용한다. 과목은 작문, 어학, 수학, 법률학, 경제학, 로마법, 정치학 등이고 후보자는 법률학 이하는 선택할 수 있다고 한다. 이 시험에 급제한 자는 1년간 학술 보수를 위해 본국에 머물게 하고, 그 사이 반드시 이수하지 않는 과목은 형법, 형사소송법, 증거법,

계약법, 어학 등 그 부임지와 관계있는 과목을 선택하여 학습시키고 마지막 시험에 급제한 자는 식민지 관리가 되게 하였다.

아오야기는 이러한 방법이 식민지 관리를 채택하는 데 준수한 자를 얻을 수 있어서 좋은 것으로 평가한다. 영국이 각처 식민지에서 번창한 것도 대개 이유가 있는 것이라고 보았다. 이런 상황에 비추어 일본의 경우, 문관 채용시험이란 것이 있어도 다수의 관리는 실제상 벼락출세자만 있고 정식시험의 결과에 의한 자는 근소하여 할 일 없는 자가 많은 것은 당연하다고 비판했다. 아울러 통감부가 1907년 경성에서 시행한 제1회 보통 문관시험에서 지리, 역사, 작문, 한문, 헌법, 행정법, 민법 등의 과목을 채택한 것은 적당했다고 할 수 있다. 그러나 여기에 향한어학(向漢語學) 과목을 특설해서 특별지식을 시험보게 하는 조치가 필요하다고 보았고, 인재를 등용해서 재한일본인 관리의 쇄신을 도모하기를 희망한다고 제언했다.[32]

식민의 방법론

아오야기가 식민의 방법으로 『한국식민책』(1908, 일한서방)에서 제시한 것을 살펴보자.

첫째, 종교 문제. 식민에는 종교가 수반되어야 한다고 보았다. 왜냐하면 종교가는 동포이주가 증가하여 경영을 진척시키는데서 이주

32 靑柳綱太郎, 『韓國殖民策』, 제2장 殖民と官吏, 1908, 8-9쪽.

민의 위안자, 보호자의 역할을 담당해야 한다. 이는 이주자가 고향의 부모를 걱정하지 않고 조선경영에 매진하기 위해서 필요하다는 것이다. 특히 불교자의 식민포교를 촉구하고 이들이 경영에 참여하여 신일본의 낙원을 건설하도록 만드는 종교의 중요성을 강조했다.[33]

또한 종교가의 책임은 교육에 있으며 이주민의 자제교육은 포교자의 책임이라고 언급했다. 만일 종교가에게 여력이 있다면 부근에 있는 한인의 자제교육도 담당시킨다는 구상이었다. 교육을 통한 회유정책을 시행하면 한국인의 완고한 견해를 없애고, 이주민과 원만한 관계를 이룰 수 있다고 보았다. 그리고 포교자가 의학 강의록이나 인쇄물을 통독한 뒤 간단한 의술을 배워 임기응변의 치료를 할 수 있도록 '일반 의술의 심득'을 배우는 것이 필요하다고 언급했다. 본방 포교자의 통폐는 이민(이주)적 생각이 결여되어 일시의 수단과 방법으로 포교를 명예 내지는 발달의 첩경으로만 종사하는 것이라고 지적했다.

둘째, 교통 문제. 경부·경의 양 철도는 일본국민이 대륙발전을 하는 제일보로 중요하다고 보았다. 이 종관철도는 일한관계를 밀집하게 하며 북쪽은 압록·두만강의 보고가 있고, 남쪽은 낙동강·금강 유역의 보고가 있기 때문에 경제적인 면에서도 중요하다고 인식했다. 왜냐하면 철도 연선에 있는 일본인 체류자는 경제상 실권을 점유하여, 그 경제력은 장래 크게 발휘될 것이기 때문이었다. 따라서 이

33 青柳綱太郎, 『韓國殖民策』, 제3장 殖民と宗教, 1908, 10-24쪽; 青柳綱太郎, 『朝鮮宗教史』, 「我宗教家に告ぐ」, 1911, 151-172쪽.

러한 대세를 타고 내지경영에 안주하지 말고 이권 확장을 위해 이주할 것을 촉구했다. 그리고 한국 팔도 가운데 전라는 '한국의 보고'로 중요한 지역이므로 전주와 나주평야 모두 미곡의 산지로 개척한다면 장래 발전을 예상하기 어렵지 않으므로 호남철도를 부설해야 한다고 주장했다. 군산과 목포의 개항장을 통해 전라지역의 미곡을 반출하기 위해서도 중요하므로 육상철도의 부설이 필요하다고 본 것이다.[34]

그리고 여수에 가까운 순천은 역사상 일본과 관계가 있는 곳으로 중요하다고 보았다. 즉, 진구황후가 삼한을 정벌한 이래 순천과 일본과의 관계는 자못 밀접하게 되어, 당시의 통상 무역상 특필할 만한 지점이 되었기 때문이다. 그렇다면 빨리 이 지역을 개항해서 섬진강의 부원을 개척하고 무역의 신장을 도모하여 신세계를 신설해야 한다. 지금 북한에는 청진을 개항했으므로, 남한에 있는 추요지의 개항은 하루라도 늦출 수 없다. 일본의 식민정책은 이들 땅에 일본인을 자리잡게 하여 점차 내지에 침입하고 한국개발을 도모하려는 데 있었다.

셋째, 농업 문제. 농민이 이주해서 들판을 개척하고 경작 개량을 하면 수확 증대를 이룰 수 있다. 이렇게 한국의 재원을 개척해서 일본인이 대륙으로 비약하는 근저를 만드는 게 중요하다고 보았다. 신일본의 촌락은 농사 추요지점에서 발전의 단서를 열어야 하기 때문에

---

34 青柳綱太郎, 『韓國殖民策』, 제4장 殖民と交通, 1908, 28-31쪽.

군산을 한반도 농사경영의 중심지로 주목했다. 특히 군산이 다른 방면보다 유리한 것은 지가가 저렴하고 지적(地積)이 넓은 점과 수리(水利) 보급에서 탁월한 곳이라는 평가다.[35]

넷째, 상업 문제. 양국 간 최대 장애는 해관세이므로 관세를 폐지해야 하며, 한국경영의 급무는 국내 산업을 개발해서 그 부력을 증진시키는 데 있다고 보았다. 한국 내에서 상업이 실패하는 원인으로 품질이 거칠고 나쁜 물품을 고가로 파는 것, 사기, 수용품(需用品)의 선택, 동포끼리의 무익한 경쟁을 지적했다.[36]

다섯째, 어업 문제. 종래의 출어(出漁)방법은 소규모였으나, 지금 중요한 것은 연안 각지의 호적한 곳에 어촌을 설립하는 것이다. 이미 이주 어업에 종사해서 해상에 신일본을 만든 곳도 적지 않으나, 아직은 미미한 수준에 불과하기 때문에 각 지역에 어민이주를 계획하고 실행하는 것은 한국식민의 최대 급무라는 것이다. 이를 위해 기관을 설치하고 어업자에게 자금을 융통하여 종래의 폐해를 일소하는 것이 필요하다고 보았다.[37]

여섯째, 이민장려법 문제. 한국식민에서 이민을 장려하는 방법이 없기 때문에 가령 러시아의 단체이주에 지권(持權)을 부여하는 것이나, 혹은 식민초기에 대부금제도의 일종인 관비(官費)이주를 실행하는 것이 한국농민 이식에 크게 참고할 만한 것이라고 생각했다. 대

---

35 靑柳綱太郎, 『韓國殖民策』, 제5장 殖民と農業, 1908, 43-44쪽.

36 靑柳綱太郎, 『韓國殖民策』, 제6장 殖民と商業, 1908, 93-97쪽.

37 靑柳綱太郎, 『韓國殖民策』, 제8장 殖民と漁業, 1908, 134-135쪽.

한경영의 대정신은 "간과(干戈)를 가지고 빼앗긴 방토(邦土)는 망하는 일이 있어도 호미를 가지고 경영하는 방토는 망하는 일이 없다"는 격언과 같이 호미를 가지고 간척해야 하는 것과 같다고 지적했다.[38]

일곱째, 이주지의 선정 문제. 먼저 기후가 알맞은 남한부터 시작해서 북한쪽으로 미치는 순서로 한다. 지금 한국은 일본인을 환영하고 '형(일본인)'의 도한을 기대하면서 그것이 늦어짐을 애석하게 여겨야 한다. 한국은 팔도 가는 곳마다 보고이며 동양의 보고이기 때문에 일본인이 와서 경영하여 이익을 천착하고 보호를 확약하는 것이 당연하고, 이것이 일본인의 의무라고 언급했다. 일본인이 세계의 낙원인 한반도에 와서 경영의 실행자가 되어야 할 시기에 봉착했기 때문에 이주를 주저해서는 안 된다고 그 실행을 촉구했다.[39]

조선경영의 비용 부담

아오야기는 조선통치의 근본방침을 첫째, 조선에 일본의 황풍(皇風)을 씌우고 조선인을 일본 동포로 만드는 데 있고, 둘째, 조선은 아시아 중에 가장 야만적인 나라이기 때문에 문명국으로 만드는 데 있다고 언급했다. 총독이 "문명정치를 실행한 결과 초적(草賊: 농작물을 훔치는 도둑)과 폭도가 없어지고 서민은 고복격양(鼓腹擊壤: 태평한 세상을

38 青柳綱太郎, 『韓國殖民策』, 제9장 移住の奬勵, 1908, 140-142쪽.

39 青柳綱太郎, 『韓國殖民策』, 제10장 來れ日本人, 1908, 153쪽.

즐김)하게 되었다. 서민들은 탐관오리가 발호하여 가렴주구에 시달리며 죄 없이 연좌되거나 죽임을 당하고 파산하는 참상이 없어졌다"고 평가하고 있다.[40] 일본은 조선을 위해 일으킨 청일·러일전쟁에 의해 국민 부담이 과대하게 되었고 어쩔 수 없이 한국을 병합했다는 논리를 전개했다. 조선을 문명화시키고 일본 민족과 동화시키기 위해 매년 놀랄 정도의 금액을 조선에 쏟아붓고 있으며, 일본인민은 실로 조선인의 눈에 보이지 않는 부담을 증가시키고 있다고 주장했다.

그러므로 조선 민족은 정치상, 사회상의 권리를 주장하기 이전에 자기가 일본인과 같은 제국민으로서의 의무를 정당하게 부담하고 있는지 생각해야 하며, 막연히 권리만을 주장하고 있지는 않는지 돌아볼 것을 요구하고 있다.

> 일본국민이 애국심의 결정인 병역 의무를 부담시키지 않는 것은 민원(民怨)이 다시 일어나 신정에 지장을 가져올 것이기 때문이다. 그러므로 일본 정부가 조선 민족을 징병의 범위 밖에 두는 것은 그 고통스러운 부분을 제거하려는 데 있다. ― 소요 이후 조선 민족의 제국에 대한 태도를 볼 때 병역을 부과하는 것은 어처구니없는 일이다. 그렇다면 조선인의 혈세는 조선인 일반의 생활상태 개선과 경제력 발굴을 기다리지 않으면 안되는 것은 물론, 앞으로 조선 민족이 병합에 이른 원리정신을 자각하여 소요심, 반항심, 조국 회복심을

---

40 靑柳綱太郎, 『朝鮮統治論』, 제1 叙論, 1923, 1-2쪽.

버리고 일본 민족과 동화할 때를 기다려야 한다. 그렇게 하지 않고 조선 민족에게 병역의 의무를 분담시키는 것은 백해무익이다.[41]

지금 조선 민족이 제국의 '선정' 아래 문화생활을 영위하고 인간답게 진보해가는 것이 누구 덕분이냐고 묻고 있다. 그런데도 일부 지식인이 3·1운동 이래 제국 정부의 관대함을 이용하고 총독부의 온정에 익숙하게 되어 참정권을 요구하거나 자치와 내정독립을 요구하고 있다고 불만을 토로했다. 조선인은 "권리를 주장하기 이전에 혈세(血稅)를 분담할 수 있을 정도의 인격과 경제력을 함양하여 먼저 제국에 대한 국민적 의무를 양성해야 한다"고 강조했다.[42] 결국은 조선경영의 비용을 전적으로 조선인이 부담해야 한다는 각오로 제국신민으로서의 역할을 수행할 것을 주장한 것이다.

일본 정부는 조선을 결코 식민지라고 여기지 않고 내지의 연장으로 보며, 내지인과 같이 취급하지 않는가. 제반의 제도에 있어 내지와 다소 상위가 있지만 이것은 현재 조선의 문화 정도와 민정에 적응해서 시행할 것이다. 조선총독은 조선이 빨리 내지와 같은 문화 정도로 나아가고 내지와 같은 획일한 정치를 하려고 부심하고 있다. 데라우치 총독의 조선인 보호도 사이토 총독의 일시동인주의도 조

41 靑柳綱太郎, 『朝鮮統治論』, 제13 朝鮮民族血稅論, 1923, 218-219쪽.

42 靑柳綱太郎, 『朝鮮統治論』, 제13 朝鮮民族血稅論, 1923, 219-220쪽.

선인을 생각하는 선정(善政)이다. 이 선정은 정치와 경제의 양면에서 성취해야 하는 것이다. 내지인과 조선인을 교합잡거(交合雜居)시키는 사회적 교육이 여기에 중개해서 조선 문화의 향상을 이룬다. 조선 개척의 실적을 올리게 되면 교육과 지덕이 스스로 융합해서 드디어 기십년 기백년 뒤에 내선인의 호칭은 없어지고, 대일본인(大日本人)으로 세계에 호언할 수 있어야 한다.[43]

한편 아오야기는 영국을 예로 들어 유럽 각국이 행한 무단통치의 잔인함을 설명하고 있다. 영국이 식민지에서 행한 정책은 결코 공명정대하지 않았으며, 인도를 통치한 상태를 보더라도 전율할만한 진한 피를 수처에 뿌린 극단적인 차별이 있었음을 지적한다. 이에 비하면 데라우치는 "실로 무단정치의 그림자에 숨어 조선 민족을 학대하고 피를 흘리게 한 일이 없고 압박한 예도 없으며, 그들을 쫓아낸 예도 없다. 오히려 이반 도망하는 인민을 위무하여 조상의 땅과 주거를 잃지 않게 하려고 고심한 예가 현저하다. 데라우치는 무단정치의 단상에 서서 문명정치를 한 총독"이라고 평가했다.[44] 그의 지석으로 초적과 폭도제거, 산업발달, 교육개선, 자치연습, 차별철폐, 민권신장, 종교자유, 임업정리, 수산업 발달, 교통통신 발달, 사법제도 개선, 토지조사사업 완성을 열거했다.[45] 따라서 조선인은 그에게 감사해야 한

---

43 青柳綱太郎, 『朝鮮獨立騷擾史論』, 제6편 移住殖民策の誤解, 1921, 101-102쪽.

44 青柳綱太郎, 『朝鮮統治論』, 제4 文化政治論, 1923, 87-88쪽.

45 青柳綱太郎, 『朝鮮獨立騷擾史論』, 제4편 武斷政治の過失, 1921, 49-50쪽.

다는 억지 주장이다.

이처럼 아오야기는 일본이 조선을 통치하게 된 이유로 지적한 것은 첫째, 역사적으로 보면 일본과 조선은 '한 집안'이었으므로 이전 상태로 복귀해야 하기 때문이다. 둘째, 조선은 일본제국의 군비상 중요한 지점이기 때문이다. 즉 러일전쟁 후 러시아가 복수전을 개시할 것이라고 예상했다. 셋째, 청일·러일전쟁으로 인한 부담으로 산업개발 등 경제적 이익을 중시했기 때문이다. 넷째, 세계통일을 위한 발판으로 대륙진출을 해야 한다는 필요성에서였다고 보았다.

그러나 이러한 아오야기의 '한 집안' 주장은 일선동조론으로 한국 강점을 전후하여 일본인 사이에 크게 고조되어 일제의 한국침략을 합리화하는 이론적 근거가 되었던 식민사관이었다. 또한 일본이 러일전쟁을 통해 국제사회에 강대국으로 등장하고 한국에 대한 완전한 지배권을 획득하게 되었는데, 이후 한국침략을 당연시하는 주장이 나오게 된 것이다.

V

조선에 '신일본'을 건설하다

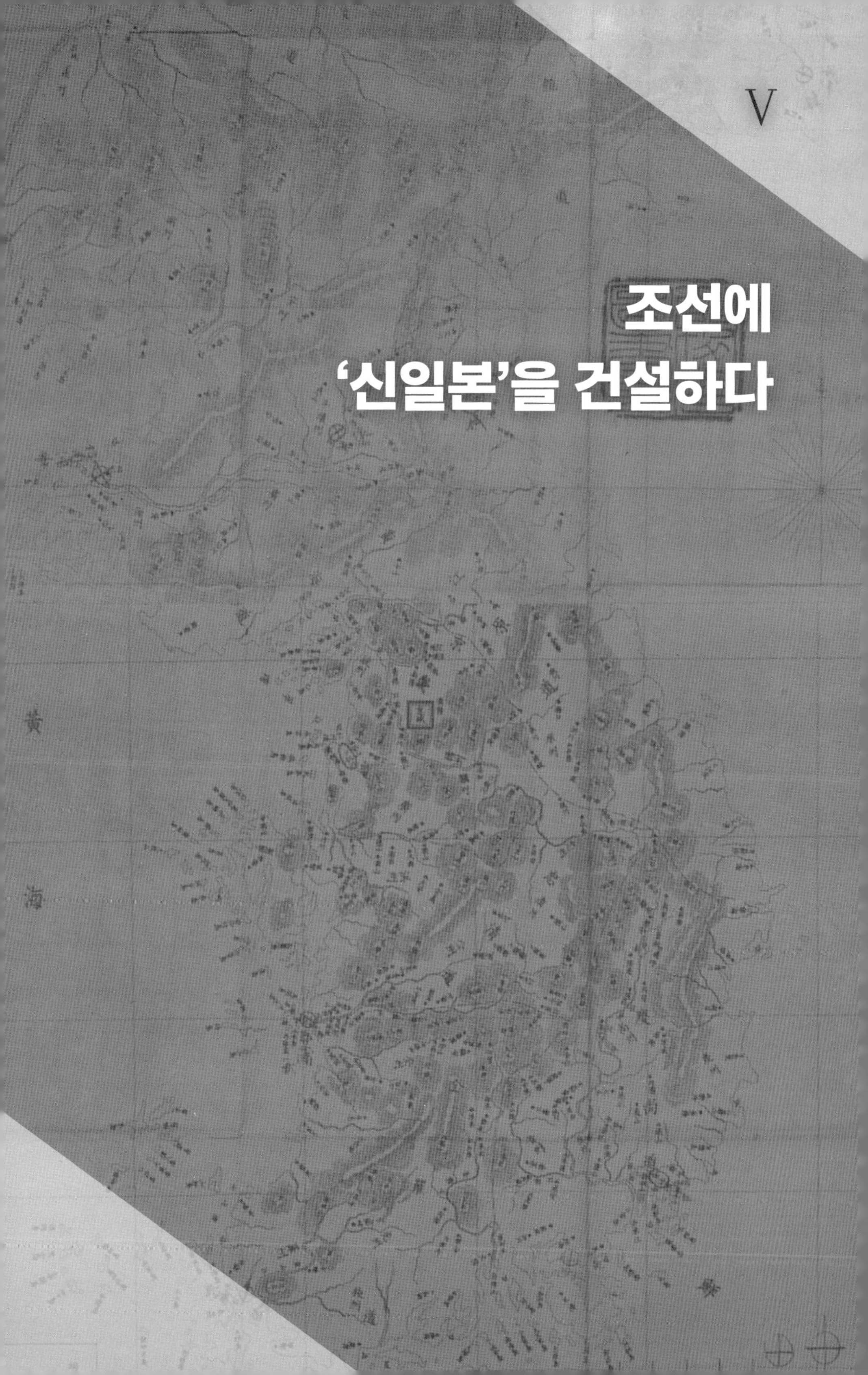

黃海

1. 부원 개척의 방법

아오야기는 '신일본'이란 조선인의 땅이라도 "일본인이 나가서 자기의 운명을 개척한 천지는 즉 일본인의 신 고향"이라고 말한다.[1] 아오야기에게 '신일본'이란 개념은 중요한 것이었다. 이 개념이 등장하게 된 계기에 대해 먼저 살펴보자. 아오야기는 앞에서 살펴본 것처럼 데쓰가쿠칸을 퇴학한 뒤에 《간몬신보》의 통신원으로 내한하여 1903년에 《오사카마이니치신문》의 특파원이 되어 남한 지역의 실업 사정을 조사했다. 이후 통감부의 통신 속(屬)이 되어 전남 나주와 진도의 우편국장을 역임했다. 우편국장을 그만두고 1907년 통감부의

1 青柳綱太郎, 『濟州道案內』, 제12편 外人布教, 1905, 85-86쪽.

재무관이 되기 전까지 《목포신보》 주필로 전라도 지역을 비롯한 여러 곳을 조사하여 그 내용을 《대한일보》 지상에 발표했다. 그 결과는 식민지경영에 필요한 '신일본' 개념을 담은 『한국식민책』(1908)으로 간행되었다.

이 책의 서문에서 기쿠치 겐조는 일본의 대한정책이 한성 시내에서만 배회하는 사이에 제국의 식민경영이 크게 발전하지 못했지만 아오야기가 "남한의 부원(富源)에 발을 딛고서 민족 팽창의 흔적을 추구하고 아울러 식민의 경륜을 천하에 호소하였다"고 평가했다. 아오야기는 이러한 조사 집필과정을 통해 '신일본' 건설은 일본의 경제적 발전의 단서가 되며 '이익선의 확장'이라는 생각을 가질 수 있었다. 아울러 일본인은 '도국(島國: 섬나라)경영'에 만족해서는 안 되고 "우리 국운상에 장차 우리 민족상에 일 새로운 방면으로 전개하려는 것은 우리 제국 필연의 운명이며 가까운 장래에 우리 국민의 발전지를 이 방면에 구하려고 하는 것은 의심할 것이 없다"고 하여 '신일본' 건설에 제국의 운명이 걸려 있음을 강조한다.[2]

그러면서 자신이 『한국농사안내』(1904)를 저술하는 이유도 일본 농민의 이주로 인한 이익을 예측하는 데 없어서는 안 될 자료이기 때문이라고 말한다. 일본의 국시인 '팽창적 일본'을 수립하여 한국을 경영 근거지로 삼는 것이 최대 급무이며 동양 패권을 장악하는 방법이었다. 그는 『제주도안내』(1905)를 저술하면서 "내가 절규하려는 것은

2 青柳綱太郎, 『韓國農事案內』, 總論, 1904, 1-6쪽.

제국 경제의 팽창책이다. 한반도의 부원을 개척하여, 경제적 팽창 국민의 신 지반을 건설하는 것은 어찌 지금의 최대급무가 아니겠는가. 내가 본서를 편저하는 작은 뜻은 실로 여기에 있다"[3] 라고 말할 정도로 부원 개척에 일본제국의 전도가 달려 있음을 강조했다. '신일본'의 근거지로 주목한 제주도 경영과 유망한 사업에서의 부원 개척 방법에 대해 살펴보자.

먼저 제주도 경영에서는 일본인의 개척사명론을 주장한다. 즉 "매우 먼 고도를 우리 일본인의 손에 의해 개척하고 평화를 유지하여 문화로 이끌지 않으면 안 된다. 이미 일본인 외에 경영 지도를 맡을 자가 없다면 아방인(我邦人: 일본인)이 크게 고려하는 바가 없어서는 안 된다. — 당국자의 지도가 적당함을 얻지 못한데서 기인한 것"이라고 하여, 경영에 대한 통감부 당국의 무관심을 질타하고 있다.[4] 그러면서 일본은 지금 워털루 전승 후의 영국과 같이 동양의 패권을 장악할 호기인데도 정부가 대책을 세우지 않는 것이 문제임을 지적한 것이다. 부원 개척의 방법으로 제주도에 대어촌을 설립할 것을 촉구했다.

> 우리가 여기에 요구하려고 하는 것은 일 대어촌의 설비이다. 이것이 그 부원을 열고 근거를 고정시키는 최량 방책으로 제주도 경영의 제

3 青柳綱太郎, 『濟州道案內』, 「例言二則」, 1905.

4 青柳綱太郎, 『濟州道案內』, 「濟州道經營」, 제1 交通經營, 1905, 94-95쪽.

> 일 요의(要義)되는 것은 우리들이 믿어 의심치 않는다. 그리고 그 어촌은 본방 어촌과 동일 시설을 하여 어부는 가족을 데리고 영주(永住)할 각오를 정하여 제2의 고향으로 도민과 함께 어울려 상조하고 농사의 발달, 목축의 개량에 힘써야 한다. — 하늘이 준 대보고(大寶庫)는 지금 바로 야마토 민족의 건륜(鍵鑰)을 기다리고 있다.[5]

고 하여 일본의 국익을 위해 제주도에서 개척 사업을 시작할 것을 역설했다. 그러면서 어업의 다음가는 사업으로 농업을 거론했다. 아오야기는 제주도에서 농업을 진작시켜 농업경영의 면목을 일신시켜야 한다고 말한다. 미개간지를 경지로 만들고 쌀과 보리 외에 목축, 양잠, 과수 등 적당한 농사를 경영하면 그 이익이 훨씬 증대할 것이라고 보았다. 여기에 일본의 과잉 인민을 한국에 이주시키면 10만 명의 동포를 수용하기에 충분할 것이라고 전망했다. 그는 일본에서 눈앞에 먹을 식료조차 부족하므로 부원 개척을 향해 분투하지 않으면 안 되는데, "이 좋은 기회를 버려두고 공론만 일삼는 무리를 크게 미워한다."고 언급할 정도로 부원개발을 중시했다. 부원 개척이나 개발이란 경제적 침략을 위한 교두보를 마련하는 첫 걸음이었다.

다음 유망사업 안내에 대해 살펴보자. 그는 일본이 러일전쟁 이후 한국을 보호국으로 만들어가는 "정치권의 확장"이 이미 단행되어 가기 때문에 실업가는 이 시기를 이용해서 한국의 부원을 개발해야

---

5 青柳綱太郎, 『濟州道案內』, 「濟州道經營」, 제2 漁業的殖民, 1905, 100-103쪽.

한다고 말한다. 개척 방면에 대해서는 북한설과 남한설이 있지만 자신이 남한설을 지지하는 근거로 첫째, 일본에의 근접성, 둘째, 비옥한 지질, 셋째, 일본과 같은 기후, 넷째, 해면에의 접근성, 다섯째, 교통의 편리성 때문이라고 한다.[6] 경영지역으로는 영산강, 금강, 낙동강유역을 선택하는 것이 좋은데, 그 이유는 이들 지역의 생산고가 한국 총생산고의 5분의 3을 차지하기 때문이다.

> 현재 영산포 목포 사이에 소증기선이 내주하기에 이르러 이 유역에서 운수교통상 다대한 편의를 증진했다. 이 방면 신일본의 발전에 일 신생면을 열게 되었다. 내지에서 신일본의 건설을 위한 본방인의 증가는 경제적 발전의 단서로 자못 축하할 일이다. 지금 영산포에서 재류본방인은 백 명에 이르러 날로 달로 증가하는 추세이다. 그렇다면 우리 영사관으로서는 경찰관 주류소를 설치해서 재류민을 보호하게 하고 우편국에서는 수취소를 개설해서 통신의 편리를 주게 된다면 재류민은 안도하여 오로지 같은 길로 이익선의 확장에 애쓰게 될 것이다.[7]

이 가운데 아오야기는 특히 영산강 유역이 상당히 유망한 지역이라고 보았다. 유명한 쌀 산지이고 토지가 기름진 것도 규슈지방 못

---

6 青柳綱太郎, 『南韓之實業』, 제1장 緖言, 1906, 1-3쪽.

7 青柳綱太郎, 『南韓之實業』, 제9장 新日本の發展, 1906, 126-127쪽.

지않아 농업상 양호하기 때문이다.[8] 양잠업과 면화재배도 유망한 곳이며, 특히 제염업은 장래 유망한 사업의 하나로 중요하다고 진단했다.[9] 그러나 상업상으로 영산포가 중요함에도 불구하고 아직 일본인이 장악하지 못해 한국 상인에게 농단당하는 형편이라고 지적하고 "전승국 상인은 지금의 좋은 시기를 버려두지 말고 크게 용진분약을 시도해야 한다."고 치밀한 대책 수립을 주장했다.[10] 그러면서 적당한 이주지를 찾는 중요 포인트는 시찰원이 유망한 지역을 어떻게 조사하느냐에 달려 있다고 언급했다.

> 이른바 관광적 여행에 그쳐 오류와 피상적 관찰로 끝난다. 본방인을 잘못 이끄는 것이 적지 않으니 어찌 개탄하지 않을 것인가. 우리가 오늘 요구하고자 하는 것은 귀족적 관광자가 아니다. 적어도 수개월간 내지를 다니며 한인의 집에 누워 한인의 음식을 먹는 평민적 시찰자가 아니면 안 된다. 거류지를 살펴서 바로 내지의 실정을 단정하는 것은 문을 들여다보지 않고 집을 말하는 것이 아닌가.[11]

라고 하여, 아오야기는 시찰원의 피상적 관찰로 한국 내지의 실

---

8 青柳綱太郎, 『南韓之實業』, 제2장 農業上の地位, 1906, 5-7쪽.

9 青柳綱太郎, 『南韓之實業』, 제3장 養蠶業の好望, 1906, 28-29쪽: 제4장 棉花の好望, 1906, 3-33쪽: 제5장 製鹽業の好望, 1906, 63-64쪽.

10 青柳綱太郎, 『南韓之實業』, 제6장 商業上の地位, 1906, 87쪽.

11 青柳綱太郎, 『南韓之實業』, 제1장 緒言, 「好個の移住地」, 1906, 4쪽.

정을 제대로 파악하지 못하면 식민의 근거지로 매우 호망한 지역을 잃어버리게 될 것이며, 신속하게 부원을 개발해서 경제적 실력을 갖추는 것이 최대 급무라고 보았다.

> 우리들이 공장 설치를 촉구하는 이유는 국가경제상으로 보더라도 전후경영의 대책에서 말하더라도 우리 공업가의 수완을 펼칠 긴급사가 아니겠는가. 한인은 풍요한 면화원료를 갖고 있음에도 불구하고 기술의 지식 연구에 부족하고 이들은 기업(起業)할 용기가 없다. 다만 아방인이 와서 경영하려는 것을 기대하고 혹은 합동경영하려고 희망한다. 일단 우리 자본가가 와서 이들 공장을 설치하고 유역일대의 풍요로운 면화원료를 가공하여 제작한다면 상응하는 이익을 거두는 것은 의심할 수 없다. 여기에 한인의 노동 임전이 저렴한 것은 이들 사업의 경영에 많은 편익이 있다. 이것은 우리 업자의 독점 이익일 뿐 아니라 국가경제에 공헌하는 바가 지대한 것이 아니겠는가. — 우리는 본방 사업가가 빨리 와서 이 사업 경영에 착수하기를 간절히 바란다.[12]

이처럼 영산강 유역은 농업, 상업은 물론 공업상 유망한 지위를 차지한다. 그는 전후경영책의 하나로 이 지역에 공장을 설치할 것을 촉구했다. 이유는 이 지역이 면화산지로 유명하기 때문에 이를 가공

12 青柳綱太郎, 『南韓之實業』, 제7장 工業上の地位, 1906, 88-89쪽.

하여 제작한다면 상당한 이익을 거둘 수 있고, 여기에 한인의 저렴한 노동임금이 국가경제에 공헌하는 바가 크기 때문이라고 보았다. 이밖에도 영산강 연안의 물자 집산지인 목포를 제2의 상하이(上海)로 주목했고 나주, 광주를 '신일본' 건설의 근거지로 전망했다.

마지막으로 부원 개척의 방법으로 제안한 것은 호남철도 부설과 섬진강 개항, 관세폐지다. 첫째, 전라도는 한국의 보고로 이 지역의 부원을 개척하기 위해서는 육상철도를 부설하는 것이 필요하다. 경부철도의 지선을 연장하여 호남철도가 전주, 나주 등지로 통과한다면 일한무역을 신장시키는 데 큰 역할을 할 수 있다.[13] 둘째, 섬진강의 부원을 개척하는 것은 여수의 순천반도 일각에 있으면서 대양과 마주보기 때문이다. 이 지역은 역사적으로 진구(神功)황후가 삼한정벌 이래 백제와 밀접한 관계를 갖고 한일 간의 왕래가 밀착된 지역으로 중요하다. 경제적으로도 이곳은 수심이 깊어 2000톤 이상의 선박을 정박시킬 수 있으므로 무역신장을 위해 신속하게 개항할 필요가 있다.[14] 아오야기는 섬진강 유역은 교통이 불편한 사정 때문에 이

---

13 青柳綱太郎, 『韓國殖民策』, 제4장 殖民と交通, 湖南鐵道敷設論, 1908, 30-32쪽.
"전라는 한국의 보고이며 이원(利源)의 총연(叢淵)으로서 반도의 수(粹)를 모아놓은 곳이다.--전라 부원의 개척에 --실로 육상철도의 부설이 있다고 말하지 않을 수 없다. 이 지방의 교통이 불편하기 때문에 충분한 활동을 볼 수가 없는 것은 마치 용이 구름을 얻지 못한 것과 같으며 용의 용다운 특성을 발휘할 수가 없는 이유다. 생각하건대 경부철도는 금강의 상류 대전지방을 통과하는 것을 가지고 동 지방에서 지선을 연장하여 전주 나주 등의 요지 혹은 그 부근을 통과해서 그 생산물을 탄토(呑吐)하는 것은 이곳의 부원을 개발하여 일한무역의 진장(振張)에 도움이 됨과 동시에 일한 양국민이 함께 그 문명의 행복을 입는 유일한 기초를 만든다고 말할 수 있다."

14 青柳綱太郎, 『韓國殖民策』, 제4장 殖民と交通, 蟾津江口開港論, 1908, 34-35쪽.
"한국 정부도 그 눈을 크게 해서 종래의 무역항 외의 추요 지역을 개항하는 데 용감하지 않아서

지방의 실력을 내지인에게 충분히 알리지 못해 안타깝다는 사정을 토로하고 있다.[15] 셋째, 식산흥업의 부원 개척을 위해서는 관세를 폐지하는 것이 급선무라고 보았다. 특히 해관세는 일한 무역의 장애로 유해무익한 것이라고 한다. 일한무역품을 조사해 보더라도 의외로 일본 상품이 장식된 것이 적다. 담배와 성냥류 외에는 면사류와 금건에 지나지 않는다. 이것은 구미나 청국의 수입품에 비해 일본의 실력이 부족해서 그런 것으로 파악했다.

> 해관세는 일한무역의 일대 장애로 유해무익한 것이라고 결론짓지 않을 수 없다. 그렇다면 관세폐지는 실로 근래 우리 실업가의 여론으로 또 흥미 있는 연구제목이다. — 관세는 한국의 수입 중 첫째 둘

는 안 된다. 지도를 펼치면 --순천은 반도의 일각에 벽재하여 대양에 면하고 양항만(良港灣)을 이룬 곳으로 기억할만한 역사적 연쇄(連鎖)를 가지고 있는 곳이다. 진구황후가 아주 옛날 무비(無比)의 여재(女才)를 떨쳐서 삼한을 정려(征旅)한지 60일에 매해 80소(艘)의 조공을 넣게 한 이래, 백제에서 순천과 일본과의 관계는 자못 밀접한 것으로 당시의 통상무역상 특필할 만한 지점이 되었다. 혹 논자가 당시 인종의 혼합과 습속이 감염되어 우리 동포가 사는 구역이라고 하는 설의 진부는 지금 묻지 않는다. 요컨대 이 지방과 피아의 사이에 있는 교환왕래의 밀착함을 아는 데는 어렵지 않은 것이다."

15 青柳綱太郎, 『韓國殖民策』, 제4장 殖民と交通, (附) 蟾津江畔より, 1908, 39-41쪽.
"호남의 땅은 반도의 수(粹)이고 반도의 보고다. 남부는 영산강이 옥원 부토를 감싸고 북은 섬진강을 둘러싸서 부원이 마르지 않고 천연의 유리가 산야에 충만하다. 더구나 '지나'가 호남을 오랫동안 봉쇄한 것처럼 종래 인사가 이 지역에 소홀하여 충분한 개발을 보기에 이르지 않았다. 근시 남부 영산강 유역이 급격한 개발을 보기에 이르렀어도 섬진강 유역은 여전하다. 이것은 교통이 불편한 사정에 의한 것이지만 이 지방의 실력을 파악하여 충분하게 강호에게 설명할 여유가 신보자(新報子:《목포신보》)의 역량에 부족한 것이 있었기 때문이다.--이것은 단지 신보자에 한한 것은 아니다. 한국 각지의 신문은 모두 그렇다. 금일 각 거류지가 선미(善美)한 발달을 이룬 것은 바로 그 거류지에서 경영하는 신문이 지도하고 교훈한 결과라고 단정할 수 있다."

째를 다투는 좋은 재원(財源)으로 따라서 폐지문제는 작은 일이 아니라는 것은 논할 필요도 없다. — 아아 식민의 풍조 지금 점점 왕성해져 본방이민은 날로 달로 증가하려고 하는 이즈음 신속하게 관세폐지의 간판을 내걸고 식산흥업의 실을 올려 부원의 개척을 서두르지 않으면 안 된다.[16]

이와 같이 아오야기는 일본인이 이주하여 개척한 '신일본(고향)'은 일본의 경제적 근거지가 되고 일본의 '이익선'을 확장한 것이다. 일본의 국시인 '팽창적 일본'을 확립하기 위해 한국을 경영 근거지로 삼는 것은 동양패권을 장악하기 위해서도 최대 급무였다고 보았다. 그리고 제주도에 대어촌을 설립하고 농업경영을 하여 일본의 과잉인구를 이주시킬 것을 제안했다. 유망지역으로는 영산강, 금강, 낙동강 유역을 선택하고 부원 개척의 방법으로 호남철도 부설과 섬진강 개항, 관세폐지를 주장했다.

2. 제2의 고향, 경성 개발

아오야기는 '신일본' 건설의 근거지로 농촌이나 어촌뿐 아니라 경성도 중요하다고 보았다. 지정학적으로 경성은 정치상, 경제상 장

16 위의 책, 제6장 殖民と商業, 1908, 93-96쪽.

래 발전이 필요한 지역이라는 인식을 가지고 있었다. 그러나 경성의 일본 거류민은 영주할 관념이 없고 영구적 시설도 없는 상태라고 개탄했다. 일시 출가해서 목전의 이익을 노리는 사람이 대부분이므로 경성을 일본의 제2의 고향인 '신일본'으로 만들기 위해 어떻게 할 것인지를 『신찬경성안내(新撰京城案內)』(1913), 『최근경성안내기(最近京城案內記)』(1915)에서 정리했다.

먼저 경제적 측면에서 경성을 주목했다. 경성에는 경제적 대도부(大都府)를 건설해야 한다고 말한다. 경성은 반도의 중앙에 위치하여 경부철도, 경의철도, 경원철도, 호남철도가 전부 개통된다면 여러 사업이 발흥할 것이기 때문이다. 경성의 경제적 가치는 토지의 지가를 보더라도 교토나 오사카 지방과 다툴 정도가 될 것이라고 전망했다. 따라서 '신일본' 건설을 위해서 경성 부근의 토지를 매수하는 것이 중요하므로 경성에 와서 토지 가옥을 매수하려는 사람을 위해 토지매매 상황을 기록하여 정보로 제공하고 있다.[17]

다음 아오야기는 조선에서의 경제적 발전이 더딘 것에 대해 총독부의 통치 및 경비탕진에 기인하는 것으로 비난하는 자가 많지만, 이것은 총독부의 잘못이 아니라 일본인 청년 실업가들이 기개를 펼치지 못하기 때문이라고 여겼다. 즉 실업가들이 독립정신이 부족해서 총독부의 비호에만 의지하여 편안한 계획만을 수립하기 때문에 그 기반이 약할 수밖에 없다는 것이다. 이에 경성의 발전을 위해 다

---

17 青柳綱太郎, 『新撰京城案內』, 「京城及附近土地賣買の狀況」, 1913, 69쪽.

음과 같이 청년, 실업가, 자본가의 책임을 강조했다.

> 우리 청년 실업가 및 자본가 제군에게 경고한다. 우리 충용한 무인(武人)이 3척의 검을 가지고 얻은 대륙반도의 지반은 제군이 경제상의 수환을 펼쳐 착실하게 개척하고 정리해야 하는 것은 당연한 임무가 아니겠는가. 그런데 지금처럼 이것을 관부에게만 의뢰하여 식민의 발달 지반의 정비조차 헌병 군인에게 맡기려고 하는 것은 실로 기개없는 행동이라고 말하지 않을 수 없다. — 저들에게 빵을 주면 순량하고 가련한 민이다. 우리 실업가가 일업을 일으키고 일사를 기획하여 저들을 사역시키면 저들은 유화한 노동자이다. — 반도 민족과 같이 제어하기 쉬운 자는 세계 어디에서도 구하기 어려울 것이다. 세계 어디에 이 양과 같은 민족이 있겠는가.[18]

아오야기가 『신찬경성안내』를 저술한 목적은 경성을 "대륙의 대도시이자, 제2의 도쿄로 발달시켜 향후 동서남북으로 확장해 가게" 하고, 경성의 발달이 일본인의 능력에 있다는 것을 강조하기 위함이었다. 그는 압박과 주구(誅求)에서 고통을 받던 "상가(喪家)의 개와 같은 불쌍한 조선인"을 구제해 준 것은 총독정치이며 이러한 신정(新政)에 대해 다음과 같이 묘사하고 있다.

---

18 靑柳綱太郎, 『新撰京城案內』, 「京城の日本人」, 2. 現今の日本人, 1913, 120쪽.

정치상에서 저들은 하나의 무덤이다. 이렇게 저들은 일대(一代)의 간충(間蟲)처럼 그날을 보내고 있다. 그런데 이 놀라울 정도로 불쌍한 사회는 통감정치를 거쳐 총독정치가 되어 일한 드디어 일가국(一家國)이 되어 일본인과 같이 일약(一躍)해서 인정(仁政)을 입고 자유의 권리를 얻기에 이르러 관리가 되는 것을 얻고, 부귀를 얻어, 가옥 음식 의복 등 어떠한 제한을 받지 않게 되었다. 저들의 희망 저들의 욕구가 다시 지장받는 것이 없게 되었고, 저들은 우리 성상(聖上)을 동방의 요순으로 구가하고 신정의 감사를 느끼기에 이르렀다.[19]

또한 그의 조선인에 대한 평가는 조선의 민요 아리랑에 대한 논평에서도 잘 드러난다. 그는 아리랑을 '조선의 망국가(亡國歌)'라고 정의하여 "조선인은 놀랄 만한 노쇠병에 걸려 모두가 패기가 없고 생기가 없으며 안일을 탐하고 — 아무런 생각이 없고 아무런 고안도 없다. — 조선인으로 하여금 이렇게 생기와 패기가 없게 한 것은 확실히 조선의 국가, 아니 1200만의 민중이 제창하는 일 속가(俗歌)에 기인한다고 말하는 것도 우리의 시적(詩的) 견해만이 아닐 것이다"라고 주장했다. 이 노래를 "무기력, 무기개를 선동하는 구절"이라고 평하고 있다.[20] 그는 조선인이 무기력하게 된 것이 아리랑을 제창해 왔기 때문이라는 분석을 내놓고 있다. 경성 개발에 필요한 것이 무엇이라고

19 靑柳綱太郎,『新撰京城案內』,「京城の朝鮮人」, 2. 現今の朝鮮人, 1913, 133-134쪽.

20 靑柳綱太郎,『新撰京城案內』,「京城の朝鮮人」, 1. 過去に於ける朝鮮人, 1913, 131-132쪽.

여겼는지 살펴보자.

먼저 경성 개발에 필요한 것은 조선인을 동화시켜 악습을 개조하는 일이 급선무라고 보았다. 그가 폐기할 악습으로 주장한 것은 다음과 같다. ① 망건을 폐기해야 한다. 망건은 뇌의 발달을 저해하고 흑관(黑冠) 1개가 채소밭 1두락에 필적하는 비싼 것이기 때문에 파손될까 우려하여 움직임이 민첩하지 못하게 된다. "선인의 태도가 게으르고 유약하며 모두 민첩하지 못한 것은 이 파괴되기 쉬운 모자에 충성한 결과"라고 보았다. ② 고춧가루를 구축해야 한다. 중국인이 아편에 중독되었다면 조선인은 고춧가루에 중독된 국민으로 국민건강이 손실을 입었다고 말한다. "뇌가 몽롱하여 치밀함이 빠지고 판단력, 발명력 등이 부족한 것은 다량의 고춧가루 때문"이라고 보았다. ③ 흰옷을 개량해야 한다. 조선인은 게으르기 때문에 흰옷을 입는 것이 적당하지 않다고 하여 "흰옷이기 때문에 노동을 기피하고 상당히 안일하게 지내 의복이 더러워지는 것을 방지하는 것은 사실"이라고 보았다.[21]

다음 경성을 경제적으로 발달시키기 위해서는 첫째, 일본상인이 일본인만을 고객으로 상업을 하는 것이 문제라고 지적하여, 일본상품의 판로를 개척하는 것이 필요하다. 내지 상업이 실패하는 이유는 조잡한 물건을 비싸게 팔고, 못된 꾀로 조선인을 속이며, 수요품의 선

---

21 青柳綱太郎,『新撰京城案內』,「京城の朝鮮人」, 2. 現今の朝鮮人, 1913, 139-149쪽.

택에 주의를 하지 않기 때문이라고 보았다.[22] 둘째, 경성 부근의 농업에 대해 잘못 알려진 것이 많은데,[23] 조선이 완전한 농업국으로 변장하는 데는 제방(堤防), 언지(堰池)의 개수가 긴급한 일이다. 그리고 권업모범장, 원예모범장, 면화재배소, 종묘장을 설치하여 지도와 강화를 실시하고 농림학교, 여자잠업강습소를 설비하여 개량지도에 힘써 조선을 경영해야 한다.[24] 셋째, 이주 식민의 최대 급무는 동척을 통해 이주를 장려하여 일본 인구의 증식과 동방경영 대책을 세워야 한다.[25] 넷째, 경성에서 농업에만 집중하여 공업을 도외시하는 문제를 지적하여 공업계의 전도를 위해 먼저 사람을 양성해야 하며 직공 도

---

22 靑柳綱太郎, 『最近京城案內記』, 제5편 京城の商業, 1915, 43-45쪽.
"--금후 선인의 기질에 적응하여 선인의 기호에 맞는 상품을 택하지 않으면 안 된다. --아직 후미지고 먼 곳에서 일본상품을 볼 수 없는 모양인데, 구미 청국의 수입품 중 견포, 견사, 금건 기타 기계류의 대부분은 각 시장 도읍 산촌 벽지 가는 곳마다 있어서 고객을 끄는 것이 많다. 우리는 우리 경성의 상업가 아니 재선의 상업가가 크게 발분 노력해서 우리 상선(商線)을 내지 각 방면으로 확장시킬 것을 희망하여 마지않는다."

23 靑柳綱太郎, 『新撰京城案內』, 「京城附近の農業」, 1913, 202-203쪽.
"경성 아니 조선의 일본인은 이미 조선농업의 유망함을 알고 있다. 오히려 다른 업종에 속하는 내지인은 상당히 조선농업에 대해 공적(空寂)한 의논을 하는 자가 있다고 들었다. 이것은 기차여행이 만연한 관광적 시찰자에게 잘못 알려진 결과일 뿐 유감이다. 조선은 땅이 피폐하고 척박해서 농사에 적당하지 않다고 하는 것은 대부분 외용을 본 시찰자의 보고나."

24 靑柳綱太郎, 『新撰京城案內』, 「京城附近の農業」, 1913, 204-205쪽.

25 靑柳綱太郎, 『新撰京城案內』, 「東洋拓植會社と京城」, 1913, 214-216쪽.
"지금 조선의 농사는 우리 농민의 이주에 의해 발전의 걸음을 진행시켜 그 현상이 자못 현저한 것이 있다. 간과(干戈)를 가지고 빼앗은 방토는 망하는 것이 있어도 서리(鋤犁, 호미와 쟁기)를 가지고 경영한 방토는 망하는 일이 없다. 조선경영의 대주의 대정신은 이 격언에 따라 호미와 쟁기를 취하여 개척하지 않으면 안 된다. 대개 조선경영의 착실한 발전 조선농사의 발전은 견실 소박한 일본 내지 다수 농민의 이주경영에 의해 비로소 실제적인 발전을 이룰 것이다. 우리 동척의 임무가 어찌 중차대하지 않은가."

제교육의 진흥을 도모해야 한다. 특히 유망한 방적, 기직 등의 대공장을 경성에 설립하여 조선 전국의 수용을 경성에서 공급할 수 있도록 발전을 기하는 것이 급선무라고 주장했다.[26]

이처럼 아오야기는 경성의 경제적 가치는 상당한 것으로 평가하면서 경성을 발전할 자격이 구비된 곳으로 다시 강조했다. 그리고 각종 철도의 개통과 한강, 임진강 배편 연결의 편리함, 중국 산둥(山東)과의 연결, 통상무역의 중심지로서의 역할을 제안하며 모국의 인사를 수용할 길을 강구하도록 촉구했다.[27]

3. 대일본주의 실현과 대륙경영

아오야기는 전술한 것처럼 식민정책을 비판하면서 데라우치의 '개발'론 보다는 이주 식민이 중요하다고 언급했다. 이주 식민은 '대일본주의'를 실현하기 위해 필요한 일이라고 생각했다. 이를 실현하기 위한 방안으로 세 가지를 지적한다. 첫째, 적국 독일에게 배우자, 둘째, 야마토혼(大和魂)을 교육시키자, 셋째, 도요토미 히데요시(豊臣秀吉)의 정신을 배우자. 이렇게 해서 조선에서 '대일본주의'를 실현하는 것은 일본의 대륙경영과 침략의 발판이 된다고 보았다. 이에 대해 구

---

26 青柳綱太郎,『最近京城案內記』, 제6편 京城の工業, 1915, 66쪽.

27 青柳綱太郎,『最近京城案內記』, 제8편 京城の地價, 1915, 87-88쪽.

체적으로 살펴보자.

적국 독일에게 배우자

첫째, 그는 적국이지만 독일에게 배워야 한다고 주장한 점이다. 독일인은 군사·경제상으로 '지나'를 조차한 것이 산둥지역에 불과했지만, 자오저우만(膠洲灣)을 점령하고 상업근거지로 삼은 뒤로는 '지나' 전성(全省)에 걸쳐 독일 상품이 공급되고 400여 주 전체를 독일의 상업권내로 삼을 수 있었다. 이것은 독일의 관민이 일치단결하여 경제상의 패권을 잡고 독일혼을 발휘한 것으로 이해했다. 이렇게 아오야기가 적국인 독일에게까지 배우자고 주장하는 이면에는 일본의 커다란 야심이 내재하고 있었다. 그것은 바로 세계통일을 향한 꿈이었다.

> 전후의 순 일등국은 일, 영, 미, 독의 4국이 될 것이다. 또한 4국 중 최후의 전쟁으로 드디어 세계를 통일할 웅방(雄邦)이 있을 것이니, — 세계 통일의 이상은 공상이 아니다. 인종과 종교언어를 달리하는 비웃는 자도 있을 것이지만 이것이 필시 망상이 아니다. — 일, 영, 미, 독이 그 역사를 연구하고 그 지리를 성찰하며 그 실력에 이른다면 우리 일선민의 협력 동화 일치의 전도는 실로 다망(多忙)하다 할 것이다. 다망한 전도에 우리를 막는 것은 국력의 증진이다. 국력의 증진은 먼저 경제적 발전을 기다리지 않는 것이 불가하니, 환언하면 국가의 부력을 증대치 않고는 무비의 힘을 이것에 활용하기

불가능하다. 일찍이 평화론을 광창(狂唱)하던 대국도 지금 군비 확장에 부심하는 중인 고로 우리 일본도 역시 적당히 군비의 확장을 위함은 의심할 것이 없다.[28]

그런데 아오야기는 일본인이 독일인의 독일혼보다 우수한 야마토혼을 가지고 있으므로 조선경영에서 군사상은 물론 경제상으로도 실력을 발휘해야 하는데도 독일과 달리 관민이 반목하고 단결심이 없으므로 그 결과는 그리스·로마·인도와 같이 국민도덕이 추락해 버릴 것이라고 경고했다. 특히 조선에 있는 일본청년은 선조가 선혈을 흘려 개척하고 발전시킨 곳이 조선임을 각성해서 민족 팽창의 선구적 역할을 해야 한다고 식민주의 실현을 역설했다. 아울러 조선병합, 만주경영은 일본인이 야마토혼을 '병전상(兵戰上)에 휘날린 보답이 아니겠는가'라고 묻는다. 이 보답을 위해 일본인은 경제적 지반을 대륙에 개척하고, 이민을 부식하여 현실을 통해 '대일본주의'를 달성해야 한다고 강조했다.[29]

〈교육칙어〉를 보급시키자

둘째, 조선인에게 야마토혼이 담긴 〈교육칙어〉를 보급시키는 것

---

28 青柳綱太郎,『總督政治』, 제29편 與朝鮮士民書, 1918, 558쪽.

29 青柳綱太郎,『朝鮮統治論』, 제39 大日本主義と在鮮日本人, 1923, 817-818쪽.

이 중요하다고 보았다. '대일본주의'를 실현하기 위해서는 '내선인'이 동화를 이루어야 하기 때문이다. 진정한 동화는 조선 사람을 '천황의 적자'로서 손색이 없는 우량한 신민이 되게 하는 데 있다. 이를 위해 처음부터 내지와 같은 교과서와 일본어를 가지고 〈교육칙어〉를 보급시켜[30] 야마토혼을 섭취하도록 하는 것이 중요하고, 특히 조선역사가 얼마나 '불쾌하고 험악한 것'인가를 알게 하여 망국이 된 이유를 밝히는 것이 교육의 임무라고 주장했다.[31] 그러나 아오야기는 병합 후에 데라우치 총독이 조선인이 위험사상을 가질까 염려하여 조선사를 배우게 하지 않은 것이 문제라고 생각했다. 오히려 조선사는 "지나의 책봉과 간섭정치와 침략유린, 소수 귀족의 투쟁정치, 주구(誅求)정치, 음모와 암살의 역사"이기 때문에 학생들에게 가르쳐도 염려할 것이 없다고 여겼다.[32]

아울러 '내선인' 동화를 위한 정략적 교과서를 편찬하여 일본과 조선의 관계를 학생시대 부터 알게 하여 동화를 빨리 달성하는 것이 교학상의 방편이라고 주장했다.[33] 그리하여 조선인에게 신화시대 이래 신라 건국, 임나금관국의 창설, 탐라왕국의 창설, 왜구의 노선(渡鮮)과 삼포(三浦)이민으로 일본인과 혈맥이 동화된 사실을 가르칠 필

30 青柳綱太郎, 『朝鮮統治論』, 제23 朝鮮統治と教育, 8. 教育勅語普及論, 1923, 480-483쪽.

31 青柳綱太郎, 『總督政治史論』, 武斷政治時代, 제27편 朝鮮教育策の 矛盾, 1928, 278-288쪽.

32 青柳綱太郎, 『新朝鮮』, 제9 混沌たる教育政策 「朝鮮の人人に先づ朝鮮の歷史を讀ましめよ」, 1925, 131-133쪽.

33 青柳綱太郎, 『赤裸裸に見た內鮮史論』, 제2편 先づ內鮮一家の史實を論述す 18. 「內鮮一家史實の後に論ず」, 東亞同民協會, 1935, 260-263쪽.

요가 있다고 보았다. 당국은 동화를 달성하기 위해 교육을 왕성하게 하여 조선인민을 교화시키고 사상을 선도하여 민족성을 개조시키도록 노력할 것을 주문했다. 이것이 "일본 국가주의를 수행하기 위해 선조 제신(諸神)의 포부를 실현하여 대륙에서 대일본을 건설하는 데 당연한 사업"이라고 인식했기 때문이다.[34]

도요토미 히데요시는 대일본주의를 실행한 영웅

셋째, '대일본주의'를 실현한 모델로 도요토미 히데요시의 공적을 중요하다고 보았다. 도요토미의 조선 정벌에 대해 어떻게 인식하고 있었는지 살펴보자. 그는 도요토미의 조선 침공은 고려 때 여몽 연합군에 의한 두 차례의 일본 정벌 때문이라고 보았다. 당시 고려는 원나라의 강요에 의해 여몽 연합군이 1274년과 1281년에 일본 정벌을 단행한 적이 있었다. 일본에서는 이를 각각 '분에이(文永)역', '고안(弘安)역'이라고 부른다. 고려군과 몽골군은 삼별초 토벌을 끝낸 뒤 일본 정벌을 준비했다. 원이 일본을 정벌하려던 까닭은 일본이 원을 정벌하려는 남송과 무역관계를 지속하고 있었기 때문이다. 이를 못마땅하게 여긴 세조 쿠빌라이가 일본에 사신을 보내 조공을 명했으나 일본은 이를 거절하고 저항했다. 고려는 원나라가 요구하는 일본 원정을 거부하면 고려 왕실의 멸망으로 이어질 수 있어 협력하게 된 것

---

34 靑柳綱太郎, 『新朝鮮』, 제5 内鮮人同化難, 1925, 65쪽.

이다. 두 차례의 정벌은 결국 태풍을 만나 실패하면서 막대한 손실을 가져왔고 고려와 일본의 관계도 악화되었다. 훗날 왜구의 잦은 침공으로 한반도 해안이 유린당한 것도 이 원정이 실패한 데에 따른 후유증이었다. 아오야기는 도요토미가 당시 일본 무사의 현안이었던 분에이·고안역에서 몽고의 침략에 대한 복수를 위해 자신이 살아 있을 때에 '대일본주의'를 결행하려 한 것이라고 보았다.

> 히데요시는 스스로 명주(明主)가 되고 조선왕이 될 야심의 외정이 아니고 근왕애국의 발로 외에 아니다. 조선은 일본과 일의대수의 이웃이다. 후세 다시 원의 쿠빌라이 같은 대왕이 나온다면 언제 일본을 정벌할지 모른다. 그러므로 히데요시는 일면에서 일본국가의 전도를 걱정하는 것이 심해서 국가의 기초를 공고하게 하기 위해, 반드시 먼저 사기가 흥분하여 기운이 무르익었을 때에 우리로부터 이것을 쳐서 일본제국 만전의 기초를 쌓기 위해서였다. 결코 만연히 외방을 침략해서 영웅적 헛된 욕망을 채우기 위한 외정이 아니었다.[35]

이처럼 아오야기는 도요토미가 명나라나 조선의 왕이 될 욕심에서 외정을 벌인 것이 아니고 애국주의의 발로에서 일본이 정벌당하지 않기 위해 '대일본주의'를 결행한 것이었다고 주장했다. 아울러 일한병합, 만주경영의 연원도 도요토미의 외정(外征)과 같은, 즉 '대일본

35 青柳綱太郎,『朝鮮史話と史蹟』,「豊太閤征韓史話(4)」3. 征韓論評, 1926, 214-216쪽.

주의'를 실현한 것이라고 강변한다. 그는 도요토미를 세상을 구제하기 위한 부처의 분신과 같은 영웅, 팽창적인 일본 민족의 정신을 가장 맹렬하게 발휘한 자라고 평가한다. 일본 국민은 이를 본받아 진취적인 기상을 가져야 하며 대륙에서 그 진가를 발휘해야 한다고 주장하고 있다.[36]

> 정한역은 즉 다이코(太閤: 도요토미)의 대륙에서의 활극사로 그 반면은 실로 우리 민족의 팽창전이다. 세상의 부유 자칫하면 정한역을 가지고 다이코가 함부로 무(武)를 욕되게 한 자라고 꾸짖는다. 우리는 다이코가 시대정신의 권화(權化: 세상을 구제하기 위한 부처의 분신)로 팽창적 일본 민족의 정신을 가장 맹렬하게 발휘한 자라고 말한다. 대개 국민된 자는 항상 진취의 기상을 가지지 않으면 안 된다. 국민에게 진취의 기상이 없으면 그 나라의 쇠멸을 의미한다. 역사는 지금 눈앞의 우리에게 입증한다. 일한의 병합이 이루어져 소위 '兵氣銷成日月光(전쟁 없는 세상에 일월이 더욱 빛나네)'한데 그 연원의 깊이를 기억하지 않으면 안 된다. 그렇다면 우리 부조(父祖)의 시대에 병전상에 빛나는 진취의 기상은 지금 통상상에 무역상에 그리고 이민사업상에 대륙에서 평화적 경영상에 진취의 기상을 발휘하지 않으면 안 된다. 이렇게 비로소 영웅의 소지를 관철하는 것이다.[37]

---

36 青柳綱太郎,『朝鮮四千年史』,「豊臣秀吉朝鮮を侵す」, 1917, 78-79쪽.

37 青柳綱太郎,『鮮人の記せる豊太閤征韓戰記』,「序」, 1912, 1-3쪽.

야마토 민족의 영원한 경제 근거지

아오야기는 일본의 이주 식민은 조선에 경제 근거지를 건설하기 위한 것이므로 정복이 아니라 '대일본주의'를 실현하는 것이라고 말한다. 조선을 야마토 민족의 영원한 경제 근거지로 보았기 때문이다. 나아가 일본이 조선에 '대일본주의'를 실현하는 것은 다른 나라를 정복하는 것이 아니고, 야마토혼의 대포부를 세계에 펼치기 위해서라는 논리를 주장하고 있다.[38]

그는 조선은 야마토 민족이 대륙으로 나가는 발판이 되므로 조선을 경영하는 문제는 중요하다고 본다. 이제 일본이 조선으로의 이주 식민을 달성하게 되면 일본의 민족적 위력을 가지고 조선 문화의 향상을 이루게 되어 조선 개척의 실적도 올릴 수 있다. 앞으로 30년, 50년 사이에 '내선인(內鮮人)'이라는 호칭은 철폐되고, 통혼을 통해 '내선인'이 하나로 동화되어 '내선인'은 '대일본인'으로 동아시아의 천지를 포효하게 될 것이라고 확신했다.

> 현대의 일한병합, 만주경영의 연원은 도요토미 히데요시(豊臣秀吉) 외정(外征)의 뜻이나. 즉 대일본주의의 실현 외에 아니다. 대일본주의란 앞에서도 말한 것과 같이 일본제국이 자국의 입장을 안전하게 쌓아 올리고, 제국을 사방에 확대하는 점부터 활동하는 것을 이

38 青柳綱太郎, 『朝鮮統治論』, 제39 大日本主義と在鮮日本人, 1923, 817-818쪽.

상으로 한다. 혹은 히데요시와 같이 노골적으로 하거나 현대와 같이 완곡하게 발휘하는 차가 있는 정도이다. 이를 극단적으로 논하면 무력(武力)의 잠재 없이 대일본주의의 보수는 없는 것이다. 히데요시의 외정은 메이지의 일한병합과 그 주의, 포부를 같이 하는 것이다.[39]

이를 위해 일본은 '대일본주의'를 실현하는 것이 무엇보다 필요함에도 불구하고 반도의 소수 민족도 포용 통치할 수 없다면, '동아시아의 맹주'가 될 자격이 없다는 것이다. 따라서 양국 간의 이천오백년 이래의 현안은 이 시대에 해결해야 하기 때문에 '도국 건아(島國健兒)'인 일본인은 섬에서 나와 대륙경영에 적극 참여할 것을 촉구했다. 이렇게 '도국사상'을 버리고 대륙침략에 나설 것을 주장하면서, 이를 달성하지 못하면 선조에 대해 미안하고 메이지대제(明治大帝)에 대해서도 죄송할 따름이라고 언급했다.

요컨대 아오야기는 일본이 경제적 근거지를 건설하기 위해 이주 식민하는 것은 조선을 정복하려는 의도가 아니라고 억지 주장을 하고 있다. 이주 식민은 일본이 조선에 '대일본주의'를 실현하는 방법이며 야마토 정신을 세계에 펼쳐나가는 길이라고 인식했기 때문이다. 이것은 일본이 '동아시아의 맹주'가 될 자격을 얻는 일이라고 확신했다. 이주 식민을 실천하기 위해서는 적국인 독일에게서도 배워야 한

39 青柳綱太郎, 『朝鮮史話と史蹟』, 豊太閤征韓史話, 1926, 220-221쪽.

다고 여겼다. 아오야기는 도요토미의 조선정벌은 남의 나라를 침략한 것이 아니라 애국주의의 발로에서 나왔고 진취적인 기상을 통해 대륙발전을 도모한 것이므로, 도요토미는 일본 민족의 정신적 지주로 '대일본주의'를 실현한 영웅으로 평가했다.

그러나 당시 도요토미의 조선침략에 대한 조선의 피해는 막심했다. 경복궁과 창덕궁이 소실되었고, 농토가 폐허가 되고 심각한 기근과 전염병으로 많은 사람이 죽었다. 또한 일본으로 잡혀간 조선인 포로는 7만 여명으로 일본에서 노비신분으로 전락하기도 했다. 그런데 이것이 침략이 아니라고 하는 아오야기의 강변은 일제의 대륙침략을 위한 제국주의 팽창논리에 역사적 힘을 실어주기 위한 해석이라고 할 수 있다. 이 참혹했던 전쟁이 미화되어서는 안 될 것이다.

Ⅵ

3·1 '소요'와 조선인의 민족성

黃
海

1. 3·1 '소요'의 원인과 내선인의 반응

3·1 '소요'는 망령된 행동

3·1운동은 1919년 3월 1일을 기해 거족적으로 봉기한 항일투쟁이며, 일제에 의해 침탈되었던 국가의 주권과 민족의 독립을 찾기 위한 시위운동이다. 그것은 1876년 강화도조약 체결 이래 일제가 경제적 침투와 군사적, 정치적 음모로 계속 감행해 온 조선 침략에 대한 한민족의 줄기찬 항일투쟁의 귀결이다. 3·1운동의 배경에는 1910년대 세계정세의 변화라는 요인과 일제의 무단통치 영향을 들 수 있다. 일제는 조선을 강점한 초기에 강력한 군사력을 바탕으로 폭력적인 억압 수탈정책을 실시했다. 우리 민족을 식민지 피지배민으로 길들이기 위한 이데올로기적 통제에도 주력하여 황국신민을 육성하는 데 중점을 두었다. 또한 식민지 통치의 경제적 기반을 구축하기 위해

토지조사사업과 회사령 실시 등을 통해 경제적 수탈을 강화했다. 이러한 1910년대의 시대적 상황은 일제에 대한 민중의 분노와 저항을 고조시키는 객관적인 조건을 형성했다. 한민족을 무차별적인 탄압 대상으로 삼음으로써 반일의식이 이전보다 고양되었고, 그 결과 민족 응집력과 일체감은 더욱 공고해졌다.

아오야기는 3·1운동이 일어난 원인을 간접 원인과 직접 원인의 두 가지로 나누어 말한다. 먼저 간접 원인으로 조선인의 민족성이 조선 오백년 이래 일관된 불평의 소요심을 전통으로 하고 선동으로 비굴심을 양성해 온 것에서 찾았다.[1] 이것은 소요의 원인을 멀리 조선 왕조의 당쟁에서 찾은 것이다. 조선의 유림과 사림들이 오랜 세월 끊임없이 사당을 옹호하고 쟁투를 벌여 왔으며 동서 분당에서 시작된 당파싸움이 노론 소론의 양성에 이르기까지 전국의 서민은 불평과 생활난 때문에 소요를 일으키게 되었고, 이것이 조선 민족의 일종의 전통이 되었다고 지적한다. "민족성에 편승하는 유력한 선동자가 나오면 일파는 만파를 만들어 도도하게 되어 탁류가 13도에 횡행하고 반도사회의 선량한 조직은 탁류의 침윤에 유혹되어 드디어 조선 민족은 종교가 앞에 무릎 꿇고 구제를 슬프게 호소하기에 이른 것이다. 이 천도교도 기독교도가 민족성의 낌새에 편승한 유력한 이유임을 발견하기 어렵지 않다."고 보았다.[2] 그러므로 3·1 '소요'가 발발했지

---

1 青柳綱太郎, 『朝鮮獨立騷擾史論』, 제2편 獨立騷擾遠因論, 1921, 16-17쪽.

2 青柳綱太郎, 『朝鮮統治論』, 제9 騷擾と革命心の由來, 1923, 173-174쪽.

만 처음부터 일본과 분리해서 독립하려고 기획한 것이 아니며 민족성에 편승한 선동자의 주도로 이루어진 것이고 결코 무단정책에 반항하여 일어난 것이 아니라고 강조한다.

다음 직접 원인으로 거론하는 것은 다섯 가지다. 첫째, 손병희(孫秉熙, 1861-1922)와 천도교: 조선 소요의 발두인(發頭人)인 손병희가 오랫동안 배일을 고취한 결과가 독립 소요의 직접 원인이 되었다. 손병희 등 분별없이 행동하는 사민(士民)은 일한병합의 유래와 정신을 도외시하여 한갓 독립의 미명에 현혹된 자로 조선인을 잘못되게 했다. 천도교는 "종교의 미명(美名)에 숨어 정치상으로 용훼하여 정교를 혼동한 포교의 형식을 취하고 특히 배일을 고취한 것 같이 치안의 방해자"라고 보았다.[3] 둘째, 무단정치의 과실: 소요 발발의 원인을 무단정치의 죄로 돌리지만 그 반대다. 데라우치의 통치는 무단적이라 해도 조선인에게 과분한 문명주의였다. 그러나 조선인은 옛 조선에 집착하여 갑갑한 총독정치의 문명주의를 좋아하지 않았다. 데라우치의 뒤를 이은 하세가와 요시미치(長谷川好道)가 이 점을 착안하지 않으면 안 되는데 조선인의 반감을 사서 학정이라고 평가받아 민심이 이반하는 추세가 되었다. 독립 소요는 하세가와가 무단주의를 답습한 것이 그 원인임을 부인할 수 없다.[4] 셋째, 작위 수여 시 편당(偏黨)의 잘못: 병합 당시 작위를 받은 인사 백여 명 가운데 이완용 등 노론파가 대

---

3 青柳綱太郎, 『朝鮮獨立騷擾史論』, 제3편 孫秉熙と天道教を敍し其教理を論す, 1921, 44-45쪽.

4 青柳綱太郎, 『朝鮮獨立騷擾史論』, 제4편 荏苒たる武斷政治の過失, 1921, 47-59쪽.

부분이다. 소론파로는 조중응(趙重應, 1860-1919) 한 사람이 있을 뿐이다. 이번 독립 소요에서도 독립 소요의 창론자가 거의 소론파에 많은 것을 보면 병합 당시부터 노론에 비해 대우를 받지 못한 것이 원인이다.[5] 넷째, 이주식민책의 오해: 일본 정부는 조선을 식민지로 보지 않고 내지의 연장으로 생각한다. 그러나 일본인의 내지(조선)이민을 조선의 경제적 지반을 빼앗아 조선인을 북방으로 구축하는 것으로 오해하고 이것을 의심했다. 이번 소요에 지방민이 뇌동한 것은 이러한 오해가 원인이다.[6] 다섯째, 민족자결주의의 오해: 파리강화회의에서 윌슨이 제창한 민족자결주의를 오해하고 한편 교활하고 무지한 외국인에게 선동되어 제국의 굴레에서 벗어나려고 획책한 망령된 행동에 지나지 않는다고 말한다. 그럼에도 불구하고 이것을 무단통치 탓으로 돌리는 것은 "일부 얕은 식견의 일본 정치가, 일부 신문기자, 신사상에 젖은 사학자(死學者) 무리일 뿐, 만약 이론자가 있어서 무단정치도 그 원인의 일부라고 말한다면 당시에 금일의 문화정치를 시행했다고 해서 결코 조선 소요는 면할 수 없었을 것이다"[7]라고 하여 조선인은 소요, 불평, 암투가 민족성이라고 거듭 강조하여 무단통치는 조선인에게 과분한 문명정치였다고 주장했다.

아오야기는 조선의 문명은 500년 전 고려 말기에 이미 쇠퇴하여 잿더미가 되어버렸다고 말한다. 이후 새로운 문명이 일어나지 못하

---

5 靑柳綱太郎, 『朝鮮獨立騷擾史論』, 제5편 恩賜授爵偏黨論, 1921, 65쪽.

6 靑柳綱太郎, 『朝鮮獨立騷擾史論』, 제6편 移住殖民策の誤解, 1921, 100-101쪽.

7 靑柳綱太郎, 『朝鮮統治論』, 제3 武斷政治史論, 1923, 79-80쪽.

고 있었는데 비로소 총독정치에 의해 놀랄 만한 문명의 빛을 띠게 되었다는 것이다. 데라우치 총독의 6년간 통치는 조선 사회에 공헌하여 문명이 농후하게 된 것은 내선인의 상태를 보면 알 수 있다고 한다. 즉 당쟁의 참화에서 오는 서민의 고통을 구하고 백성의 생명재산을 안전하게 해 주었으며, 민권을 신장하고 사법을 개선하여, 토지조사의 대사업을 완성하고, 신교의 자유를 주어 종교심을 조장하였다. 공업기관을 보조 발달시키고, 상업 무역을 왕성하게 하고 임업을 정리하고 수산업을 발전시켜 일반의 경제조직은 교통 통신의 정비 발전에 의해 대변혁을 가져와 시가의 면목은 문명적으로 일신되었다. 데라우치 총독이었기에 이러한 놀랄만한 성적을 올렸다고 주장한다. 그러면서 자신은 일부 여론에서 말하듯이 병합 후의 총독정치가 "무단적으로 압박하여 선인을 학대하고 선민의 이익과 행복을 도외시했다고 생각하지 않는다"고 총독정치를 평가하고 있다. 다만 데라우치의 통치방침을 계승한 하세가와 총독이 무단주의를 철폐하여 문화주의를 선언했지만, 시대의 진화에도 불구하고 데라우치 방식을 답습했기 때문에 조선인의 반감을 사서 학정이라고 평가받고 민심이 이반되어 독립 '소요'를 야기한 것은 부인하기 어렵다고 보았다.

3·1운동이 일어났을 당시 도쿄의 반응은 어땠을까. 하라 수상이나 도쿄의 정치가들은 대체로 데라우치의 무단정치에 대한 반감이 원인이라는 분위기였다. 도쿄의 정치가들은 그 정도로 조선의 사정에 어두웠다. 이에 대해 아오야기는 '소요' 원인을 무단정치로 호도하여 데라우치에게 그 책임을 전부 부담시켜 무단정치를 장사지내는 것을 비판했다. 그는 총독에서 물러나 있는 데라우치에게 다시 총독

의 임무를 맡긴다면 조선의 '소요'를 한방에 진압시킬 수 있을 것이라고 말한다.

당시의 하세가와 총독은 결국 책임을 지고 사표를 제출하기에 이르렀다. 아오야기는 이를 데라우치가 6~7년 쌓아올린 치적이 하세가와 총독 때 하루아침에 유린되었다고 보았다. 그는 조선의 '소요'는 처음 급격한 일시적 충동에 지나지 않았던 것이 당시 제국 정부 및 조선 총독이 사건을 처리하는 시기를 놓쳐 독립사상, 조국회복사상이 영속적이고 항구 불변한 조선 민족정신이 현저하게 되었다는 것이다. 이렇게 조선 민족의 여론이 매해 조국회복론으로 변경되어 갔으며 조선 민족의 내면을 흐르는 조류는 전 민족의 성격에 미묘하게 변화를 가져왔다고 평가했다.

내선(內鮮) 명사의 3·1 '소요'인식

아오야기는 3·1운동이 일어난 뒤《매일신보》와《경성일보》에 실린 조선과 일본인 명사들의 글을 『조선독립소요사론』[8]에 싣고 있다. 이를 통해 그의 3·1 '소요'에 대한 인식을 엿볼 수 있다. 중요한 부분을 발췌해서 소개한다.

*박영철(朴榮喆, 1879-1939) 전북 참여관: '독립 소요는 그 뜻을 해석하

8 青柳綱太郎, 『朝鮮獨立騷擾史論』, 제21편 獨立騷擾と內鮮名士の與論, 1921, 309-327쪽.

기 힘들다'

가령 일본이 독립을 승인한다고 해도 지금의 재력, 병력, 기술 기타에서 한 나라를 지탱할 능력이 있는가. 한국시대 악정의 상태를 회복할 수 없을 뿐 아니라 러시아의 현상과 같은 비참한 지경에 빠질 뿐이다. 나는 이번 소요의 의미를 해석하는 데 애를 먹었다. — 내선인의 차별은 신정(新政)의 결점이라고 하는 사람도 있지만 이것은 정도 문제다. 선인(鮮人)의 지식 정도가 향상하면 대우도 향상하여 결국 내선인이 동등한 상태로 나가게 된다. 권리 및 의무에 자연히 차별이 없게 되는 것은 내지의 유식자가 희망하는 바로 신문잡지의 기사도 역시 증명하는 바이다. (《매일신보》 1919년 4월 30일)

*가마다(鎌田吉) 귀족원의원: '조선의 독립은 도저히 불가능하다'

내지와 조선과의 관계를 보면 현재 조선은 도저히 독립이 불가능한 여러 사정이 많이 있다. 도저히 독립이 불가능하다면 내지에서는 장래 어떻게 조선을 대할 것인가. 이것은 정부만이 아니라 국민도 충분히 연구할 필요가 있다. 필경 조선인에 대해서 민족과 광명을 주지 않으면 안 된다고 하는 것에 귀착한다. 즉 정치상에도 적당한 기회에 참정권의 일부를 주는 것도 필요하다. 기타 사회상에서도 역시 실업상에서도 민심의 융합과 소통이라고 하는 것을 제일의로 진심을 가지고 신뢰할 수 있도록 노력하지 않으면 안 된다. 일설에 의하면 소위 위압을 가지고 통치해야 한다. 느슨하게 하면 압사(狎邪: 방탕하고 무뢰함)의 생각이 일어나게 하고 도리어 두려워할 만한 결과를 가져온다고 양해하는 사람도 있을지도 모른다. 그것은 오해가 심

한 것이다. (《매일신보》 1919년 4월 8일)

*하라 다카시(原敬) 수상: '내선융화에 대하여'

세상에서 조선은 통치가 어려운 곳이고 조선인은 은혜를 업신여기기 쉬운 민이므로 이들을 통치하는 데는 적당하게 위압정책을 취해야 한다고 한다. 현재 사이토 총독이 문화주의 회유정책을 취하는데도 불구하고 선인은 점점 악화하여 조선인의 반항이 격심한 것을 비난하는 여러 의논이 있는 것을 자주 듣고 있다. — 그러나 나는 결코 이렇게 말하는 사실을 인정하지 않는다. — 나는 일선융화 문제는 반드시 조만간 성공할 것이라고 확신하고 있다. 또 성공하지 않으면 안 되는 일이라고 생각한다. — 요컨대 조선통치와 일선융화는 서로 떨어질 수 없는 중요문제로 조선통치의 성공인가 아닌가는 일선인 전체의 책임이므로 첫째 서두르지 않고 급격하고 엉뚱한 것을 절대로 피할 것, 둘째 기정방침에 의해 점차 만반의 개량을 도모하여 조선인의 자각을 촉구하고 복리를 추진할 것, 셋째 서로 접근 제휴하여 경제적 관계는 물론 정치, 교육, 모두 고락을 함께 할 각오아래 양해를 할 것이다. 그리고 조선인은 가능한 암흑의 길을 걷지 않게 하여 쾌활하고 진지하게 이성적으로 되고, 내지인은 또 친하게 조선인을 이해하고 존중하여 이에 융화혼합의 실을 거두고 성명의 굉모(宏謨)에 부응하여 노력해야 한다. (《경성일보》 1920년 10월 9일)

*모 조선인 대관(大官): '내선융합의 묘체'

요컨대 조선통치는 입으로 하는 것이 아니라 정신이다. 선인도 마음을 넓게 하여 감정으로 가지 말고 내지인을 접해야 한다. 내지인도 마음에서 조선인을 아끼지 않으면 진정한 융합은 기대할 수 없다. 입으로 일선융화를 외치고 무단 위압을 부르짖는다면 그것은 진정한 일선공존과 악한 세력을 막는 데에 무슨 효과가 있을 것인가. 불령사상은 취체해야 한다. 과격 선인도 압박해야 한다. 그러나 이것은 일시의 기의(機宜)로 본래 백년의 대계가 아닌 것이다. 하물며 불령이 아닌 자를 불령시하고 과격화 되지 않은 자를 악화(惡化)하는 행동은 크게 삼가야 할 것이다.

*호조 도키유키(北條時敬, 1858-1929) 학습원장: '조선 소요 소감'
금회의 소요는 어떠한 의미를 가지고 이것을 계획했는가. 다수의 조선인에게는 결코 그 죄가 없다고 단언할 수 있다. 대개 정치를 하는 자는 충분히 그 민성(民性)을 관찰해서 항상 그 사상의 귀추를 잘못하지 않게 해야 된다. 이것이 충분히 안될 때는 금회와 같은 소요도 발발한다. 요컨대 민중의 사상이 향하는 곳에 정치의 묘미가 있다. 그러나 이것은 총명한 정치가가 그것에 노력한 데서 혹은 실패하는 것이 있다. 신부의 민을 제어하는 데 이번과 같은 소요가 일어나는 것은 어쩔 수 없는 것일지도 모른다.
다음 우리는 한마디 부기하려고 하는 것이 있다. 이것은 조선인의 동화라는 문제다. (《매일신보》 1919년 4월 22일)

2. 3·1 '소요'와 조선인 학생에게 주는 글

3·1운동이 일어나면서 독립운동이 고양되자, 일본 측은 내선융화의 논리로 독립 요구에 맞섰다. 아오야기도 학생들이 3·1 '소요'에 적극 가담하여 독립운동에 열광하고 있는 현상에 대한 우려를 나타냈다. 그는 일한병합이 실현된 것은 조선 독립이 불가능하다는 것을 증명하는 것이라고 전제한다. 학생들에게 조선이 독립할 수 있는지 없는지를 관찰할 것을 주문한다. 독립을 주장하고 '소요'를 일으키기 전에 먼저 조선인의 실력과 문화의 정도를 일본 제국의 실력과 문명의 정도와 비교해 보라고 말한다. 한갓 감정에 치우쳐 일생을 망치는 우매한 맹동을 경계할 것을 촉구한 것이다.

이를 위해 아오야기는 도쿄에서 활동하던 홍준표(洪埈杓, 1873-?)가 조선인 학생들의 독립운동을 '경거망동'으로 비하해서 1919년 5월《매일신보》에 투고한 내용을 자신의 저서『조선독립소요사론』에서 소개했다. 홍준표는 대한제국 출범 직전인 1896년에 법부에서 9품인 법률기초위원을 잠시 지내다가 곧 일본으로 건너갔다. 일본에서의 초기 활동은 알 수 없으며, 도쿄에 거주하였고 1907년에 교원검정회의 검정시험에 합격했다는 정도만 밝혀져 있다. 3·1운동 직후 조선인에게 일본어를 교육하자는 제국내선어학원 설립운동을 벌이고, 민족자결주의란 유럽 지역에만 적용되는 것이라며 3·1운동을 경고한 인물이다. 1920년에는「우리 조선청년에게 경고하노라」라는 격문을 사이토 총독에게 발송했다. 다음해에는 내선융화를 주장하는 격문을 작성한 뒤 총 50만 장을 인쇄하여 조선 및 간도 지역에 뿌렸다. 같은 해 재미교포에게 발송한 격문에서 홍준표는 그간의 총독정치를 통해 인민의 복지가 향상되어 왔다며, 일부 재미교포들의 독립운동 참가는 동포에게 누를 끼치고 국제 분규를 일으키는 일이라며 반성을 촉구했다. 그는 친일적인 행동으로 일본의 팽창주의를 옹호했다. 1930년대에는 조선의 독립운동을 '위험사상'으로 규정하고 대일본주의를 언급했는데 1930년에 사이토에게 조선 사상대책을 제안한 일도 있었다. 이 대책안은 조선 독립을 요구하는 사상은 "일종의 악화사상"이라고 규정하고, 일부 단체를 거명하면서 "불평분자의 집합단"이라고 폄훼하고 있다. 1934년에 대일본주의를 주창하는 동아신흥연맹을 결성하고 반발하는 일부 회원들은 제명해버린 뒤 위원장에 올랐으며, 1935년에도 유사한 단체인 동아연맹을 결성했다. 동아신흥연맹은 "일본정신 선양"을 첫 번째 강령으로 내세우며 출범한 단체였고, 동아연맹 역시 "제국주의 선양"과 일본을 맹주로 한 동아시아의 대강국화, 아시아 공통 언어의 확립을 주장했다.[9]

아오야기가 이러한 홍준표의 내선동화론에 동의하는 것은 장래 조선이 진정으로 일본제국의 신민이 되지 않으면 안 되기 때문이다. 일본이 동아 대륙에서 경제적 발전을 완수하기 위해서 필요하며 이것이 좌절된다면 조선은 불운과 불행에 빠질 것이라고 경고하고 있다. 그러면서 조선의 학생들이 총독부의 내선인 동화정책을 실행해 가기 위해서는 먼저 교육시설을 기다려야 된다고 보았다. 그런데 지

9 친일반민족행위진상규명위원회, 『친일반민족행위진상규명보고서 4-19』, 2009, 787-799쪽.

금까지 총독정치의 실책은 철저한 교육방침을 세우지 못하고 내선동화에 방해가 될까봐 학생들에게 '조선의 사력(事歷=역사)'을 읽지 못하게 한 것이라고 지적했다. 이 실책은 산업개발과 물질 진보에 집중해서 정신적 사업을 한각한 때문이라고 주장했다.

이처럼 아오야기는 홍준표의 예를 들어 조선이 일본에 병합될 수밖에 없는 이유와 독립이 불가능함을 주장하면서 학생들이 이를 위해 우선 조선의 굴욕적인 역사가 담긴 조선역사를 읽어야 한다고 강조한다.

> 학생제군, 조선의 유사 이래 3000년, 과거 3000년의 사력은 굴욕비굴의 역사로 홍준표군이 말하는 것처럼, 고래 조선은 지나 혹은 일본의 도움에 의해 겨우 나라로서의 체면을 유지할 수 있었어도, 아직 완전하게 독립국의 장세를 나타낸 적이 없다. 그렇다면 조선역사의 근본은 무엇을 가르칠 것인가 하면, 일개 독립 국가로서가 아니라 다른 강대국의 번속이 되고 혹은 병합되지 않으면 존립이 불가능한 이유를 나타내는 굴욕의 역사에 지나지 않는다. 조선의 진정한 지식인으로 하여금 공평하게 그 태도를 결정하게 하면 아마도 타국에 병합해서 조선의 존립을 유지하는 것을 상책으로 여길 것임은 의심할 여지가 없다. 그러므로 한말의 정세는 자연히 어쩔 수 없이 일본에 병합되기에 이르렀다. 그렇다면 제군이 조선의 사력을 읽는 것은 불쾌한 암흑의 사회로부터 각성하여 유쾌한 광명의 사회로 사는 것이므로 동화 불동화의 논의 없이 제군이 당연히 읽지 않으

면 안 되는 것이다.[10]

나아가 아오야기는 학생들이 3·1 '소요'와 같은 소동을 다시 일으킨다면 지금까지의 일본 통치에 대한 희생을 '폭렬탄'으로 보답하는 처사라고 비난했다. 그리고 조선이 독립할 능력이 있다고 믿는 허상에서 깨어나 일본의 국체인 천황에 대한 충군애국사상을 함양해 나갈 것을 촉구했다.

지금 독립사상을 마음속에 품고 있는 조선인 제군은 과연 조선이 독립할 능력이 있다고 생각하는가. 만약 이것을 진정 믿는 자가 있다면 그는 자기의 실력을 모르는 백치이다. 일본제국이 조선을 병합한 것은 일본의 실력과 다대한 희생을 치룬 결과로 제군이 조선근세사를 읽어보면 그 간 일본이 조선에 대해 취해 온 모든 노력과 진의를 이해할 수 있을 것이다. 그것을 금일에 이르러 제군이 만세소동이나 폭렬탄으로 보답하는 것은 자기 형편에 맞게 생각한 것이라고 말하지 않을 수 없다. — 제군이 신교육 제노의 발휘와 함께 선선한 교육안 아래서 학업에 힘쓰고 대일본제국 국체의 정화인 충군애국사상을 함양하여 내선인의 사상을 연락하는 국체적 정신을 발휘하여 1천 7백만 조선 민족이 협력해서 그 실행을 기하는 데 있다. 우리 경애하는 조선 사민의 선각자는 조선의 모든 사회계급에 경종

10 青柳綱太郎, 『朝鮮獨立騷擾史論』, 제19편 朝鮮人學生諸君に與ふ, 1921, 278-279쪽.

> 을 울려 지금의 소요 혼탁한 사상을 묶어 이것을 방기하고 제군의 정신 상태에 대혁명을 야기하여 제군이 한갓 소요에 맹동한 불명예를 만회하지 않으면 안 된다. 이에 대일본제국은 내지인(일본인)만의 제국이 아니라 내선인이 일치단결하여 소유하는 대제국이다. 그렇다면 조선 민족의 전도는 점을 치는 것보다 분명하다.[11]

이처럼 아오야기는 3·1운동과 같은 독립 '소요'가 다시 일어날 것을 우려했다. 특히 학생들에 대한 회유 차원에서 제기한 것은 대학 창설 문제였다. 내선인의 차별을 철폐한다는 명분에서 조선의 교육제도를 개정하여 고등교육기관을 확충시켜 나가겠다는 것이다. 경성에 종합 혹은 단과대학을 창설할 목적으로 우선 예비교인 고등학교를 계획하고 1922년이나 23년에 개교할 준비를 하고 있음을 밝히고 있다. 그러므로 독립을 도모하거나 일본제국과의 분리를 기도하는 어리석은 행동을 자제할 것을 주장했다.[12]

한편 아오야기는 학생, 조선인은 물론 조선에 주재하는 모든 일본인들에게도 야마토 민족이 대륙으로 발전해 가는데 있어 조선이 얼마나 중요한 지역인지 강조했다. 조선은 타국이 아니라 '일본제국의 판도'이기 때문에 조선을 경영하고 발전시킬 근본대책을 확립해야 한다고 보았다. 여기에서 조선경영의 중추가 되어 담당해 나갈 재조

---

11 青柳綱太郎,『朝鮮統治論』, 제38 文化政治下の朝鮮人に與ふ, 1923, 812-815쪽.

12 青柳綱太郎,『朝鮮獨立騷擾史論』, 제19편 朝鮮人學生諸君に與ふ, 1921, 292-293쪽.

선 일본인의 역할과 사명에 대해 거듭 각성을 촉구한 것이다.

> 우리는 우리 재선 35만의 일본인에게 고한다. 조선은 우리 야마토 민족 대륙발전의 기본지역이다. 현대의 추세는 제군이 중요(中腰)가 되어 조선을 경영해야 하지 않겠는가, 조선은 이미 타국이 아니라 일본제국의 판도이다. 바로 영주적 기풍을 배양하여 앙연히 각자 그 경영발전의 근본을 확립하지 않으면 안 된다. 지금 병합 이래 14년 물질의 진보발전은 실로 상찬할 만하며 우리 재선 일본인의 사조의 침체와 국민적 도덕의 추락은 또 실로 놀랄만하다. 우리 재선 일본인은 하루속히 서로 각성하여 조선경영에 눈뜨지 않으면 안 된다.[13]

3. 조선인의 사대사상을 개조하라

사대사상을 개조하라

아오야기는 3·1 '소요'를 통해 조선의 사대수의 근성이 유감없이 발휘되었으며 이것을 뢰미(賴米: 미국에 의지함)사상이라고 말한다. 이 독립 '소요'를 미국에 의지하여 성사시키려 했다고 보기 때문이다. 이

---

13 青柳綱太郎, 『朝鮮統治論』, 제39 大日本主義と在鮮日本人, 1923, 828쪽.

것은 조선이 건국되었을 때부터 전래된 병으로 이러한 비굴심을 구축하지 않으면 조선인은 결코 아무 것도 할 수 없다고 단언한다. 미국인은 영리하기 때문에 미미한 조선을 위해 명분 없는 의전(義戰)을 일본에게 벌인다면 천하의 웃음을 살 일이라고 보았다.[14] 그런데도 조선인은 대부분 미국을 믿고 있으며 조선에 있는 선교사와 영합하여 '소요'를 벌였다고 주장했다.

> 사대사상의 성쇠는 조선의 흥망사이다. 조선은 3백 년 전 명나라의 은혜를 잊고 흉노의 만청(滿淸)에게 절조를 팔았을 때 이미 국민적으로 망한 것이다. 민족적 도덕의 추락이 실로 오래되었다고 말할 수 있다. — 만약 우리 내지인이 조선인을 증오하여 내선동화를 바라지 않는다고 한다면, 우리는 이러한 배은망덕한 소요를 기회로 조선 민족을 분쇄하는 것도 결코 어렵지 않은 일이다. 그렇지만 일본인은 조선인과 동화 동영(同榮)하여 대륙발전을 희망하며, 인도와 정의를 중요시하기 때문에 이 국헌을 파괴하고 있는 독립소요에 즈음하여 대압박을 가하지 않고 우리 사이토 신총독은 일시동인의 문화주의로 조선에 임하여 내선인의 차별을 철폐하고 문관임용령을 개정하여 교육을 개선하고 자치를 연습시켜 동치(同治) 동화의 기본을 완성하려고 하였다.[15]

---

14 靑柳綱太郎, 『朝鮮獨立騷擾史論』, 제17편 朝鮮人と事大思想の改鑄, 1921, 244-245쪽.

15 靑柳綱太郎, 『朝鮮統治論』, 제36 朝鮮統治と民族性の改鑄, 1923, 794-795쪽.

만일 수천 년 동안 약소국으로 양성된 비굴한 사대사상과 배은망덕을 조선 민족으로부터 구축하지 못한다면 야마토 민족은 결코 조선인과 동화할 수 없다고 주장한다. 그러면 대란이 계속되어 조선인은 선조의 분묘를 버리고 어쩔 수 없이 넘어지게 될 것이라 보았다.

아오야기는 역사상 조선인의 비열한 개성이 지속되어 조선인을 불행하게 만들어 왔기 때문에 내선인 지식인들의 협력과 교육의 힘을 가지고 조선인의 민족성을 개조하여 일본의 민족성과 융합할 방책을 찾는 것이 급선무라고 말한다.[16] 이것이 동화의 기본이라는 점을 강조한다. 그러나 이것은 민족성 개조를 위해 협력과 교육을 말하고 있지만 일본인이 '무기력하고 비열하며 패배주의에 가득한 조선인'을 철저하게 지도하는 차별교육을 의미한다.

그는 일본인과 조선인의 민족성을 다음과 같이 비교한다. 일본인의 민족성은 왕성한 탄력이 풍부하고 나라를 세우고 집안을 일으키는 정신이 충만하여 의협심과 나라에 봉사하려는 정신이 세차게 흐른다. 그러나 조선인의 민족성은 탄력이 없고 피폐되어 의리에 용감한 임협도(任俠道)는 끊어졌으며, 옛날부터 조선에는 한 사람의 의로운 인물이 없으며 협객도 없다. 조선 500년 동안 관리의 가렴주구에 수천만의 백성은 한마디 불평도 못하고 가혹하게 착취당해 공도(公盜)를 먹여 살렸으며 조선인의 민족성이 마비되었다. 이 마비된 민족성을 갖는 조선인과 의협심에 가득한 일본의 민족성이 서로 합치

16 青柳綱太郎, 『朝鮮統治論』, 제36 朝鮮統治と民族性の改鑄, 1923, 782쪽.

되어 동화하는 것이 곤란하다는 것은 상상하기 어렵지 않다고 말한다.[17] 그리고 조선이 사대적인 비굴심을 갖는 민족성을 가지게 된 것은 조선의 지세(地勢)가 그렇게 만든 것이라고 생각했다.

> 조선의 지세가 조선의 사대 비굴의 민족성을 순치시킨 유력한 원인이라고 생각한다. 즉 조선의 비굴한 역사는 조선지리가 낳은 특산물이라고 할 수 있다. 조선인 제군 결코 이 말에 흥분하지 말라, 일본인도 영국인도 지세를 조선반도와 교환하면 외교의 궤변(詭變)을 믿는 것 외에 방법이 없는 것이다. 왕년 지나제국이 조선을 번속이라고 한 것은 무력과 문화가 우세해서 그런 것은 물론이지만 그 지리적 관계에서 침략을 감행한 것이다.[18]

즉 아오야기는 조선의 비굴한 역사는 조선지리가 낳은 특산물이라고 말한다. 그러면서 "조선인 제군은 결코 이 말에 흥분하지 말라, 일본인도 영국인도 지세를 조선반도와 교환하면 외교의 궤변을 믿는 것 외에 방법이 없는 것이다"라고 하여 왕년에 중국이 조선을 번속이라고 한 것도 그 지리적 특성과 관계에서 침략을 감행한 것이라고 보았다. 즉 조선은 대륙에 있는 중국에 붙어서 살 수밖에 없다는 타율적인 존재로서의 왜곡된 역사인식을 나타내고 있다. 이것은 식민사

---

17 青柳綱太郎,『朝鮮統治論』, 제36 朝鮮統治と民族性の改鑄, 1923, 792쪽.

18 青柳綱太郎,『朝鮮統治論』, 제2 支那の朝鮮統治失敗史論, 1. 支那人の朝鮮, 1923, 13-14쪽.

관에서 말하는 한국사의 전개과정이 한국인의 자주적 역량에 의한 것이 아니라 외세의 간섭과 영향에 따라 타율적으로 이루어졌다고 보는 타율성론이다. 아오야기는 앞에서 살펴본 일선동조론은 물론 타율성론을 통해 지리적으로 중국의 지배를 받을 수밖에 없었던 반도 조선의 위치를 강조하고, 이제는 일본의 식민통치를 합리화하는 역사인식으로 둔갑시킨 것이다.

VII

조선사를 유린하다

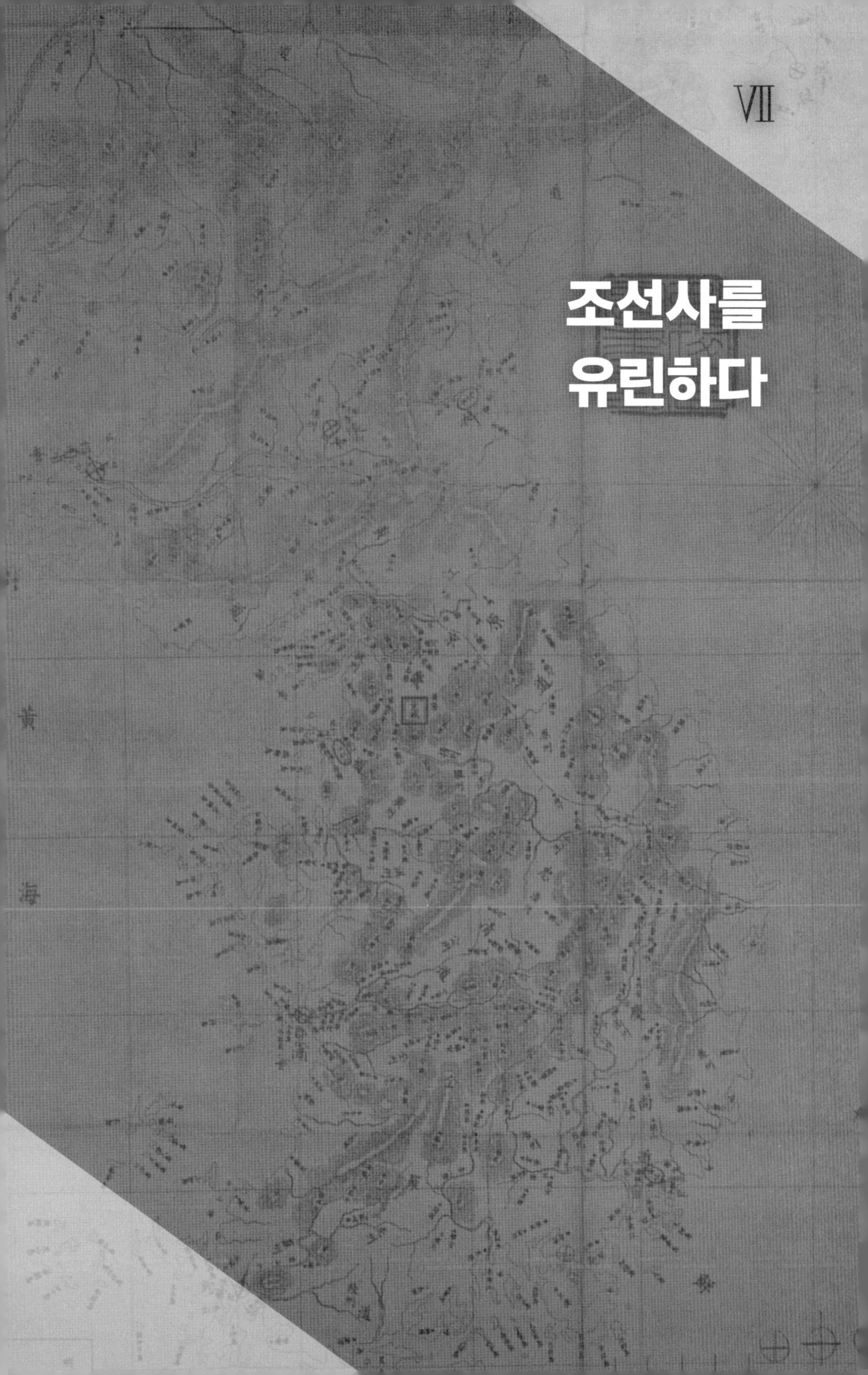

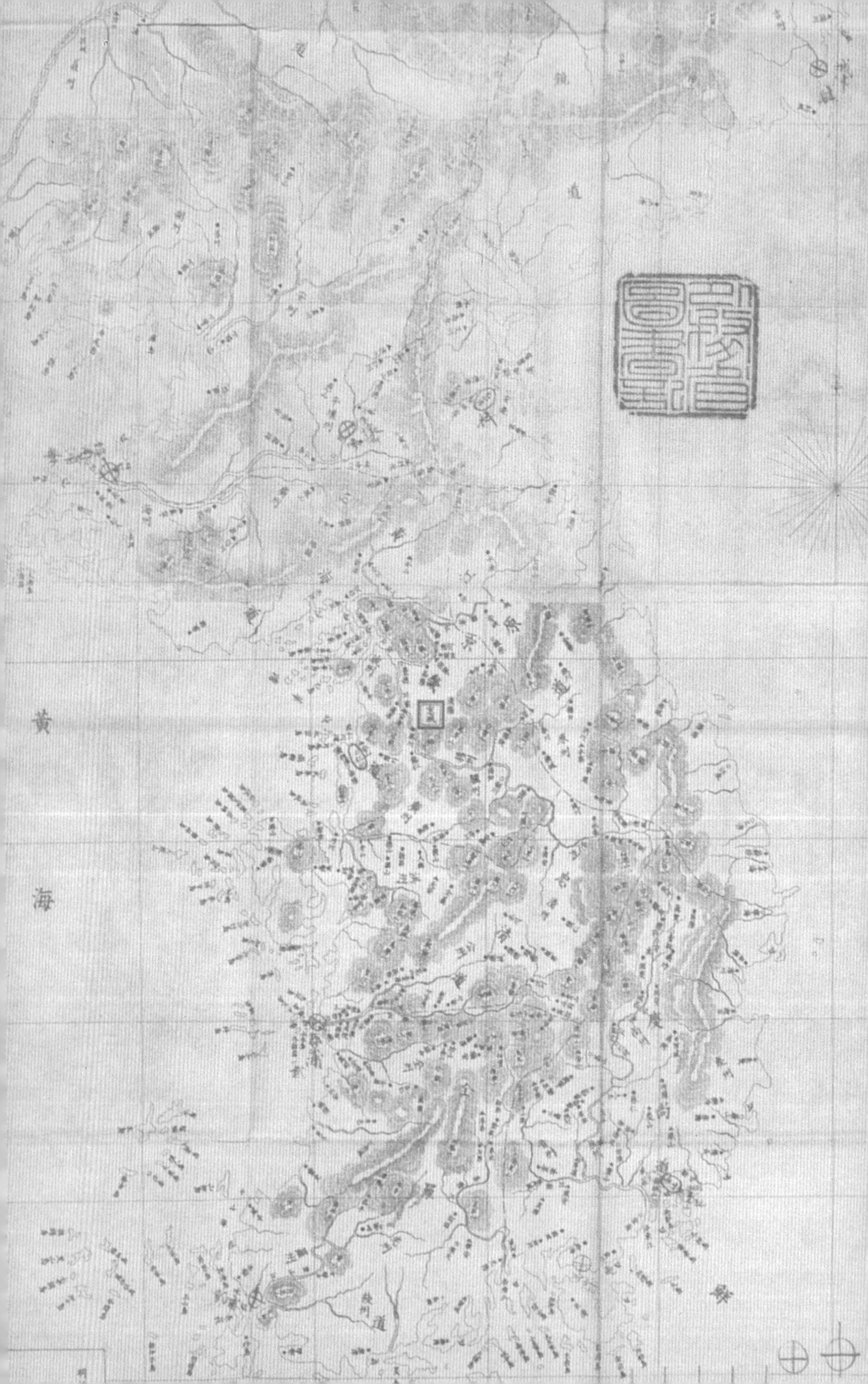
黃海

1. 왜곡된 조선사 인식

동시대인의 아오야기 평가

1900년대에 내한하여 동양협회전문학교 경성분교에서 식민교육을 담당하고 있던 가와이 히로다미(河合弘民)[1]와 언론활동을 하고 있던 기쿠치 겐조(菊池謙讓)는 아오야기의 조선사 연구에 대해 높은 평가를 내리고 있다. 가와이는 조선사를 편찬하려고 해도 사료부족이 가장 큰 문제이며 사료가 있어도 당파 문제로 신뢰하기 어려운데, 아오야기의 저서는 불모지나 다름없는 일본 역사학계의 조선 연구를

1 최혜주, 「일본 동양협회의 식민활동과 조선인식」, 《한국민족운동사연구》51, 한국민족운동사학회, 2007.6.

유발시키는 역할을 해냈다고 지적했다.[2] 또한 기쿠치도 아오야기의 조선사 연구 중 가장 전문적인 분야는 조선왕조사이고, 그 중에서도 임진왜란사와 당쟁사 연구가 뛰어났다고 평가하고 있다. 기쿠치는 아오야기의 조선사 연구와 저술의 가치를 네 가지로 지적했다. 첫째, 그는 '이조'시대 연구에 깊은 취미를 갖고 있다. 둘째, 그가 공개한 사료는 '이조'시대가 가장 풍부하며 확실한 사료다. 셋째, 조선의 암흑사에 관한 연구를 통찰력과 사필을 가지고 철저하게 했다. 넷째, 그의 문장은 노숙하고 정련되어 대가의 위엄이 있다.[3]

그러나 이러한 평가에도 불구하고 아오야기의 조선사 저술의 특징은 첫째, 재조일본인 가운데 처음으로 단군 이래 병합에 이르는 통사 저술을 시도했다. 둘째, 두 나라의 민족적 연원이 동일함을 증명하여 일선동조론의 이론적 근거를 밝히고자 했다. 셋째, 고대 한반도에 일본의 식민지가 건설되었음을 주장했다. 넷째, 조선의 멸망 원인을 폭정과 외구 및 내란으로 인한 문화의 쇠퇴, 외척의 발호와 붕당의 알력, 조선인의 무기력에서 찾았다는 것이다.

아오야기의 대표 저서인 『조선사천년사』의 내용은 단군조선, 기자조선, 위만조선, 삼한, 신라·고구려·백제합사기(百濟合史記), 고려사기, 조선사기로 구성되었다. 그의 조선인식 가운데 중요하다고 생각되는 단군, 일본인의 신라건국과 임나일본부, 삼국통일의 의의, 당쟁

---

2 靑柳綱太郎, 『李朝五百年史』, 「序」, 1912.

3 靑柳綱太郎, 『李朝史大全』, 「序」, 1922.

의 폐해, 왜구, 도요토미의 조선정벌, 정한론과 강화도사건, 조선 멸망의 원인 문제에 대한 분석을 살펴보자.

단군과 천강신족

아오야기는 일본 역사학계에서 단군 자료의 허구성을 비판하는 문제는 역사학 연구를 통해 해결할 필요가 있다고 말하면서 단군 연구의 문제점을 다음과 같이 지적했다. 첫째, 『삼국유사』에는 단군이 천세를 살았다고 되어 있다. 아오야기는 이 설에 대한 일본학계의 반대를 비판하고, 세상을 전하고 거친 해수로 해석하는 서거정의 견해에 동의를 표했다. 즉 일본의 다케우치노스쿠네(武內宿禰)는 3백세, 금관국의 수로왕은 158세였다는 예를 들어 설명하면서 단군이 조선의 시조라고 언급했다.

둘째, 일본에도 단군신화와 같은 천손강림 신화가 있다고 보았다. 양 민족의 선조가 동일한 토지에서 생활하고 신앙, 언어와 풍속 습관이 같았다고 한다. 그는 기원전에 조선의 평안, 황해, 강원 및 일본 서쪽 변방의 가장자리에서, 이미 우량한 민족이 서식하였음을 의심하지 않았다. 양 민족의 선조는 동형(同型)으로 조선과 일본이라는 양도(兩島)에 분가했고, 단군은 일본의 천강신족과 동일 종족으로 보았다.

> 단군으로써 半島開祖의 수호신이라 ᄒᆞ야, 일본 천강의 신족과 同統神系됨에 毫도 이론의 여지가 無ᄒᆞ야, 吾人 현대의 日鮮民은, 其中間

은 措而不問ᄒ고 확실히 遠祖를 동일 神系에 存홈을 祝ᄒ야 此 양 민족의 抱合이 망망 수천년의 遠祖의 포부에 합치홈을 思홀 時는 천운의 挽回, 필경 復古의 期가 有ᄒ야 同系의 合法은 세월로써 踊論홈이 不可홈을 知ᄒ리로다.[4]

천강신족은 구마소(熊襲: 지금의 구마모토)와 에조(蝦夷: 지금의 홋카이도)를 정벌하고 단군은 예맥과 만족(蠻族)을 정복하여 현재의 일본과 반도, 요동 땅이 모두 신족(神族)의 정치아래 굴복했다는 설명이다. 일본이 '신국'이라는 사상은 조선 멸시관과 함께 16세기 말의 도요토미 히데요시의 조선침략을 거쳐 메이지 유신 이후의 조선침략을 합리화하는 사상적 기초가 되었다. 후술하듯이 역사교과서들은 조선사가 기자조선에서 시작된 것으로 서술하고 있으나 아오야기는 단군조선부터 시작되고 있음을 지적했고, 여기에서 그의 일선동조론이 드러난다. 단군은 반도를 개조한 수호신이며 일본 천강신족(天降神族)과 같은 계통의 신족인 것은 조금도 이론의 여지가 없다고 하였다. 왜냐하면 한족(韓族)과 일본의 이즈모족(出雲族)은 형제관계를 유지하고 교통을 한 것이 분명하다고 보기 때문이다. 즉 『일본서기』에 스사노오(素盞嗚尊)가 웅성봉(熊成峰)에 거하다가 네노쿠니(根國)로 들어갔다고 하는데, 이 네노쿠니란 모국(母國)의 의미이고 웅성봉을 공주라고

4 青柳綱太郎, 『朝鮮四千年史』, 「檀君朝鮮」, 1917, 4-5쪽.

추정한다.[5]

또한 『일본서기』(권1, 신대 상)에는 스사노오가 아들 이다케루(五十猛命)를 데리고 신라국에 와서 소시모리에 살았다고 되어 있다. 아오야기는 이것에 근거하여 이다케루가 단군이며, 단군치세와 아마테라스의 치세가 부합된다고 하고[6], 소시모리(曾尸茂梨)는 지금의 강원도 춘천이라고 보았다.[7] 그리고 고사에 이다케루의 어머니가 웅(熊)인종이라는 표시가 있는 것을 거론하여 일본 민족과 한민족의 태고사는 점점 명료해지는 것이라고 이해했다. 이렇게 두 민족이 동일한 신족임을 확실히 인식하고 이런 원조의 뜻에 부합하는 복고 조치로 병합

---

5 웅성봉의 위치에 대해서는 오랫동안 의문시 되어왔다. 이즈모(出雲)의 악연산(齷淵山), 기이(紀伊)의 웅야산(熊野山)으로 추정하는 사람도 있으나, 호시노 히사시(星野恒)는 임나의 웅천봉이라 하여 웅천봉은 공주(公州)라고 주장했다. 그러나 시데하라 다히라(幣原坦)는 스사노오가 배를 이용해 소시모리와 이즈모를 왕래했고, 배를 댈만한 안전지대를 물색한 곳이 진해만이었다고 한다. 이곳은 쓰시마(對馬)로 갈 수 있는 여러 조건을 구비했으며, 스사노오는 이미 이 지역이 요처(要處)임을 알아보고 스스로 이곳에 와서 후세 일본 근거지의 단서를 열어준 것이라고 보았다. 즉, 김해의 임나가 대도부(大都府)가 되기 이전에 진해만 웅천이 스사노오가 왔던 곳이라고 생각했다. (최혜주,「시데하라의 植民地 朝鮮 經營論에 관한 연구」,《歷史學報》160, 1998, 65-68쪽)

6 靑柳綱太郞,『朝鮮統治論』, 제12 統治資料と兩民族一家の史實, 1923, 212-213쪽

7 소시모리에 대한 해석은 일본에서 일선동조론을 주장하는 학자들 사이에 일찍부터 거론되어온 문제였다. 소시모리에서 소는 조선어로 '牛'를, 모리는 '頭'를 말한다. 따라서 소시모리는 우두(牛頭)라는 지명이 되는데, 우두가 어느 곳인지 춘천이나 경성으로 보는 견해가 있으나 일치하지 않았다. 호시노 (星野恒)는 우두를 신라의 우두주, 즉 지금의 춘천부라고 했다. 그러나 시데하라는 이러한 종래의 설에 의문을 나타내고 소시모리를 서벌(徐伐)로 보아야 한다고 주장했다. 왜냐하면 『日本書紀』에 '是時 素盞嗚尊 帥其子五拾猛神 降到於新羅國 居曾尸茂梨之處' 라고 되어 있고, '之處'의 두 글자에 주목했기 때문이었다. 즉, 소시모리(曾尸茂梨)는 도부(都府)를 가리키는 것이고, '曾尸茂梨之處'는 도부가 있는 곳인 서벌이라는 것이다.(최혜주,「시데하라의 植民地 朝鮮 經營論에 관한 연구」,《歷史學報》160, 1998, 66-67쪽)

이 이루어진 것이라고 해석했다.[8]

일본인의 신라건국과 임나일본부

아오야기는 단군 이래 삼한까지의 토착 민족 중에 우수한 인걸이 적게 나온 것은 개국의 영웅이 모두 다른 곳에서 들어왔기 때문이며, 혁거세와 탈해왕도 일본에서 왔다고 주장했다.[9] 탈해가 왕이 되면서 일본인 호공(瓠公)을 대보(大輔)로 삼아 국권을 위임하여 나라의 기초가 단단하게 되었다고 말한다. 그리고 일본과 신라의 교통은 산인도(山陰道)[10]의 마쓰에만(松江灣)으로부터 오키(隱岐: 지금의 시마네현의 일부), 울릉도를 경유하여 경상도의 영일만에 이른다고 보았다. 산인도의 시마네(島根)현에는 조선인의 고적이 많고 고려산(高麗山)이 있으며, 조선인과의 회화에 통역 없이 인종(人種)과 어원(語源)을 같이 했으며, 춘천과 이즈모지방에서 발견되는 토기가 서로 비슷한 것을 보더라도 양국이 본래 '동종동근'의 일가임을 부정할 수 없다고 하였다. 원래 한인과 왜인이 잡거한 상태에 있었기 때문에 언어와 풍속과

---

8 青柳綱太郎,『朝鮮文化史大全』, 제2편 版圖的政治史, 제1장 檀君朝鮮, 1924, 9쪽.

9 青柳綱太郎,『朝鮮四千年史』, 1917, 30-31쪽과 47쪽.
"신라 석탈해가 일본인 되는 事는 余가 前段에 此를 論ᄒᆞ니라. 然而 탈해가 왕이 됨에 更히 일본인 瓠公으로써 大輔로 爲ᄒᆞ고 국권을 위임ᄒᆞ야 英智相應ᄒᆞ야 신라의 基를 견고히 ᄒᆞ얏더니 왜인이 한에 來ᄒᆞ야 國을 保ᄒᆞ고 韓의 史上 분명히 其跡을 현저히 ᄒᆞᆫ 것은 盖 탈해왕이라. 此外에 南市의 金官, 伽倻 其他의 小國이 殆히 倭人의 建國割據ᄒᆞᆷ은 勿論也."

10 돗도리(鳥取)현 돗도리시부터 시마네(島根)현을 경유하여 야마구치(山口)현 시모노세키(下關)시에 이르는 도로.

습관이 결코 차이가 없었다고 언급했다.

> 당시 일본과 신라간에 교통됨은 산인도(山陰道)의 마쓰에만(松江灣)으로부터 오키(隱岐) 울릉 二島를 經ᄒᆞ야 경상도 영일만에 至ᄒᆞ고 先此時ᄒᆞ야 삼한 동남부ᄂᆞᆫ 왜인(일본인)과 한인의 雜居之地가 되야 당시ᄂᆞᆫ 일본인과 한인이 동방 一圈內의 민족으로 삼한, 왜국이 되고 각각 形勝을 據ᄒᆞ야 一國을 건축홈에 불과ᄒᆞᄂᆞᆫ지라 我日韓古史의 이면을 저자ᄂᆞᆫ 最히 명료ᄒᆞ게 조사 논단홈을 見홀지니.[11]

이렇게 마쓰에만과 영일만은 교통의 요로가 되어 현재의 시모노세키와 부산의 관계와 같으며, 신라의 조정은 혁거세, 탈해왕 이래 일본인이 만든 신라가 되었기 때문에 두 나라의 이주 식민 상태는 현재의 식민지 관계와 거의 같다고 서술하여 역사적 관계를 연계시키고 있다.

> 신라의 迎日縣을 置홈은 일본 세이무(成務)전황의 27년인데 당시 수리 다지마(但馬)에ᄂᆞᆫ 신라인의 귀화ᄒᆞᆫ 자 殆히 一村落을 成ᄒᆞ니라. 迎烏細烏ᄂᆞᆫ 卽此에 歸化同棲ᄒᆞᆫ 者이오. 一漂流의 漁人이 豈히 小島에 王이 되얏스리오. 당시 신라의 영일만과 일본의 송강만과ᄂᆞᆫ 교통의 要路이오 現今의 시모노세키(下關) 부산에 對홈과 如ᄒᆞᆫ 관계가 되얏

---

11 青柳綱太郎, 『朝鮮四千年史』, 「三國의 勃興」, 1917, 29-30쪽.

도다. 然而新羅廷이 혁거세 탈해왕 이래로 일본인의 신라됨으로써 從ᄒᆞ야 彼我 이주식민의 상태ᄂᆞᆫ 현금의 관계와 殆히 대동소이 ᄒᆞ얏슴은 無論也.[12]

그리고 『신찬성씨록(新撰姓氏錄)』에 의하면 이나히(稻氷命)[13]가 신라의 시조가 된다. 또한 『삼국사기』의 기사를 근거로 큰 알에서 나온 영웅 혁거세(赫居世)나 탈해(脫解), 표주박(瓠)을 허리에 매달고 바다를 건너 신라에 와서 신라왕의 재상이 된 호공이 본래부터 일본인이라고 왜곡했다. 그리고 신라(新羅)라는 문자를 '일본인이 새롭게 황기(皇基)를 대륙에 심어 사방의 나라를 경략하여 망라한다'는 뜻으로 해석했다.[14] 혹은 남해왕(南解王)이 자신의 딸을 탈해에게 시집보낸 이유는 그가 일본에서 표착해 온 알에서 태어난 일본인이기 때문이며, 이것이 바로 '일선일가'라는 사실을 증명해주는 것이라고 주장했다.[15]

---

12 青柳綱太郎, 『朝鮮四千年史』, 1917, 53쪽.

13 이나히는 稻飯命으로 표기하고 있다.

14 青柳綱太郎, 『朝鮮文化史大全』, 제3편 朝鮮民族史論, 제7장 朝鮮民族と日本民族の血脈, 1924, 178쪽.
"일본 스이닌(垂仁)천황이 황족 潮乘津彦命을 남한에 특파해서 임나왕국을 건설하고, 신라와 제휴하여 남방을 경략하게 한 것은 실로 일본인 신라왕인 昔脫解의 前年이다. 당시 일본세력이 섬 밖으로 뻗어나가, 皇祖大神의 포부는 자손대대로 끊이지 않고, 대륙을 향해서 발전하려는 때로, 新羅라는 문자는 일본인이 새로 皇基를 대륙에 심어 사방국을 경략하여 망라한다는 뜻이다. 그러므로 나는 혁거세의 아버지는 일본 覆面의 志士라고 생각한다. 논의가 이쯤 오면 우리 이즈모(出雲)족과 조선의 단군신족은 고대 당시에 서로 同棲하고, 교통하여 상호 이주식민 발전한 것은 명료하다. 일선인의 혈맥이 混成交合한 것이 오래되었다고 할 수 있다."

15 青柳綱太郎, 『朝鮮統治論』, 제12 統治資料と兩民族一家の史實, 1923, 208쪽.

임나 건국에 대해서 임나주(任那主)는 신라가 임나를 침범하자 신라시조가 일본인이기 때문에 일본에 원정을 요청한 것이라고 이해했다.[16] 임나주가 일본 조정에게 '일군(一郡)'이 되기를 희망했기 때문에 스이닌(垂仁) 천황이 황족 시오노리쓰히코(鹽乘津彦命)를 특파하여 임나국을 건설하고 임나부를 설치했다고 한다. 이 설에 의하면 김수로왕은 일본의 황족 시오노리쓰히코로 삼한을 일본에 병합하려고 기도(企圖)하는 자라고 언급한다. 그리하여 "신라의 모국이 되는 일본 조정이 한지(韓地)의 일본인을 제어하여 그 보호 아래 지내기를 계획한 것"이라는 설명이다.[17]

아오야기는 진구황후의 임나정벌에 대해 다음과 같이 설명하고 있다. 일본인 황족 시오노리쓰히코가 김수로왕(金首露王)이고, 그는 일본과 선진 일본인이 건설한 신라와 제휴해서 남방의 여러 부락을 평정하고 삼한을 일본에 병합시키려고 기도했다. 임나는 신라와 백제 사이에 끼어 외난(外難)에 견딜 수가 없게 되었다. 거기에 일본의 대한

---

16 青柳綱太郎, 『朝鮮四千年史』, 新羅, 高句麗, 百濟合史記, 任那王國及日本府史論, 1917, 48-50쪽.

"스진(崇神)천황 때에 남한에 이미 임나라는 소국이 있어 항상 신라와 다투어 스스로 다스릴 수 없었고 싸움이 계속되어 생민이 안도하기 어려웠다. 임나수는 일본 소성에 장군을 칭하여 일본의 일 부가 되어 조정의 仁政을 흠뻑 받으려고 희망했다. 이에 스이닌(垂仁)천황이 기뻐하여 드디어 황족 潮乘津彦命을 남한에 특파하여 엄연한 대임나왕국을 건설하여 임나부를 두었다. 初代 金首露王은 곧 이 분이다. 신라가 임나의 제국을 침범하는데 있어 임나주가 韓의 우방에게 원조를 청하지 않고 바다건너 일본조정에 청한 것은 무엇인가? 생각컨대 신라의 시조는 일본인이기 때문에--신라의 모국인 일본조정을 가지고 한의 일본인을 제어하여 그 보호아래 안전을 도모하려 했던 것이다."

17 青柳綱太郎, 『朝鮮四千年史』, 「任那王國及日本府史論」, 1917, 41쪽.

정책은 일관되지 않기 때문에 임나왕국의 임나부(任那府)는 거의 무의미하게 끝나려 하였다. 이에 후년 신라가 금관국을 압박해서 병합할 기세를 보이자 임나는 일본조정에 보호를 요청하고 다른 소국도 겨우 국세를 유지할 수 있었다. 이에 일본조정은 대한정책이 뜻대로 되지 않음을 알고 진구황후의 정한(征韓)을 감행하게 되었으나, 김수로왕은 진구 정전(征戰)의 전해에 훙(薨)하였다.

진구황후의 정한 후 삼한은 일본의 속국이 되어 조공을 게을리하지 않고 일본 조정에서는 이를 미야케(官家)라 불렀다.[18] 미야케는 조정의 어영지(御領地)라고 하는 뜻이다. 이렇게 임나일본부는 남방에서 지금의 총독부가 하는 사무를 총괄하고 소규모의 군사령부를 주둔시킨 것도 상상하기 어렵지 않다. 긴메이(欽明)천황 22년 신라 진흥왕 23년 신라는 임나왕국의 대가야를 쳐서 항복시키고, 다음해 정월에는 임나일본부를 공격하였다고 보았다.

이 진구황후 전설은 고대 일본의 조선멸시사상의 출발점이라고 할 수 있으며, 근대 일본이 조선병합을 '복고(復古)'로 간주하여 조선 침략을 정당화하는 데 역사적 근거로 이용되었다.

---

18 青柳綱太郎,『朝鮮四千年史』, 新羅, 高句麗, 百濟合史記, 日本神功王后 新羅를 치다, 1917, 69쪽.
아오야기는 진구황후의 征韓年代에 대해서 학자 사이에 아직 정확한 고증이 없으나『朝鮮開化史』를 쓴 저자는 임나왕국 건설 이전으로, 임나부는 정한 이후에 세운 置韓기관으로 설치했다는 설이 있으나 자신은 믿지 않는다고 했다. 즉, "나는 임나왕국의 建都는 일본 스이닌(垂仁)천황 71년 신라 유리왕 19년 때다. 4대 탈해왕과 같이 신라사에 분명히 일본인임을 기재하기도 하고 당시 남한은 일본인 발전식민의 기운이 왕성함을 엿볼 수 있다. 潮乘津彦命이 남한에 자리 잡은 것도 실로 탈해왕의 전년으로 진구 征韓시대 보다 거슬러 150여년이다. 이 연대는 일본서기 및 신라본기 등에 서로 일치하는 사항이다"

또한 탐라의 개국도 일본인에 의한 것으로 서술하고 있다. 그 개국 시기는 기자, 위만조선시대로 천강신족이 동해로 건너가 새로운 부용국을 건립할 것을 계획한 시대이며, 일본 군왕이 딸 3명을 시집보내 탐라국을 창립한 것으로 서술했다.

> 按컨딕 탐라의 개국은 기자위만의 조선시대오 我東海의 君長은 즉 천강신족이 대륙의 연안으로 황해에 涉ᄒᆞ야 幾多의 新附庸國을 건립홀 事를 計策ᄒᆞᆫ 時代ㅣ라, 상고에 鈍朴 頑迷ᄒᆞᆫ 民人을 不戰而統治홀 방편으로 此를 地에셔 湧出ᄒᆞᆫ 神人이라 謂ᄒᆞ고 又更히 군왕의 三女를 送ᄒᆞ야 娶之ᄒᆞ고 遂히 탐라의 一國을 창립홈은 容疑할비 無ᄒᆞᆫ 者也ㅣ리.[19]

삼국통일의 의의

아오야기는 장수왕 때의 고구려는 강국이 아니라 신라와 백제가 능멸할까 두려워하여 연(燕), 위(魏), 제(齊)나라에 이부하고 중국에 신하를 칭하는 사대사상이 가득했다고 보았다. 위주(魏主)가 고구려왕을 꾸짖는 것이 군왕이 신하를 훈계하고 책망하는 것과 같은데도 고구려를 강국이라고 할 수 있느냐고 반문했다. 이것은 대국(大國)

19 青柳綱太郎, 『朝鮮四千年史』, 1917, 124쪽.

이 번속의 호칭을 명백히 한 경우로 이해했다.[20] 또한 당시 삼국이 사대한 것은 중국의 남하를 막기 위한 방편에 불과한 것이었는데, 한사에서 스스로 삼국을 비하하여 제후라고 칭한 것을 비판하여, "韓 역사가의 곡필을 증오하는 동시에 사대에 아첨하여 일시를 호도하고자 하는 추태를 비웃지 않을 수 없다."고 지적했다.[21] 아오야기는 이처럼 김부식의 『삼국사기』에 나타난 '사대적'인 중국인식을 비판했다.

신라가 삼국을 통일한 역사적 의의에 대해서는 백제의 멸망으로 일본 세력이 반도에서 소탕되는 원인이 되었기 때문에, 신라가 스스로 당나라의 번속국이 되는 주목할 만한 사건으로 평가했다. 그리고 삼국통일 후에도 일본인의 혈맥이 사대 세력에게 뒤섞여서 대국에게 유린과 간섭을 받아 목숨을 유지하게 되었다고 하여 "이후에 한인은 드디어 사대에 아첨하고 중화에 취하여, 거의 독립의 정신 기백을 잃어버리고 자칭 동번(東藩)이라 하여 대대로 군왕은 대국의 책명(冊命)을 구걸하고 허례(虛禮)로써 한 나라를 보전할 수 있었다."고 서술하고 있다.[22] 나아가 일본인의 혈맥은 신라의 멸망 후에도 섞여서 한반도 전체에 흘러넘쳐서 현대 남선(南鮮) 민족의 대부분이 거의 일본인의 혈통을 계승했다는 터무니없는 주장을 하고 있다.

---

20 靑柳綱太郎, 『朝鮮四千年史』, 1917, 125쪽.

21 靑柳綱太郎, 『朝鮮四千年史』, 1917, 134쪽.

22 靑柳綱太郎, 『朝鮮四千年史』, 1917, 214-215쪽: 동, 1917, 134쪽.
"然而韓史에 三國을 自以卑下ᄒᆞ야 諸侯라 ᄒᆞ고, 諸侯로 天子의 事ᄅᆞᆯ 僭ᄒᆞᆷ은 大統을 尊ᄒᆞᄂᆞᆫ 所以가 아니라 ᄒᆞ야 韓의 三國으로써 吳楚의 僭稱에 比코져 ᄒᆞᆷ에 至ᄒᆞ야, 予ᄂᆞᆫ 韓史家의 曲筆을 憎惡ᄒᆞᄂᆞᆫ 同時에 其事大에 媚ᄒᆞ야 一時ᄅᆞᆯ 糊塗코져ᄒᆞᄂᆞᆫ 陋態ᄅᆞᆯ 憫笑치 아니키 不能ᄒᆞ도다."

故로 신라인은 其성격이 殆히 일본 본토의 土民과 不異ᄒᆞ야, 도의를 重히ᄒᆞ고, 感慨를 有ᄒᆞ야, 鬱勃ᄒᆞᆫ 意氣의 旺盛홈이 고구려 백제의 比홀ᄇᆡ 아니라 成國 一千年에 신라 雖亡이나, 其혈맥은 滔滔ᄒᆞ야, 韓의 남반부에 混化 開大ᄒᆞ도다. 번식력이 왕성ᄒᆞᆫ 일본인 혈맥은 신라 망국 後에 更히 일천년의 間을 全韓에 奔於橫流ᄒᆞ더라. 현대 남선 민족의 大部가 殆히 일본인의 혈통을 混化 繼承홈은 贅論을 不俟ᄒᆞ노라.[23]

왜구는 일본 정변의 산물

아오야기는 왜구가 고종 12년(1225)에 고려를 침범한 것은 강도나 해적과 다르며, 일본 정변의 산물이라고 주장했다. 조큐(承久)의 난이라고 불리는 사건으로 1221년 고토바(後鳥羽, 1180-1239) 상황(上皇)이 가마쿠라(鎌倉)막부를 타도하기 위해 일으킨 병란을 말한다. 상황은 전국의 무사들에게 집권(執權) 호조 요시토키(北條義時, 1163-1224)를 토벌하라는 명령을 내렸다. 그러나 요시토키의 아들 야스도키(泰時, 1183-1242)는 대군을 이끌고 교토를 점령했다. 그 결과 바쿠후는 츄코(仲恭, 1218-1234) 천황을 폐하고 고토바 상황 등을 유배시겼다. 그는 전기 왜구가 경상도를 침략한 것은 남북조가 분립할 때 막부의 정령(政令)을 따르지 않는 근왕의 유신들이 조선에서 병량(兵糧)과 군자

---

23 青柳綱太郎, 『朝鮮四千年史』, 「新羅血脈論」, 1917, 283-284쪽.

(軍資)를 구해 호조 요시토키를 타도하기 위해서였다. 후기 왜구는 고려와 원구(元寇)에 대한 복수가 목적이었기 때문이라고 주장한다. 당시 고려 조정은 시코쿠(四國)나 규슈의 낭인들의 결당에 불과한 왜구를 격퇴할 실력이 없었으며, 고려는 원과 명의 소매 속에 숨어 간신히 나라의 명맥을 유지했기 때문에 왜구에게 대항할 여유가 없었을 것이라고 지적했다. 그는 고려를 침범한 왜구를 단지 정변의 결과물로 설명하고 있다. 이것은 왜구가 약탈과 살육을 하는 해적이라는 부정적 이미지에서 탈피하여, 고려를 침범한 이유도 고려가 일본을 침략한 탓으로 돌리고 대외침략을 정당화하려는 왜곡된 인식이라고 할 수 있다.

이성계가 조선을 건국한 것도 왜구에서 기인하며, 조선왕조가 강제 병합된 사실에 대해 조선이 일본 황제에게 천하를 양보하여 천운과 시세론을 따랐다고 서술했다.[24] 일본의 침략사실을 은폐하고 유교에서 말하는 천명론에 근거하여 왜곡시키는 것이다. 원래 천명론은 전한시대의 동중서(董仲舒)가 천재지변을 제왕의 통치행위와 연결시킨 데서 찾아볼 수 있다. 즉 왕정(王政)이 상제(上帝)의 뜻에 맞게 인정과 덕정을 펼치면 상제는 만물이 화순하는 길상(吉祥)을 내려주지만, 악행을 거듭하면 천재지변 형식의 견책을 내린다는 것이다. 천명론은 통치자가 인과 의로써 다스리지 않으면 천명이 그에게서 물러

---

24 青柳綱太郎, 『朝鮮四千年史』, 「日本移民의 頓挫와 倭寇의 結末」, 1917, 56-59쪽.

난 것이기 때문에 그런 통치자는 제거되어야 한다는 내용이다.[25] 아오야기는 이것을 원용해서 조선왕조는 악정을 펼쳐서 민심을 잃어버렸기 때문에 망할 수밖에 없다는 쪽으로 귀결시켰다.

> 今에 한국은 타인이 漫來ᄒᆞ야 其國을 멸망홈이 아니라, 其 궁정국민이 擧皆 其國을 欲亡ᄒᆞᄂᆞᆫ 상태에 在ᄒᆞᆫ지라, 회상ᄒᆞ면 단군 이래 4천년의 我同統神系의 舊邦은 此列國中에 何國에게던지 병합될 運命에 逢着ᄒᆞ엿더라. 此에 至ᄒᆞ야 一葦帶水의 隣域되ᄂᆞᆫ 일본 제국은, 豈古來로 인연이 深ᄒᆞᆫ 媒邦의 폐멸 慘禍됨을 忍可默視ᄒᆞ리오.[26]

이처럼 한국은 다른 나라 사람이 와서 멸망시킨 것이 아니라 궁정, 국민이 함께 망하게 한 것이라는 왜곡된 주장을 늘어놓아 일본의 침략에 의한 것임을 은폐시키려는 의도에 다름 아니다. "한국은 어느 나라에게든지 병합될 운명에 봉착해 있었고, 이웃나라 일본제국이 옛날부터의 인연 때문에 한국이 폐멸되는 참화를 차마 묵시할 수 없었다"라고 언급하여 침략이 아니라 시혜를 베푼 일본을 부각시키는 것이다.

25 윤사순, 「16세기 천명사상과 유교정치」, 『역사상의 국가권력과 종교』, 일조각, 2000. 천명론은 전한시대의 동중서(董仲舒)가 천재지변을 제왕의 통치행위와 연결시킨 데서 찾아볼 수 있다. 즉 왕정(王政)이 상제(上帝)의 뜻에 맞게 인정과 덕정을 펼치면 상제는 만물이 화순하는 길상(吉祥)을 내려주지만, 악행을 거듭하면 천재지변 형식의 견책을 내린다는 것이다. '천인상감설(天人相感說)' 혹은 '천견설(天譴說)'이다.

26 靑柳綱太郎, 『朝鮮四千年史』, 「이조ᄂᆞᆫ 滅ᄒᆞ얏스나 조선인은 不亡홈」, 1917, 325쪽.

당쟁의 폐해

아오야기는 조선 정계가 외척의 발호와 권세쟁탈로 참담하고 격렬한 참화를 겪을 수밖에 없었다고 생각했다. 조선의 당쟁은 여러 왕조를 걸쳐 왕위 강탈로 나타나 대낮에도 궁중에서는 칼과 곤봉이 난무하는 지경에 이르렀다고 서술했다. 조선의 사화와 당쟁은 왕실을 중심으로 왕의 손을 빌려 이루어진 것이라고 보고, 그 원인을 다음과 같이 지적했다. 첫째, 인군이 군자의 붕당과 소인의 붕당을 구별하지 못했다. 둘째, 유학자 가운데 대의명분을 외치는 사람이 없고, 사림 가운데 국사에 힘쓰는 자가 없었다. 유학자는 서원에 숨어 논쟁하고 사림은 사노(私奴)를 비축하여 세력을 양성했다. 셋째, 사림들이 왕실에 등을 돌리고 서원을 없애는 것을 반대했다. 넷째, 당론을 가지고 사투를 벌이면서도 자신의 학파와 스승에게 달려갔다. 다섯째, 그들의 안중에 인군도 국가도 없어 나라의 종사를 사지에 빠뜨렸다.[27]

세조가 단종의 숙부로서 찬탈을 도모한 것은 조선의 커다란 수치이며, 외척의 발호와 권세의 쟁탈은 이미 방번, 방석, 방간의 정변에서 분당의 전조(前兆)가 보였다고 지적하여,[28] 이미 조선 초기부터 당쟁이 시작된 것으로 이해했다. 그리고 연산군이 무오, 갑자사화에서 사림을 개돼지와 같이 도륙한 것이 우마보다 참담했으며, 연산은 폭

---

27 青柳綱太郎, 『朝鮮四千年史』, 「壬寅士禍」, 1917, 211-212쪽.

28 青柳綱太郎, 『朝鮮四千年史』, 1917, 28-29쪽.

군 주왕(紂王)과 비슷해 함부로 대학살을 벌이고 비도덕한 일을 자행하여 천하의 공분을 샀다고 서술했다.[29] 이러한 아오야기의 주장대로 조선왕조사를 보면 당쟁만 일삼다 끝난 500년이 되고 만다. 멸망의 원인을 찾아내기 위한 편향되고 왜곡된 역사인식의 단면을 여기서도 확인할 수 있다.

도요토미 히데요시의 조선 정벌

아오야기는 역사가들이 도요토미의 조선 정벌은 헛된 야심 때문이라고 평가하는 것에 대해서 반대했다. 그 이유는 도요토미가 명이나 조선의 왕이 되려고 하지 않았고 정벌이 실패했지만 '문화의 알맹이'를 움켜쥐고 돌아간 것으로 평가하고 있기 때문이다.[30] 그의 정벌은 일본이 다른 나라에게 침략당할까 걱정해 국가의 기초를 공고히 하기 위한 충군애국주의에서 나온 '대일본주의'의 실현이라고 보았다.

> 가령 히데요시(秀吉)가 早世치 아니ᄒᆞ고 조선을 정복ᄒᆞ야 요동으로붓터 북경을 直襲ᄒᆞ야 명국과 城下의 盟을 爲ᄒᆞ고 四百餘州와 韓의 8도를 병합ᄒᆞ야 대일본제국의 皇基를 북경에 建ᄒᆞ고, 爾來 계속ᄒᆞ야 메

---

29 青柳綱太郎,『朝鮮四千年史』, 1917, 44쪽.

30 青柳綱太郎,『赤裸裸に見た內鮮史論』, 제2편 先づ內鮮一家の史實を論述す, 1935, 133쪽.

이지(明治) 다이쇼(大正)의 盛大에 일본인이 조선 及 지나의 경영을 爲ᄒᆞ고. 在ᄒᆞᆫ다ᄒᆞ면, 何者의 迂儒든지 감히 黷武의 論을 容ᄒᆞ리오, 凡 영웅의 行ᄒᆞ려ᄒᆞᆫ 이상은 一旦의 利鈍으로써 誹議ᄒᆞᆯ 것이 아니오, 성패의 數素然矣라. 현대의 일한병합, 만주의 경영이 其 연원은 히데요시(秀吉) 外征의 趣意, 즉 대일본주의의 실현에 不外ᄒᆞ고.[31]

이처럼 아오야기는 도요토미가 조선을 침략한 역사적 의의를 대일본주의의 실현이라고 해석했다. 그러나 대일본주의가 일본제국이 침략국으로부터 자기를 지키고 '제국의 사업'을 사방으로 확대하기 위한 것이라고 해명하지만, 이는 자기합리화에 지나지 않는다. 그는 도요토미를 '해외웅비'의 선구적 존재로 평가했다.

이러한 인식은 여기서 그치지 않고 강제병합을 침략이 아니라 대일본주의의 실현이라고 말하고, 도요토미의 외정(外征)에서 역사적 의의를 찾아 합리화시키고 있다. 여기에는 일본이 동아시아의 맹주로 대륙진출에 나서기 위한 커다란 야심이 내재되어 있다. 아오야기는 대일본주의를 실현하기 위해서는 동화를 통해 식민지민을 황국신민으로 만들어야 한다고 주장했다.[32]

---

31 青柳綱太郎, 『朝鮮四千年史』, 〈外征史論〉, 1917, 86-87쪽.

32 青柳綱太郎, 『總督政治史論』, 武斷政治時代, 제27편 朝鮮教育策の矛盾, 1928, 278-288쪽.

정한론과 강화도사건

아오야기는 메이지 유신 후 일본의 왕정복고 문서를 거절한 조선 정부의 태도를 '포만(暴慢)'이라 언급하고, 사다 하쿠보(佐田白茅, 1833-1907)와 모리야마 시게루(森山茂, 1842-1919)가 정한론을 주장하게 된 경위를 밝혔다. 1873년에 다시 불거진 정한 문죄(問罪) 논의는 내치우선을 주장하는 반대파에 의해 정한론자들의 퇴진으로 이어졌다. 아오야기는 사이고 다카모리가 조선에 건너가 병력으로 해결하겠다고 한 말이 진정한 정한에서 나온 것이 아니라고 주장했다. 다만 조선을 설득하려는 말에 불과하고 정한할 의사가 없는 간섭론에 지나지 않는다고 보았다.

> 당시 정한론이라 홈은 진정 정한론이 아니라, 其 首領이라 呼ᄒᆞ는 사이고 다카모리(西鄕隆盛)는 조선에 自航ᄒᆞ야 화친의 利害를 說홈지오, 說而不聽이면 병력으로써 此에 臨홀지라 주장홈에 불과ᄒᆞ얏고, 又 此에 반대ᄒᆞᆫ 者도 포기론이 아니라. 此를 정당히 해석ᄒᆞ면 간섭론과 비간섭론에 불과ᄒᆞᆫ지라, 然이나 간섭론은 征討論에 走ᄒᆞ기 易ᄒᆞ고, 비간섭론은 포기설에 流ᄒᆞ기 易ᄒᆞ고, 加之 간섭론 中에는 사다(佐田直寬), 벳부(別府新助)와 如히 조선 현상을 見ᄒᆞ야 征討의 不可止를 주장ᄒᆞᆫ 强論者ㅣ有ᄒᆞ고, 비간섭설 중에도 포기설을 주장ᄒᆞᆫ 완강론자가 不無ᄒᆞ얏스니, 故로 氣力을 相煽揚ᄒᆞ야 미증유의 大沸騰을 釀ᄒᆞ얏

더라.[33]

또한 운양호사건도 자위 차원에서 발포한 것이라고 도발을 정당화시켰다. 조선은 청국의 속방이 아니기 때문에 독립국으로써 강화도조약 체결에 임했으며[34] 강화도사건의 실수를 사과하기 위해 수신사를 파견한 것으로 서술했다. 이와 같이 일본의 조선침략사상은 앞에 말한 진구황후 전설과 도요토미의 조선침략, 그리고 정한론을 거쳐 병합으로 완성되는 것을 볼 수 있다.

2. 일본과 조선은 '한 집안'이다

내선일가론

아오야기는 역사적으로 한(漢) 무제(武帝)가 조선을 정복하고 사군을 설치하여 통치한 이래, 조선은 각 왕조가 일어날 때 마다 새로

---

33 青柳綱太郎, 『朝鮮四千年史』, 「日本의 交涉과 朝鮮의 開國」, 1917, 233-234쪽.

34 青柳綱太郎, 『朝鮮四千年史』, 「日本의 交涉과 朝鮮의 開國」, 1917, 233-235쪽.
"청국 정부는 외국과의 사단을 피ᄒᆞ기 爲ᄒᆞ야 조선은 속방이 아니오, 其 내치외교에 毫도 我와 관계가 無ᄒᆞ다는 旨를 答ᄒᆞ고, 又 일본 정부가 외무경 소에지마 다네오미(副島種臣)를 派ᄒᆞ야, 조선及臺灣 生蕃과 청국과의 관계를 질문ᄒᆞᆯ 時도 청국 정부는 同樣의 의미로써 答ᄒᆞ얏슬뿐 不啻라. 조선은 실질상 청국의 속방될 관계가 無ᄒᆞᆫ즉 독립국으로 담판ᄒᆞᆯ 事를 決ᄒᆞ고, 구로다 기요다카(黑田淸隆)를 전권대사로, 이노우에 가오루(井上馨)를 부사로 ᄒᆞ야, 艦隊로써 此를 護ᄒᆞ야 조선에 파견ᄒᆞ다."

운 왕조에 붙어 속국이 되어서 지금까지 왕국의 모습을 갖추지 못했다고 말했다. 그러한 모습을 그의 유고집 『적나라하게 본 내선사론』에서 다음과 같이 설명하고 있다. "마치 유녀(遊女)가 아침에 남쪽의 남자를 보내고, 저녁에 북쪽의 손님을 맞이하는 것 같이 절조와 기개가 없는 추태는 2000년의 긴 시간을 반복했다. 아직 번속국으로서 정신적으로 대국에 심복하지 못하고 시종일관 면종복배하고 있다"는 것이다.[35]

이러한 조선이 일본제국의 '군현(郡縣)'이 된 뒤로 신정(新政)에 의해 인간답게 되었는데도 이를 망각하고 불령사상(不逞思想)을 가지고 통치정책을 동요시키고 있다고 비난했다. 아오야기는 『신조선』에서 기본적으로 총독부가 조선인의 동화 문제를 초조해 하는 것에 모순이 있다고 보았다. 즉 당국이 동화를 신속하게 추진하려고 내선 잡혼 정책을 실시하는 것은 문제라고 비판했다. 조선통치는 먼저 조선의 가족제도나 민족성, 『국조오례의』를 연구하거나 풍속습관을 조사하여 양 민족을 사상적·생활적으로 융합할 준비를 하고, 다음에는 반도의 13개 대하천을 따라 신일본 부락을 만들어 내지인을 이주시키는 일이 필요하다고 주장했다.[36]

아오야기의 적극적 동화정책은 조선인을 정신적으로 동화시킬 것을 말했다. 그 방법으로 언어통일 문제가 가장 중요하다고 언급했

---

35 青柳綱太郎, 『赤裸裸に見た内鮮史論』, 제1편 叙言, 1935, 8-9쪽.

36 青柳綱太郎, 『新朝鮮』, 「政治經濟批判編に序す」, 1925, 1-5쪽.

다. 보통학교에서 일본어 교육에 중점을 두면 학교, 가정, 사회에서 조선어가 자연 소멸될 것으로 전망했다. 다음으로 일본인을 이주시켜 조선인을 일본화 하는 것이 중요하다고 했다. 그러나 일본 정부의 이민정책과 데라우치 총독의 개발정책이 충돌하여 내선 동화정책이 실패한 것을 지적했다. 아오야기가 강조하고 있는 것은 일본인 이주를 통한 동화정책을 강력히 추진할 것을 촉구하고 있는 점이다.

> 우리 일선 민족은 선조(先祖)가 같으며 양도(兩島)에 분가(分家)한 것에 지나지 않는다. 단군은 일본의 천강신족(天降神族)과 같은 종족으로 일찍이 서로 협력해서 동방을 경략하여, 하나는 구마소(熊襲) 아이누를 정복하고 하나는 예맥(濊貊) 및 기타 만족(蠻族)을 정복하여 신족(神族)이 향하는 곳은 파죽지세와 같았다. 현재의 일본제도(日本諸島) 및 한반도 요동땅은 모두 우리 신족(神族)의 정치아래 굴복하고, 이에 양지(兩地)의 만족(蠻族)은 신족을 밀어 군장(君長)으로 삼아 많은 만족은 드디어 지세와 풍토와 기후를 따라 스스로 일한(日韓) 양지에 분속(分屬)하게 되었다. 그래서 양지의 생민이 같은 천강신족의 신대사(神代史)를 후세에 전할 수 있게 된 것을 기뻐하지 않으면 안 된다.[37]

이와 같이 아오야기는 양국이 "선조가 같은" 일가(一家)라고 보고

---

37 青柳綱太郎,『朝鮮統治論』, 제12 統治資料と兩民族一家の史實, 1923, 202쪽.

동화의 단계로 중요한 것은 내선융화이며 이를 뒷받침할 이론으로 내선일가론을 주장했다. 그의 내선일가론은 일선동조론을 확대시켜 두 나라의 가족제도가 비슷하게 발전한다는 내용이다. 먼저 역사상 내선인이 동근동종(同根同種)임을 밝히고, 그 근거는 첫째로 혈맥동화, 둘째로 주자학의 융화이며, 셋째로 동화를 위해서 양국의 수평사와 형평사도 해산하자는 것이다. 이하에서 그 구체적인 내용을 살펴보자. 먼저 두 나라 사이에 혈맥동화가 이루어진 근거로 제시하고 있는 것은 동일 신족(神族), 성씨의 분포, 귀화인, 여화(麗和)의 존재이다.

혈맥동화

첫째, 양국은 동일 신족이다. 일선동조론의 가장 중요한 근거는 선조가 같다는 사실이다. 양국은 천강신족(天降神族)으로 시작되어 양쪽에 분가해서 살게 되었다. 상고시대의 단군신족의 조선은 중국에게 망한 뒤 일본에게 종속되었다. 그러나 일본은 진무천황(神武天皇)의 혈통이 지금까지 이어지고 있다고 보는 것이다. 아오야기는 완전한 동화를 이루기 위해서는 이 사실을 주지시키는 것이 무엇보다 중요하다고 생각했다.

> 단군신족은 불행하게 지나 대륙에서 습격해온 영웅에게 망했다. 일본에 분파(分派)한 신족은 천손을 강림하여 진무천황(神武天皇)이 건국하여 천조(天祖)의 위력을 홀로 동해상에 만세일계의 정신국(精神國)을 영원히 축성하였다. 금일 내선의 합병은 합법이다. 영광스럽고

위대한 국민이 왕정복고의 사실을 반복하고 있다. 이것은 결코 허구의 상상이 아니다. 한(韓)의 삼국인이 동조(同祖)의 천손인 것을 자각하여 단군신족은 망했어도, 일신(日神)의 신족인 우리 성천자의 조정에 오래 신속(臣屬)한 영광은 결코 몰각할 수 없다. 그 근고의 역사는 어찌되었든 나는 내선(內鮮)이 동조(同祖)이며 천손이라는 것에 반대할 수 없는 것이다.[38]

둘째, 내선인의 혈맥관계를 성씨에서 찾았다. 김해 김씨(김수로왕)와 허씨(황후), 경주 김씨(김알지)와 박씨(박혁거세)는 일본 황족의 혈맥이라고 보았다. 유리왕의 아들 8대군(大君)이 밀양·상주·금주·죽산·함양·순천·고령·경주에 분파되고 조선 전체로 나뉘었다고 한다. 임씨(임나)와 제주 고씨도 원조(遠祖)의 혈통은 순수한 일본인이라는 주장이다.

생각건대 조선 성씨의 본원(本源)이 신라, 임나 두 나라의 이성(二姓)에서 비롯되었다고 하는 것도 불가하지 않다. 임씨도 임나에 의해 성으로 되었고 이래 2천년의 현대에 있어서 박, 김을 중심으로 허씨 임씨 등이 조선반도를 종단한 수는 아마 막대한 수라는 것을 상상할 수 있다. 아아 경주김씨 김해김씨 김해허씨 임씨 등 원조의 혈통은 순수한 일본인으로 역사상에 분명하게 포착할 수 있는 것

---

38 青柳綱太郎,『赤裸裸に見た內鮮史論』, 제2편 先づ內鮮一家の史實を論述す, 1935, 105-106쪽.

이다.[39]

셋째, 삼국과 고려의 귀화인이 일본으로 이주하여 혈맥이 동화되었다. 그들이 전쟁 중인데도 불구하고 일본으로 건너간 것은 무인정치와 인정(仁政)을 연모해서 자발적으로 귀화한 것으로 보았다. 이미 삼국시대 이래 신하의 예를 취하고 조공을 바쳐왔기 때문에 동화되기 쉬웠다고 주장하고 있다.

> 이와 같이 삼한(국)의 이름이 혹은 마을이나 신사, 사원의 이름이 되어 오미(近江)국에 남아 있는 것은 고대 오미국에 많은 조선인이 이주하고 있었던 것을 알 수 있다. — 시대를 내려와 남북조 시대에서 전국시대가 되면 전쟁으로 편안할 날이 없는 우리나라(일본)에 고려의 신민이 망명하거나 무인정치를 사모하여 귀화 동화할 이유가 없는 것은 내가 말할 필요가 없다. 그렇기 때문에 나는 논의를 한층 확실하게 할 증거를 세우기 위해 삼국이 신하의 예를 취하여 우리 조정에 조공하고, 또 삼국인이 교대로 이주한 상태와 고려의 우리나라(일본)에 대한 태도와 상태를 후편에서 말하겠다.[40]

이때 일본이 비교적 동화의 실적을 올릴 수 있었던 것은 그들이

---

39 青柳綱太郎, 『赤裸裸に見た內鮮史論』, 17. 內鮮人の血脈と姓氏の混同, 1935, 192-204쪽.

40 青柳綱太郎, 『赤裸裸に見た內鮮史論』, 4. 武藏國に存在する高麗王若光及高麗神社史論, 1935, 47쪽과 62쪽.

삼국시대 이래 학정에 시달려왔기 때문이라고 설명했다.[41] 그리고 그들이 중국으로 가지 않고 일본에 귀화한 이유는 상고 이래 삼한이 일본에 복속하여 신하의 예를 취하고 더욱이 두 나라는 같은 한 집안이기 때문이었다고 주장한다. 임진왜란 때 강제로 귀화된 유생·제도공·활판공·건축공·직조공들은 각 번주에게 우대받고 일본문화의 지도자가 되었다고 한다. 이처럼 귀화인의 성격을 자발적 귀화인과 강제적 귀화인으로 나누었다.

넷째, 고려인과 왜구의 혼혈아를 여화(麗和)라고 보았다. 왜구는 내선혈맥의 혼합에 큰 영향을 미쳤다고 지적했다. 그들은 조선인이 되었고 그 번식은 놀랄 정도이며, 다수의 일본인이 남선(南鮮)에 부식된 사실은 결코 덮을 수 없다.[42] 그리고 삼포왜인과 쓰시마인은 조선과 밀접한 관계를 유지하여 혈맥이 융화된 경우라고 보았다. 조선인과 쓰시마인은 끊으려고 해도 끊을 수 없는 혈맥의 융화가 이루어진 것은 말할 필요도 없는 사실이라고 언급했다.

---

41 青柳綱太郎, 『赤裸裸に見た内鮮史論』, 10. 豊臣時代の强制的歸化人, 1935, 111-112쪽. "고대의 조선인은 혁명 때문에 일본에 망명한 것이 아니고 자국(自國)의 학정을 견디지 못해서 우리 성천자의 인정을 사모하여 귀화했다. 그들이 목숨을 지킬 땅을 대륙에 연결된 지나(支那)에서 구하지 않고 현해탄을 건너 일본에 귀화한 이유는 상고 이래 삼한이 일본에 복속해서 신례(臣禮)를 취하고 더욱이 동근일가(同根一家)의 관계 때문에 바다를 건너서라도 일본에 귀화하고 싶다는 감정이 일어났기 때문이었다."

42 青柳綱太郎, 『赤裸裸に見た内鮮史論』, 17. 内鮮人の血脈と姓氏の混同, 1935, 250-251쪽. "왜구병(倭寇兵)이 귀화한 자는 혹 김씨·박씨·양씨라고 하여 부인에게 숨어서 조선에 뼈를 묻었다. 그래서 여화(麗和)는 완전히 조선인이 되어 피도 몸도 완전히 조선인화 되어 버렸다. 혈맥이 완전히 동화해서, 성씨도 완전히 혼동되어서 이조 오백년 사이에 귀화 왜구병, 여화가 번식한 수는 놀랄 만큼 다수에 이르렀을 것이다."

이 90년 동안 쓰시마와 삼포는 밀접한 관계를 유지하고 쓰시마인과 남방의 조선인은 언어의 융통, 혈맥의 혼합이 드디어 반도와 고도(孤島)를 풍속 습관마저 비슷하게 만들었다. 조선인과 쓰시마인은 끊으려고 해도 끊을 수 없는 혈맥의 융화가 이루어진 것은 다툴 필요도 없는 사실이다.[43]

이처럼 아오야기는 조선인이 귀화한 경우만이 아니라 일본인이 조선에 와서 조선인이 되었음을 말하고, 일본 국학자들이 일본 민족의 순결성을 주장하는 데 비해서 혈통의 뒤섞임을 강조했다. 이것은 그의 천손강림론과 함께 독특한 일선동조론이라고 할 수 있다.

주자학의 융화

다음으로 내선융화의 연결고리로 송시열과 하야시 라잔(林羅山, 1583-1657)의 주자학을 통해 융합되었다고 보는 점이다. 아오야기는 도쿠가와(德川)시대에 내선(內鮮) 주자학이 융합되었다고 보았다. 임진왜란 이후 퇴계의 학풍이 규슈의 히고(肥後)와 히젠(肥前)에서 성장하고, 하야시에 의해 도쿠가와·메이지 정부에 채용되었다고 한다. 그리고 각 번에도 전파되어 일본 주자학의 융성은 3백년간 계속되어 유학자를 배출했다. 일본 주자학의 연원은 강제적 귀화인과 그 자손들이

43 青柳綱太郎, 『赤裸裸に見た內鮮史論』, 17. 內鮮人の血脈と姓氏の混同, 1935, 256-257쪽.

며, 일본 고유의 무사도 정신과 섞여서 메이지 유신의 정변이 발발하게 되었다. 내선 주자학의 융합이 하야시와 송시열(宋時烈, 1607-1689)에 의해 달성되었고 양국의 가족제도가 비슷하게 발전하는 계기가 되었다고 보았다. 아오야기의 우암 송시열에 대한 평가는 퇴계와 율곡을 능가하는 식견으로 북송(北宋)의 성리학의 기초를 닦은 주염계(周濂溪, 1017-1073), 소강절(邵康節, 1011-1077), 장횡거(張橫渠, 1020-1077)에 비견할 만한 사상가로 평가했다.

> 이조의 유가(儒家)로서 이렇게 자유의 정신을 분발한 자는 아마 우암(尤菴)이 유일하다. 성인의 길을 이해하는 자도 아마 우암이 유일하지 않았을까 한다. 그렇다면 우암은 동방 유학계의 위인이라 칭해도 틀리지 않을 것이라고 생각한다. 나는 우리 일본에서 주자학의 발흥이 조선의 이퇴계나 송우암의 흐름만을 이어받았다고 말하지는 않는다. 당송(唐宋) 이래 직접 전래한 것은 물론이지만, 명말(明末)에도 주순수(朱舜水, 1600-1682)와 같은 주자학자가 미토번학(水戶藩學)의 시조가 된 것은 유력하게 우리 학계를 고동(鼓動)시키고 있다.[44]

한편 아오야기는 이황과 송시열의 학문이 히고와 히젠에서 싹을 틔운 것은 사실이라고 지적하여, 일본 유학이 조선과 중국의 영향으

---

44 青柳綱太郎, 『赤裸裸に見た內鮮史論』, 제2편 先づ內鮮一家の史實を論述す, 1935, 166-167쪽.

로 발달했고 근대 문명의 원동력이 되었다고 그 영향력을 인정했다. 그러나 일본이 메이지 유신 이후, 조선은 병합 이래로 주자학의 정신이 매몰되어 서양학의 물질주의로 인해 배척당한 것으로 이해했다.

> 양학의 물질이 내선 대일본의 천하를 풍미해버려 도덕절의는 고서에서나 볼 수 있고, 동양철학은 무가치하다고 배척되었다. 지육(知育)이 한갓 팽대하고 법치의 헌법이 확장하여, 내선(內鮮)의 아름다운 가족제도는 분쇄되었다. 형정(刑政)이 번창하여 팽대한 것은 성천자의 인정에 역행하는 세태인정에 대해 정치가의 무관심과 학자의 한가한 태도는 시끄러운 생민조차 미혹함이 지극하다고 평가하지 않을 수 없다.[45]

따라서 "수완이 좋은 정치가가 제국헌법을 고치고 성천자(聖天子)의 친정(親政)아래 옛 정주 씨(程朱氏)의 천하를 세우고 내선의 도덕을 융화합일해서 국민교육을 바로 세워야 한다"라고 주장했다. 이처럼 아오야기는 산업개발만 가지고 동화를 이룰 수 없는 것이라고 생각했다. 도쿠가와 시대 주자학의 융화를 통해 내선동화를 이루었듯이 내선융합을 달성하는 방법은 다시 그것을 회복시키는 것이 급선무라는 인식을 갖고 있었다.

---

45 青柳綱太郎, 『赤裸裸に見た內鮮史論』, 제2편 先づ內鮮一家の史實を論述す, 1935, 176-177쪽.

수평사와 형평사를 해산하라

아오야기는 내선동화의 방법으로 일본의 수평사(水平社)와 조선의 형평사(衡平社)를 해산시킬 것을 주장했다. 일본에서는 1918년에 쌀 소동을 계기로 막이 오른 사회운동의 여파로 천민의 거주 지역에 사는 부락민의 사회적 차별을 철폐하자는 부락해방운동이 일어나면서 수평사가 만들어졌다. 1922년 3월 3일 교토에서 전국 수평사가 결성되어 전국 6000여 부락, 300만 명의 해방을 도모했다. 형평사는 1923년 4월 25일 경남 진주에서 일본의 수평사 운동에 영향을 받아 발족되었다. 그 계기가 된 것은 백정 이학찬의 아들이 신분적 차별 때문에 학교 입학이 좌절되자, 백정들이 항의하면서 일어났다고 한다. 각 지방의 대표 100여 명과 회원 500여 명이 진주에서 창립총회를 열고 평등을 외쳤다.

아오야기는 천민계급의 인권 해방을 위해 결성된 수평사와 형평사를 해산시키라고 한 근거로 에타(穢多)의 존재에 주목했다. 에타의 기원은 대륙의 예맥족(穢貊族)으로 고려조 이후 노비가 되어 조선과 일본에 거주한 것으로 보았다. 예맥족은 일본의 전리품이 되어 학대를 당하면서 보통사람 가운데 살지 못하고 특종부락을 이루었으며, 일본사회에 번식하지 못한 그들은 대륙으로 도망가거나 잔존하여 천업(賤業)에 종사했다고 한다. 한편 일본과 백제가 나당연합군에게 패했을 때 일본에 함께 온 백제인은 완전히 동화되었지만, 그 후 쓰루가(駿河: 지금의 시즈오카현)지방에 이주한 신라인은 동화되지 못했다. 이때부터 일본인은 조선인을 압박하여 조선인의 대부분이 에타의 소굴인 특종부락에서 기존의 에타인 들을 압박했다고 한다. 임진왜란 때 귀화한 조선인은 대부분 우대를 받았지만 일부 에타부락에 들어간 조선인은 예맥족과 동일시되어 노예로 천명(賤名)을 이어가고 있다고 지적했다. 그러면서 차별받던 조선인들이 일본에서 수평사를 조직해서 권리를 주장하고 있는 것은 당연한 요구라고 언급했다. 왜냐하면 당시 메이지 천황이 사민평등을 선포하여 내선인의 차별대우는 철폐되었고 덕정(德政)을 펼쳤기 때문이라고 한다.

> 만일 고대 소수의 예맥족이 내선인 가운데 혼재해 살고 있어도 이미 내선 대 민족 중에 귀화하고 있기 때문에 이 역시 우리의 신 동포이다. 하물며 세상은 민족주의에서 인류주의로 진화하려고 할 때 국량이 좁은 것을 고집하는 것은 귀신이 웃을 일이다. — 생각건대 먼 수천 년 가깝게는 수백 년 대다수의 내지인과 조선인이 예맥, 에타, 소수 노비의 마음을 사로잡는 것이 불가능하다면 현대 내선인이 세계에서 크게 성공하기는 어렵다. 수평사(水平社)도 해산하고 형평사(衡平社)도 해산하라. 금일의 성대(盛代)에 일치융합한 대 일본의 대 민족으로서 빛나는 문화, 웅혼한 무화(武化)를 달성하여 동방이 하나가 되어 서양 세력의 동점을 분개해야 한다.[46]

이와 같이 아오야기는 일본의 특수부락에서 차별대우를 받으며

---

46 青柳綱太郎, 『赤裸裸に見た內鮮史論』, 제2편 先づ內鮮一家の史實を論述す, 1935, 189-191쪽.

살고 있는 에타(部落民)를 조선에서 잡아간 조선인들로 보고 있다. 원래 부락민은 헤이안(平安)시대부터 천한 일을 하는 사람들이 모여 살면서 차별대우를 받다가 1871년 신분해방령으로 평등한 국민으로 편입되었다. 그러나 결혼, 직업 등에 있어 차별이 완전히 없어진 것은 아니었다. 아오야기가 예맥족을 에타의 원조로 인식하고 있는 것에는 조선인에 대한 멸시관이 내재되어 있는 것이다. 그는 1920년대에 있었던 수평사와 형평사에서 추진한 해방운동을 지지하는 것으로 밝히고 있다. 이때 내세운 이유는 동화된 한 민족으로 세계 제패의 꿈을 이루어 나가기 위해서라는 것이었다.

3. 역사교과서를 개정하라

조선사 교육의 필요성

아오야기는 조선통치에서 중요한 것은 동화의 방법을 정략적으로 강구하는 일이고, 이를 위해 '내선일가'라는 사실을 각종 학교의 역사교과서에 수록해야 한다고 주장했다. 이것은 동화정책의 일환으로 역사관을 개조시키려는 목적에서였다. 그는 병합 후에 데라우치 총독이 조선인이 위험사상을 가질까 염려하여 조선사를 배우게 하지 않은 것이 문제라고 생각했다. 조선사는 "지나의 책봉과 간섭정치와 침략유린, 소수 귀족의 투쟁정치, 주구(誅求)정치, 음모와 암살의 역사"이기 때문에 학생들에게 가르쳐도 염려할 것이 없다고 보았다.

오히려 조선인에게 신화시대 이래의 신라 건국, 임나 금관국의 창설, 탐라왕국의 창설, 왜구의 도선(渡鮮)과 삼포이민으로 일본인과 혈맥이 동화된 사실을 가르칠 필요가 있다고 보았다.

그러나 이 문제를 반대하는 사람에 대해 "정략적 교과서를 편찬하는 것은 내선인 동화를 위한 통치 때문인데 왜 나쁘다고 하는 것인가"라고 묻는다. 그러면서 "조선은 병합 전까지는 독립이 불가능한 망국이 아니었는가. 메이지 천황이 그것을 병합해서 영구히 멸망으로부터 구하여 동화시키자고 한 것이다"[47] 라고 하여 조선인 자제를 선도하기 위해 교과서를 정략적으로 편찬하는 것은 이상한 일이 아니며, 배척할 이유가 없다고 주장했다. 나아가 내지와 조선의 관계를 학생시대부터 알게 하여 동화를 빨리 달성하는 것이 교학상의 방편이라고 보았다.

아오야기는 조선 민족이 사대사상에 젖어 비굴하다가 총독부의 교화주의 덕분에 독립사상을 갖게 되었는데, 이것은 당국의 교육주의 산물로 자승자박임을 부인하기 어렵다고 생각했다. 이 독립사상을 없애는 방법은 경찰력으로 단속할 것이 아니라 역사교과서의 내선일가 사실에서 찾아야 한다고 주장했다. 이를 위해 먼저 보통학교의 교과목에 역사교과서를 편입시키고, 나아가 고등보통학교 및 전문학교, 대학에서 혈맥동화의 사실을 가르쳐야 한다. 또한 지리교과서를 편집하여 조선인은 동일 혈맥인 일본제국민이 되어야만 세계로

47 青柳綱太郎, 『赤裸裸に見た内鮮史論』, 제2편 先づ内鮮一家の史實を論述す, 18. 「内鮮一家史實の後に論ず」, 1935, 260-261쪽.

발전할 수 있다고 교육하고 독립사상이 절망적인 점을 납득시키는 것이 필요하다고 보았다. 계속해서 〈교육칙어〉에 따라 충군애국을 교육시킬 것을 주장하는 반대론자에 대해서는 조선사의 역사적 사실에 근거하여 동화의 방편을 찾기 위해 교과서 편찬이 필요함이라고 강변하고 있다.

> 혹자는 조선통치의 교육방침은 교육칙어의 취지에 따라 계발시키면 된다. 정략적 교육은 필요하지 않다고 한다. 충군애국 하나로 족하다고 한다. 내선일가 사실을 말해주는 내선인 동화의 재료는 한강물에 던져야 한다고 말한다. 동화의 방편을 사실(史實)에서 구해, 그것을 교과서의 편집 자료로 삼기를 바라는 것은 조선통치의 대방침에 덧붙이는 나의 노파심이다.[48]

개정이 필요한 부분

아오야기가 구체적으로 개정이 필요하다고 지적한 네 부분은 다음과 같다. 첫째, 일본의 아마테라스(天照大神)와 단군은 동일 종족의 신계(神系)로 내선 양쪽에 분파하여 시조가 된 사실을 명료하게 할 것. 일본인 사학자는 단군을 논하여 가공의 신화로 야만시대의 전설이라고 말하는 사람도 있다. 또 서거정(徐居正, 1420-1488)도 『삼국유

48 青柳綱太郎, 『赤裸裸に見た内鮮史論』, 제2편 先づ内鮮一家の史實を論述す, 18. 「内鮮一家史實の後に論ず」, 1935, 269-270쪽.

사』의 단군설에 대해서, 단군의 존재를 부인하지는 않았지만, 연대의 다름 등을 들고 있다. 그러나 이것이 단군을 말살하는 이유가 되지 않는다. 따라서 당국은 조선인을 교육하는 역사교재를 잘 취사선택할 것을 주장했다.

> 전설을 가지고 야만 미개시대의 전설이라고 하여 의심해버리면 우리 일본의 신대사(神代史)는 오늘날 좀이 쏠게 되었을 것이다. 세상의 이론자는 없을 것으로 믿는다. 그러므로 당국은 조선인을 교육하는 역사교재로 잘 취사선택해야 한다. 우리 일본의 『신황정통기(神皇正統記)』조차 백 년 뒤 남북조정윤론(南北朝正潤論, 1911)이 일어났다. 역사가는 학계의 여론을 물어 이를 바로 잡았지만, 구스노키 마사시게(楠正成), 고지마 다카노리(兒島高德)를 가공의 인물이라고 논하는 사론자가 있었다.[49]

둘째, 아마테라스의 동생 스사노오가 그 후 조선에 간 기사를 중심으로 앞의 항목을 보충할 것. 이것은 두 나라가 형제관계임을 밝히는 내용이다. 스사노오는 부신(父神)의 노여움을 사 방축되어 춘천지방으로 갔다고 한다. 춘천은 돌아가신 어머니의 나라였기 때문이다. 아오야기는 간혹 스사노오의 아들 이다케루를 단군이라고 주장하

---

49 青柳綱太郎, 『赤裸裸に見た內鮮史論』, 제3편 朝鮮歷史教科書を改訂せよ, 1935, 273-275쪽.

는 역사가가 있지만,[50] 전설이나 기록에도 이를 증빙할 만한 것은 없으며 억측에 지나지 않는다고 보았다.

> 일본의 국모신이 다카마가하라(高天原)로부터 도래하여 신족이 내선 양지에 분거하여, 하나는 조선의 통치자가 되고 하나는 일본의 통치자가 되어 서로 호응해서 양지를 정리한 것은 논할 여지가 없다. 그러므로 스사노오(素盞)가 조선에 간 기사를 중심으로 아마테라스(天照大神) 이후의 기사는 내선일가의 사적관계가 가장 명료하게 되어 있기 때문에 역사지리 교과서에 보충하는 데 곤란하지 않다.[51]

그렇다고 해서 이 설을 부정하는 것이 아니다. 교과서에 수록하기에는 자료가 신빙성이 부족하므로 스사노오가 조선에 간 기사를 중심으로 아마테라스 이후의 기사를 수록해야 한다고 말한 것이다. 즉 이것은 내선일가의 사적관계가 가장 명료하게 되어 있기 때문에 역사·지리교과서에 보충하는 데 곤란하지 않다고 생각했다.

셋째, 신라 시조 및 대신 호공과 신라 3세 유리왕이 일본인임을 보충할 것.

> 신라영웅 혁거세는 물론 알에서 태어난 것은 아니다. 복면의 영웅

---

50 하야시(林泰輔)는 스사노오의 아들 이다케루를 단군으로 보았다. 『朝鮮史』 제2편 太古史 제1장 開國ノ起源, 1901, 19쪽.

51 青柳綱太郎, 『赤裸裸に見た內鮮史論』, 제3편 朝鮮歷史教科書を改訂せよ, 1935, 276쪽.

이다. 그런데 이 혁거세를 일본인이라고 하는 이유가 어디에 있느냐고 힐난하는 사람이 있다. 역사를 보면 당시 한반도에는 토착 민족 중에 영웅호걸이 적었다. 개국 영웅은 다른 곳에서 침입한 것으로 상상된다. 그러므로 나는 "신라(新羅)"라는 문자에 먼저 착안하고 싶다.[52]

그는 "新羅"라는 문자에 먼저 착안하여 설명하고 있다. 신(新)은 새롭게, 라(羅)는 작라(雀羅: 새그물)를 설치해 참새를 잡는다는 의미이다. 즉 진한의 옛 땅을 복면의 영웅이 그물을 놓듯이 신라로 이름을 붙인 것은 맞는 해석이라고 말했다. 이 영웅이 벽랑국(碧浪國) 즉 대왜국(大倭國)으로부터 왔다고 추측했다. 또한 신라의 중신 호공과 석탈해가 일본인이라는 점은 부인할 수 없다고 한다, 왜냐하면 유리왕에게 두 아들이 있었는데도 탈해를 3대왕으로 삼은 것은 신라의 박, 석, 두 성이 일본 복면의 영웅가운데 일족임을 엿볼 수 있다는 것이다. 그러므로 신라시조는 일본의 황족이며 일본이 진한에 새롭게 그물을 놓아 참새를 잡듯이 건국했다는 내용이다.

넷째, 임나 금관국의 수로왕은 일본의 황족으로 김해 김씨 및 허씨가 그 혈통이라는 점을 보충할 것. 스진(崇神) 천황이 황족 시오노리쓰히코를 파견하여 대임나왕국을 건설했으며, 신라가 조공을 게을리 하고 무례하여 진구황후가 정한의 뜻을 갖게 되었다는 것이다. 시

52 青柳綱太郎, 『赤裸裸に見た內鮮史論』, 제3편 朝鮮歷史教科書を改訂せよ, 1935, 278쪽.

오노리쓰히코를 김수로왕으로 보고 있다. 정한 후 삼국은 일본의 속국이 되었고, 김해 김씨와 함께 수로왕의 정실 허씨도 일본인이라고 한다.

이와 같이 아오야기는 일본은 천손이 강림한 '신국'이라는 것과 조선(신라, 임나)을 건국시킨 사실을 교과서에 기술할 것을 주장했다. 이렇게 신화를 중시하는 교육은 조선인의 내면까지도 일본인으로 만들어 일체감을 양성하는 황민화교육의 한 방법이었다. 이 내용을 교과서에 서술하여 청소년을 교도하지 않고, "내선동화는 제국의 대방침이니, 내선인은 불평 없이 동화하라"고 말해도 동화의 실적을 올릴 수 없다고 단언했다. 그리고 당국이 국어(일본어)를 이해하는 조선인이 늘어나고 있는 것을 기뻐하지만 그만큼 불령사상이 증가하는 것으로 보아야 하기 때문에 기뻐할 일만은 아니라고 말했다.

그는 매년 내선인의 잡혼수를 통계내거나 선전사업을 시도해서 많은 비용을 허비하고 있지만 아무 효과도 없기 때문에, 먼저 역사 교과서를 개정하는 일이 시급하다고 생각했다. 역사에 근거하여 사적을 찾고, 생도를 현지에 견학시켜 사실을 확인시켜 주는 것이 동화사업의 근본방책일 것이라고 주장했다. 또한 국어를 이해하는 조선인이 늘어나고 잡혼자가 다수가 되더라도 정신적 동화에는 아무 효과가 없다고 보았다. 당국이 동화를 위해 행정, 사법, 시설에 전력을 경주하고 있지만, 지금과 같은 무관심으로 민족혼을 동화로 유도한다면 천년을 기다려도 동화를 기약할 수 없다고 역설했다. 그러면 1930년대 전후 총독부에서 발간한 교과서들은 이 점을 어떻게 서술했는지 살펴보자.

1930년대의 역사교과서

1911년 조선교육령에 의해 보통학교의 교과서는 국정으로 규정되었고, 총독부는 1945년까지 초등교육의 교과서를 국정으로 단일화했다. 1922년 제2차 조선교육령으로 공포된 보통학교규칙 제 61조에는 "보통학교에서는 총독부가 편찬한 교과용 도서를 사용하도록" 했다. 중등학교 이상의 학생들과 재조일본인 학생들은 문부성 교과서를 사용했고, 조선인의 초등교육에는 총독부 교과서를 사용했다.[53] 총독부의 역사교과서는 1922년에 처음 발행되어 이후 몇 차례 개정되었다.(〈표10〉 참조) 식민지시기의 역사교육은 일본사 중심으로 이루어졌고 조선사의 서술 비중은 매우 적었다. 『보통학교국사』는 제1장 '아마테라스'에서부터 제32장 '고나라(後奈良, 1496-1557) 천황'까지의 내용 가운데, 조선에 관한 기술은 제3장 '박혁거세왕', 제8장 '신라일통', 제13장 '왕건', 제27장 '조선의 태조'에 불과했다.

이 교과서는 1932년에 개정되어 『보통학교국사』 권1로 발행되었다. 제1장 '아마테라스'에서부터 제35장 '고나라 천황'의 항목으로 나누어 역대 천황과 주요인물의 치적을 기록했다. 조선의 역사는 제5장 '옛날의 조선', 8장 '삼국의 성쇠', 11장 '신라의 통일', 16장 '고려의 왕건', 24장 '고려와 몽고', 32장 '조선의 태조'에서 간단하게 서술했다. 제5장에서는 기자가 평양에 도읍했고, '지나'가 공격하여 반도의 대

53 장신, 「한말、일제강점기의 교과서 발행제도와 역사교과서」, 《역사교육》91, 2004.9.

부분이 '지나'의 영지(領地)가 되었다고 보았다. 남부의 삼한지역에서 삼국이 건국되었고, 진한 지방의 혁거세가 신라를 세우고 일본에서 건너간 호공이 나라를 다스렸다고 한다. 여기서는 우리나라 역사의 시작이 기자조선에서부터 비롯된 것과 한사군의 설치를 강조했다. 아오야기의 지적대로 단군과 일본신의 형제 관계, 스사노오의 도선(渡鮮) 기록, 박혁거세와 유리왕, 수로왕이 일본인이라는 내용이 누락되었다.

총독부의 역사교과서 편찬 방침

총독부는 1935년 임시교과서조사위원회를 개최하여 개정강령을 심의했다.[54] 〈보통학교국사 권1 편찬취의서〉(1932)에 의하면 보통교과용 도서편찬에 관한 일반 방침은 다음과 같다.

1. 칙어 및 조서(詔書)의 성지(聖旨)를 철저하게 하는 데 있어 한층 유의할 것.
2. 황실 및 국가에 관한 사항에 대해 한층 유의할 것.
3. 일한병합의 정신을 이해시키고 내선융화의 실적을 올리기 위해 관련 사항에 대해 한층 유의할 것.
4. 조선의 실정에 비추어 근로호애·흥업치산·직업존중 및 자립자

54 조선총독부, 『보통학교국사 권1 편찬취의서』, 1932.

영의 정신을 함양하기에 적절한 자료를 증가시킬 것.

5. 동양도덕에 배태하는 조선의 양풍미속을 진작하기에 적절한 자료를 증가시킬 것.
6. 조선에 관한 가정 및 사회의 풍습을 개선하기에 적절한 자료를 증가시킬 것.
7. 사회 공동생활에 적응하는 품성의 도야에 필요한 자료를 증가시킬 것.
8. 책임을 중히 하고 실천궁행을 권장하기에 적절한 자료에 유의할 것.
9. 실제생활에 적절한 교양을 이루기 위해 특히 조선에 있어서 일상생활에 관한 자료를 증가시킬 것.
10. 경조궤격(輕佻詭激, 가볍고 이상하고 격렬)한 성정을 유발하는 자료는 노력해서 이것을 피하도록 하면서 실질 강건한 성격의 도야에 적절한 자료를 증가시킬 것.
11. 조선의 실정에 비추어 농촌문화의 발달을 촉구하는 자료를 증가시킬 것.

이 가운데 보통학교용 역사교과서 편찬에 관한 방침에 대해서는 다음과 같이 정리했다.

1. 우리 국체와 국가 관념을 명료하게 할 만한 자료에 대해서는 특히 유의할 것.
2. 우리 건국에서 현대에 이르기까지의 중요한 사력(事歷)을 편집하

여 수록할 것.

3. 조선에 관한 사력을 증가하고 특히 내선융화에 필요한 자료의 선택에 유의할 것.
4. 일합병합의 대지(大旨)를 이해시키는 데 필요한 사력은 조금 상세하게 그것을 기술할 것.
5. 국사의 대요를 지득(知得)시키는 데 필요한 여러 외국의 사력을 적당하게 보충할 것.

이와 같이 교과서 개정 편찬시의 유의점은 "조선지방의 향토사를 가미한" 조선사 자료와 내선융화에 도움이 될 만한 자료 선택에 중점을 두게 했다. 그리고 개정은 중학교의 국사 교과서와 같이 처음에는 정치 교재에 중점을 두고, 국가의 체제를 충분히 이해한 뒤에 이것을 기초로 문화와 경제 교재를 편찬한다는 내용이다.

개정판 교과서

개정판 교과서는 1937년에 『초등국사』(권1)로 발행되었다. 1932년에 간행된 교과서와 비교해 보면 개정판에는 조선사에 관한 독립 항목이 전혀 보이지 않고 일본사의 내용 가운데 간단히 서술되어 있다. 즉 5장 '옛날의 조선'에 관한 내용은 4장 '진구황후' 항목에서 설명하고, 신라왕자 아메노가 일본에 귀화하여 진구황후의 선조라는 내용이 추가되었다. 8장 '삼국의 성쇠'와 11장 '신라의 통일'에 관한 내용은 8장 '덴치(天智, 625-671) 천황과 후지와라노 가마타리(藤原

鎌足)'에 들어 있고 임나일본부에 관한 기술이 있다. 24장 '고려와 몽고'는 16장 '헤이 씨(平氏)의 발흥'과 20장 '원구(元寇)' 항목에 서술되어 고려가 중국의 속국이 되었다고 서술했다. 32장 '조선의 태조'는 28장 '아시카가 씨(足利氏)의 쇠미(衰微)'에 들어 있다. 여기에서는 아오야기가 주장한 내용이 일부 반영되어 스사노오가 다카마노하라(高天原)에서 조선에 내려와 황실의 은혜를 퍼뜨린 사실을 기술했다. 일본의 한반도 지배를 신화의 영역으로 끌어올린 것이다. 그러나 단군과의 관계를 구체적으로 서술하거나 일본인의 신라건국과 김수로왕에 대해서는 언급하지 않았다. 이것은 아오야기가 주장하는 내용이 교과서에 반영되기에는 많은 문제점을 가지고 있다는 것을 입증해 준다.

총독부는 『초등국사』(권1)를 편찬한 뒤 중등학교용을 편찬하려고 했으나, 1938년의 제3차 교육령으로 초등학교용 역사교과서를 재편하기 위해 1942년에야 『중등국사』를 간행할 수 있었다. 이 시기 문부성이 밝힌 국사교육의 목적은 "역대 천황의 홍업(鴻業), 충량현철(忠良賢哲)의 사적을 통해 국체의 존엄을 체득하게 하는 것"이라고 한 반면에, 총독부는 "여러 외국과의 역사적 관계를 밝히고 동아 및 세계에서 황국의 역사적 사명을 자각하는 것"이라고 했다. 총독부는 국사교육의 목적으로 식민지인의 통합 문제를 전면에 부각시켰던 것이다.[55]

---

55 윤건차, 『民族幻想の蹉跌』Ⅱ, 近代日本の異民族支配, 岩波書店, 1994: 박걸순, 「일본역사교과서에 기술된 한국사 관련 내용의 사학사적 검토」, 《한국독립운동사연구》16, 2001.8: 동선희,

아오야기가 역사교과서의 개정을 요구하는 이유는 무엇일까? 그것은 당시의 시대적 상황과도 관련이 있어 보인다. 하나는 1930년대에 들어서 국체의 변혁을 지향한 사회주의 등 외래사상에 대한 대책으로 국체명징을 통해서 국체사상을 확립해야 한다는 요구가 높아졌다. 식민지 조선에서도 그 영향으로 학생이나 노동자, 농민들은 민족운동을 활발하게 전개했다. 아오야기는 일본의 민정당과 정우회의 정권다툼으로 무사도 정신이 추락하고, 공산주의자와 사회주의자가 발호하는 '망국의 징조'가 나타나고 있다고 생각했다. 그는 일본의 국체를 파괴하는 정당정치를 비판하면서 강력한 '신주(神州) 천자국(天子國)'으로 돌아가는 왕정복고를 주장했다.[56]

이러한 시대적 상황 때문에 양국의 관계를 역사교과서를 통해 강조하려는 의도였다. 다른 하나는 1931년 만주사변으로 대륙침략의 병참기지로서의 조선의 중요성이 부각되고 있었다. 이 때 조선인을 강력하게 통치하고 황국신민으로 만들 수 있는 힘은 정신적 동화를 중요시하는 일이라고 생각했다. 그러나 당국이 막대한 통치비용을 들여 내선융합을 추진하고 있지만 아직도 완전한 동화가 달성되지 않았다고 보았다. 그러므로 동화의 실적을 올리기 위해 역사교과서를 개정하고 조선인의 역사관을 개조하여 식민 지배에 활용할 속

「日帝의 '神功皇后' 解釋과 歷史教育」,《한일민족문제연구》2, 2002: 정혜정, 「일제강점기 보통학교 교육정책연구」, 『일제의 식민지지배정책과 매일신보』, 두리미디어, 2005: 연민수, 「신공황후 전설과 일본인의 대한관」,《한일관계사연구》24, 2006.4.

56 青柳綱太郎, 『赤裸裸に見た內鮮史論』, 제4편 全日本民族に檄す, 1935, 267-269쪽.

셈이었던 것이다.

표 10 역사 교과서 개정내용

『普通學校國史』(1922)	『普通學校國史 卷1』(1932)	『初等國史 卷1』(1937)
3장 박혁거세	5장 옛날의 조선	4장 神功皇后
8장 신라일통	8장 삼국의 성쇠 11장 신라의 통일	8장 天智天皇과 藤原鎌足
13장 왕건	24장 고려와 몽고	16장 平氏의 發興 20장 元寇
27장 조선의 태조	32장 조선의 태조	28장 足利氏의 衰微

아오야기 연보

1877년 3월 14일 사가(佐賀)현 사가군 나베시마촌(1954년 사가시에 편입)에서 출생.

사가시의 간쇼학사(含咀學舍)에서 한학 공부

1899년 도쿄에 상경하여 데쓰가쿠칸(哲學館)에서 수학

1901년 도중에 퇴학하고 9월《간몬신보》통신원으로 부산에 입항

1903년 《오사카마이니치신문》통신원, 부산에서 학교 교사

1904년 『韓國農事案內』(青木嵩山堂, 오사카에서 발행)

1905년 3월 통감부의 通信屬, 전라남도 나주 및 진도 우편국장,《목포신보》주필 활동,『濟州道案內(朝鮮之寶庫)』(隆文館, 도쿄에서 발행)

1906년 『南韓之實業』(青木嵩山堂, 오사카에서 발행)

1907년 9월 통감부 총무장관 쓰루하라 사다키치 추천으로 메카다 다네타로 재무고문의 재정고문부 재무관

1908년 6월 이노우에 마사지와 함께 궁내부 제실재산정리국 주사, 8월 전선사 주사,『韓國殖民策』(日韓書房, 경성: 輝文館, 오사카에서 발행)

1909년 고미야 미호마쓰 궁내부차관 때 설치된 규장각 이조사편찬과 과장

1910년 이노우에 마사지와 함께 사직, 조선연구회 설립,『日韓史蹟』(町田文林

堂, 경성), 《후쿠오카일일신문》 통신원 겸직

1911년 『朝鮮宗教史』(조선연구회)

1912년 데라우치 총독과 이왕가 고미야 차관 후원으로 조선연구회를 독자적으로 경영, 《경성신문》(주간) 사장, 『李朝五百年史』, 『鮮人の記せる豊太閤征韓戰記』(조선연구회)

1913년 1월 경성거류민단 의원에 당선, 『新撰 京城案內』(조선연구회)

1915년 『最近 京城案內記』, 『李朝五百年史』(조선연구회)

1917년 『朝鮮四千年史』(조선연구회)

1918년 『總督政治』, 『朝鮮美人寶鑑』(조선연구회)

1919년 『鮮鐵沿線名所史蹟美術大觀』(만선출판협회), 『珠淵選集』(주연선집출판소)

1920년 《경성일일신문》 부사장

1921년 『朝鮮獨立騷擾史論』(조선연구회), 『朝鮮三綱錄』(조선삼강록출판소)

1922년 『李朝史大全』(조선연구회), 순종은 8월 17일 『李朝史大全』을 헌상한 아오야기에게 특사금 200원을 하사

1923년 『朝鮮統治論』(조선연구회)

1924년 『朝鮮文化史』, 『朝鮮文化史大全』(조선연구회)

1925년 『新朝鮮』(경성신문사), 『産業の朝鮮』(조선산업조사회)

1926년 『朝鮮史話と史蹟』(조선연구회)

1927년 『朝鮮國寶的遺物及古蹟大全』 (경성신문사)

1928년 『總督政治史論』 (경성신문사)

1929년 『大日本史談』 (조선연구회)

1930년 『豊太閤朝鮮役』(경성신문사)

1932년 8월 26일 급서, 9월 오무라 햐쿠조(大村百藏, 용산거류민장 역임)가 주간 경성신문사를 인수

1935년 유고집 『赤裸裸に見た內鮮史論』(東亞同民協會) 간행.

참고문헌

[자료]

『韓國農事案內』(青柳綱太郎, 青木嵩山堂, 1904)

『濟州道案內(朝鮮之寶庫)』(青柳綱太郎, 青木嵩山堂, 1905)

『南韓之實業』(青柳綱太郎, 青木嵩山堂, 1906)

『韓國殖民策』(青柳綱太郎, 日韓書房, 1908)

『日韓史蹟』(青柳綱太郎, 町田文林堂, 1910)

『朝鮮宗教史』(青柳綱太郎, 조선연구회, 1911)

『李朝五百年史』(青柳綱太郎, 조선연구회, 1912)

『鮮人の記せる豊太閤征韓戰記』(青柳綱太郎, 조선연구회, 1912)

『新撰 京城案內』(青柳綱太郎, 조선연구회, 1913),

『最近 京城案內記』(青柳綱太郎, 조선연구회, 1915)

『李朝五百年史』(青柳綱太郎, 조선연구회, 1915)

『朝鮮四千年史』(青柳綱太郎, 조선연구회, 1917)

『總督政治』(青柳綱太郎, 조선연구회, 1918)

『朝鮮美人寶鑑』(青柳綱太郎, 조선연구회, 1918)

『鮮鐵沿線名所史蹟美術大觀』(青柳綱太郎, 만선출판협회, 1918)

『朝鮮獨立騷擾史論』(青柳綱太郎, 조선연구회, 1921)

『朝鮮三綱錄』(青柳綱太郎, 조선삼강록출판소, 1921)

『李朝史大全』(青柳綱太郎, 조선연구회, 1922)
『朝鮮統治論』(青柳綱太郎, 조선연구회, 1923)
『朝鮮文化史』(青柳綱太郎, 조선연구회, 1924)
『朝鮮文化史大全』(青柳綱太郎, 조선연구회, 1924)
『新朝鮮』(青柳綱太郎, 경성신문사, 1925)
『産業の朝鮮』(青柳綱太郎, 조선산업조사회, 1925)
『朝鮮史話と史蹟』(青柳綱太郎, 조선연구회, 1926)
『朝鮮國寶的遺物及古蹟大全』(青柳綱太郎, 경성신문사, 1927)
『總督政治史論』(青柳綱太郎, 경성신문사, 1928)
『豊太閤朝鮮役』(青柳綱太郎, 경성신문사, 1930)
『赤裸裸に見た內鮮史論』(青柳綱太郎, 東亞同民協會, 1935)
『朝鮮功勞者明鑑』(阿部薰, 민중시론사, 1935)
『東洋大學一覽』(東洋大學, 觀想發行所, 1925)
『東洋大學創立五十年史』(東洋大學, 1937)
『京城市民明鑑』(조선중앙경제회편, 1922)
『哲窓茶話』(井上圓了, 三星社書店, 1920)
『郵便局所要覽』(조선총독부 통신국, 1911)
『木浦府史』 (목포부, 1930)
『朝鮮研究文獻誌』(櫻井義之, 明治 大正편, 1979)
『朝鮮貴族列傳』(大村友之丞, 조선총독부 인쇄국, 1910)
『鮮滿の經營』(細井肇, 자유토구사, 1921)
『朝鮮史』(林泰輔, 1901)
《朝鮮》(釋尾春芿, 조선잡지사, 1908-1911)
《朝鮮及滿洲》(釋尾春芿, 조선급만주사, 1912-1941)
『普通學校國史 권1 編纂趣意書』(조선총독부, 1932)

[논저]

강진구, 「억압된 주체의 소환과 전후 일본의 과거사 인식 연구-아오야기 미도리(青柳綠)의 〈李王の刺客〉에 나타난 홍종우 형상화를 중심으로」, 『국제한인문학연구』 제3호, 2005.
강창일, 「일제의 조선지배정책」, 《역사와 현실》12, 1994.
강창일, 『근대 일본의 조선침략과 대아시아주의』, 역사비평사, 2003.
高崎宗司 지음, 이규수 옮김, 『식민지 조선의 일본인들』, 역사비평사, 2002.
高崎宗司 지음, 최혜주 옮김, 『일본망언의 계보』, 「조선민족성악론」, 도서출판 한울, 1996.
今西一, 「帝國'日本'の自畵像-1920年代の朝鮮'同化'論」, 《立命館言語文化研究》 8-3, 1997.
김태웅, 「1910년대 전반 조선총독부의 취조국·참사관실과 '구관제도조사사업'」, 《규장각》16, 1993.
노성환, 「일본 사가의 조선포로 홍호연에 관한 연구」, 《일어일문학연구》73, 2010.
동선희, 「日帝의 '神功皇后' 解釋과 歷史敎育」, 《한일민족문제연구》2, 2002.
동선희, 「동광회의 조직과 성격에 관한 연구」, 《역사와 현실》50, 한국역사연구회, 2003.
박걸순, 「일본역사교과서에 기술된 한국사 관련 내용의 사학사적 검토」, 《한국독립운동사연구》16, 2001.8.
박훈, 『메이지 유신은 어떻게 가능했는가』, 민음사, 2014.
小宮陸之, 「洪浩然と佐賀縣」, 《研究紀要(2)》, 佐賀縣名護屋城博物館, 1996.
송현주, 「"불교는 철학적 종교": 이노우에 엔료의 '근대일본 불교' 만들기」, 《불교연구》41, 2014.
야마다 소지 외, 『근현대사 속의 한국과 일본』, 돌베개, 1992.
原覺天, 『現代アジア研究成立史論』 제3장 植民學·植民政策學とアジア研究, 勁草書房, 1984.
연민수, 「신공황후 전설과 일본인의 대한관」, 《한일관계사연구》24, 2006.4.
원영상, 「근대 일본불교의 서양사상의 수용과 전개-井上円了를 중심으로」, 《동양철학연구》67, 2011.
윤건차, 『民族幻想の蹉跌』II, 近代日本の異民族支配, 岩波書店, 1994.
윤사순, 「16세기 천명사상과 유교정치」, 『역사상의 국가권력과 종교』, 일조각,

2000.
이경민, 『기생은 어떻게 만들어졌는가: 근대 기생의 탄생과 표상』, 사진아카이브연구소, 2005.
장신, 「한말 · 일제강점기의 교과서 발행제도와 역사교과서」, 《역사교육》91, 2004.9.
전상균 · 박종현, 「'정한론'과 佐賀의 난」, 《일본어교육》18, 2001.
정재철, 『일제의 대한국식민지교육정책사』, 일지사, 1985.
정혜정, 「일제강점기 보통학교 교육정책연구」, 『일제의 식민지지배정책과 매일신보』, 두리미디어, 2005.
齋藤繁雄, 『井上円了の西洋思想』, 東洋大學井上円了記念學術振興基金, 1988.
친일반민족행위진상규명위원회, 『친일반민족행위진상규명보고서 4-19』, 2009.
최혜주, 「시데하라의 植民地 朝鮮 經營論에 관한 연구」, 《歷史學報》160, 1998.
최혜주, 「아오야기(青柳綱太郎)의 내한활동과 식민통치론」, 《국사관논총》94, 2000.
최혜주, 「일제강점기 조선연구회의 활동과 조선인식」, 《한국민족운동사연구》42, 2005.6.
최혜주, 「한말 일제하 샤쿠오(釋尾旭邦)의 내한활동과 조선인식」, 《한국민족운동사연구》45, 2005.12.
최혜주, 「일제강점기 아오야기의 조선사연구와 내선일가론」, 《한국민족운동사연구》49, 2006. 12.
최혜주, 「일본 동양협회의 식민활동과 조선인식」, 《한국민족운동사연구》51, 한국민족운동사학회, 2007.6.
최혜주, 「한말 일제하 재조일본인의 조선고서간행사업」, 《대동문화연구》66, 2009.
최혜주, 「오다 쇼고(小田省吾)의 교과서 편찬활동과 조선사 인식」, 《동북아역사논총》27, 2010.3.
최혜주, 「재조일본인 아오야기 쓰나타로(青柳綱太郎)의 '신일본(조선)' 건설론」, 《동북아역사논총》54, 2016.12.

체신부, 『韓國郵政百年史』, 1984.
浦川和也, 「洪浩然と洪家の系譜-洪浩然 洪家史料の目録と解題」, 《研究紀要(14)》, 佐賀縣名護屋城博物館, 2008.
하지연, 『기쿠치 겐조, 한국사를 유린하다』, 서해문집, 2015.
한국언론연구원, 『韓國新聞 百年日誌』, 1983.

이 책은 대한제국 시기에 내한하여 30여 년간 조선에서 활동한 아오야기 쓰나타로의 행적을 검토한 글이다. 그는 교사, 통신원, 통감부 관료, 신문사 경영, 조선연구회 경영과 출판 사업을 하면서 식민통치에 협력한 대표적 재조일본인이었다. 그가 내한하여 어떠한 의도를 갖고 조선사정을 조사하고 어떠한 시선으로 조선을 바라보았는지 주목하여 살펴보았다.

아오야기 쓰나타로는 1910년 조선연구회에서 출판 사업을 하면서 1916년에는 《경성신문》을 인수하여 두 사업을 병행하였다. 그러나 1930년 12월 26일 조선연구회 사무실과 경성신문사 사옥 전부, 이오야기 저택이 화재로 소실되는 변을 당했다. 이때의 화재 후유증으로 1932년 사망하게 된다. 아오야기의 외동딸 미도리(綠)는 1914년 조선에서 태어나 성장하고 1937년 교토(京都) 히가시야마(東山)여자전문학교를 졸업했다. 졸업한 해 아버지 쓰나타로가 다녔던 오사카마이니치신문사에 입사하여 사회부 기자가 된다. 자매잡지인 《불교예술》

편집부에 근무하면서 1962년 《중앙공론》 신인상에 〈鉛の壁〉이 입선되어 작가의 길에 들어선다. 아버지의 문학적 재능을 고스란히 이어받은 미도리는 작가생활을 하며 1971년에 『李王の刺客』(潮出版社)이란 작품을 남겼는데 김옥균(金玉均)을 암살한 '홍종우(洪鍾宇)'를 내세워 대한제국의 멸망을 다루었다. 여기서 "조선을 족장이 다스리는 야만의 공간으로 치부하고 흥선대원군과 명성황후의 정쟁, 외세의 침탈, 관료와 왕의 무능 등으로 독립은 꿈도 꿀 수 없는 사회로 표상화한다. 게다가—이토 히로부미나 통감정치에 참여했던 일본인들은 조선 근대화를 위해 혼신의 힘을 다하는 긍정적인 인물"로 그린다. 그러나 종래의 연구에서는 미도리의 아버지가 누구인지 특정하지 못하고 다만 "일제의 통치기관에 근무했거나 상당한 영향력을 행사할 수 있는 인물이었던 것으로 보인다"라고 소개하고 있다.[1]

또한 『李王の刺客』은 1975년 『자객』이란 제목으로 김심온에 의해 번역되어 『세계문학 속의 한국』 제9권(정한출판사)에 수록되었다. 이 책의 해제에서는 미도리의 아버지를 아오야기 미즈호(靑柳瑞穗, 1899-1971)라고 보았다. 그러나 미즈호는 야마나시(山梨)현 출신의 불문학자, 미술평론가로 다른 인물이다. 미도리는 바로 아오야기 쓰나타로의 외동딸로 조선에서 태어나 성장하고 일본에서 교육을 받아 신문기자와 소설가로 대중소설을 집필하여 왜곡된 조선상을 전파한 것이다. 아오야기 쓰나타로의 여러 저술에 표상된 왜곡된 조선인식이

---

1 강진구, 「억압된 주체의 소환과 전후 일본의 과거사 인식 연구-아오야기 미도리(靑柳綠)의 〈李王の刺客〉에 나타난 홍종우 형상화를 중심으로」, 《국제한인문학연구》 제3호, 2005, 4쪽.

그의 외동딸인 미도리에게 그대로 계승된 점이 흥미로운 대목이 아닐 수 없다. 이를 통해서도 아오야기 쓰나타로의 조선인식이 전후 일본인의 과거사 인식에 영향을 미친 심각한 사실을 엿볼 수 있기 때문이다. 미도리의 작품을 자세히 분석하여 아버지 쓰나타로의 조선인식과 비교하는 작업은 추후의 연구과제로 삼고 싶다.

이 책에 수록된 글은 그동안 발표한 논문[2]을 수정 보완하고 여기에 새로 집필한 글을 모아 엮은 것이다. 그리고 이 원고는 2019년도 한양대학교 학술총서 출판원고 공모작으로 선정되어 이렇게 단행본으로 빛을 보게 되었다. 출판 기회를 준 익명의 심사위원과 거친 원고를 다듬어 아담한 책으로 만들어준 한양대학교 출판부에 감사드린다. 귀한 사진자료를 제공해 준 사가현 나고야성박물관(名護屋城博物館)과 도요대학 이노우에 엔료(井上円了) 연구센터에도 감사드리고 싶다.

2020년 4월

최혜주

2 최혜주, 「아오야기(青柳綱太郎)의 내한활동과 식민통치론」, 《국사관논총》 94, 2000: 「일제강점기 아오야기의 조선사연구와 내선일가론」, 《한국민족운동사연구》 49, 2006. 12: 「한말 일제하 재조일본인의 조선고서간행사업」, 《대동문화연구》 66, 2009: 「재조일본인 아오야기 쓰나타로(青柳綱太郎)의 '신일본(조선)' 건설론」, 《동북아역사논총》 54, 2016.12.

찾아보기

ㅈ

123

최혜주 숙명여자대학교 사학과와 대학원 석사과정, 도쿄대학 대학원 인문과학연구과 석·박사과정을 졸업했다. 문학박사로 전공 분야는 한국 근대사·한일 관계사이며, 현재 한양대학교 비교역사문화연구소 교수로 재직 중이다. 주요 저서로 『창강 김택영의 한국사론』(1996), 『한국 근대사와 고구려·발해 인식』(공저, 2005), 『근현대 한일 관계와 국제사회』(공저, 2007), 『최남선 다시 읽기』(공저, 2009), 『한국 근현대사를 읽는다』(공저, 2010), 『근대 재조선 일본인의 한국사 왜곡과 식민통치론』(2010), 『문교의 조선—해제·총목차·색인』(편저, 2011), 『일제의 식민지배와 재조일본인 엘리트』(편저, 2018), 『정탐-제국일본, 조선을 엿보다』(2019) 등이 있다. 옮긴 책으로 『일본 망언의 계보』(1996), 『일본의 근대 사상』(2003), 『일본의 군대』(2005), 『조선잡기—일본인의 조선정탐록』(2008), 『일본인의 조선관』(2008), 『조선인의 일본관』(2008), 『만주국의 탄생과 유산—제국 일본의 교두보』(2009), 『인구로 읽는 일본사』(공역, 2009), 『일본 망언의 계보(개정판)』(2010), 『한국통사』(2010), 『일본의 식민지 조선 통치 해부』(2011), 『아시아·태평양전쟁』(2012), 『식민지 조선과 일본』(2015), 『조선시베리아기행』(2016), 『원서발췌 한국독립운동지혈사』(2019), 『군산개항전사』(2019) 등이 있다.

한양학술총서 010

아오야기 쓰나타로의
조선정탐과 출판활동

펴낸날 2020년 5월 25일 초판 1쇄

지은이 최혜주 · **펴낸이** 김우승

펴낸곳 한양대학교출판부 · **출판등록** 제4-7호(1972.2.29)

주소 서울 성동구 왕십리로 222 · **전화** 02.2220.1432-4 · **팩스** 02.2220.1435

홈페이지 press.hanyang.ac.kr · **이메일** presshy@hanyang.ac.kr

편집·본문디자인 김민지 · **표지** 안광일 · **인쇄** 네오프린텍

ISBN 978.89.7218.685.4 (94910)

978.89.7218.470.6 (세트)